国家出版基金项目
NATIONAL PUBLICATION FOUNDATION

民族精神与文化主题书系
MINZUJINGSHENYUWENHUAZHUTISHUXI

从『人』到『好人』

——公共生活与青少年品德养成

孙抱弘◎著

黑龙江教育出版社

总　序

孙伟平

"人是要有一点精神的。"

民族亦然。

所谓民族精神，就是一个民族在长期的共同生活、共同社会实践过程中形成和发展的，为民族大多数成员认同和接受的思想品格和价值观念，是一个民族的文化传统、思想情感、心理特征、行为方式等的综合反映。

民族精神是一个民族之魂，是民族文化的统帅和核心。

文化是民族的血脉，是人民的精神家园。"人是一种文化动物"，一种以文化精神为灵魂的存在物。如果一个人丧失了对本民族文化的认同，离开了本民族文化的滋养，就会丧失心灵的归属感，失去自己的精神家园，沦为心灵无所寄托的无根的流浪者，形同没有灵魂、没有依归的行尸走肉。在这种情形下，一个人如果还想"回家"，抚慰自己伤痕累累、疲惫不堪的心灵，涌生的通常只会是无尽的"乡愁"。

同时，民族精神是以一个民族长期的生活实践、悠久的历史文化的独特个性为客观基础和内在根据的，其中蕴涵着该民族根本性的利益和需要，包含着该民族共同的信仰和追求。在一个民族的文化系统中，民族精神既是统帅，又是支柱；既是灵魂，又是核心。在不同民族的民族精神中，体现着不同民族文化的鲜明特质和个性，体现着民族文化之间不可通约的关系，表现出一个民族内在的生命力和文化"软实力"。

民族精神是一个民族赖以生存和发展的精神支柱。

民族精神是将一个民族团结、聚合成一个有机的统一整体的文化因素，是不断推动该民族生生不息、向前发展的内在精神动力。民族精神可以"武装"和塑造一个民族的人民，也可以左右甚至决定一个民族的命运。如果一个民族、国家没有优秀的文化传统，没有先进的理念信仰，没有昂扬的民族精神，没有高尚的道德风尚，那么，无论其物质生产多么发达，人民生活多么优裕，都难以保持持久的向心力和凝聚力，保持旺盛的生命力和创造力，保持立身处世的自豪感和自信心，从而也就不可能长久地自立于世界民族之林。

而且，在一个民族和民族文化的发展历程中，如果缺乏民族意识，忽视民族精神，那么这个民族就可能如同一盘散沙，很容易滋生没有灵魂、没有头脑的民族虚无主义。而这种自由散漫和民族虚无主义的泛滥，往往会导致本民族人民丧失认同感和责任感，甚至助纣为虐，成为异民族掠夺、奴役，甚至屠杀本民族的帮凶。反之，一个民族即使命运坎坷，多灾多难，但只要该民族的人心未散，民族精神未泯，那么民族的文化终究会有复兴的希望，该民族的人民终将重新站立起来！

中华民族精神是中华民族生生不息、发展壮大的强大精神动力。

在五千多年的历史发展进程中，中华民族历经磨难，栉风沐雨，形成了自己内容丰富、风格独特的民族精神。它包括"自强不息，厚德载物"，"富贵不淫，贫贱不移，威武不屈"，"天下兴亡，匹夫有责"，以及"先天下之忧而忧，后天下之乐而乐"等优秀文化传统；

包括中国共产党领导人民在长期革命斗争中形成的井冈山精神、长征精神、延安精神、抗战精神、西柏坡精神等光荣革命传统；包括社会主义建设时期形成的大庆精神、雷锋精神、“两弹一星”精神等高尚革命品德；也包括在改革开放新时期形成的艰苦创业精神、抗洪抢险精神、抗击“非典”精神、抗震救灾精神、载人航天精神等良好精神风貌。

国家发展、民族振兴，不仅需要强大的经济和军事力量的支持，更需要先进的文化和精神的支撑。中华民族精神是中华民族五千年来生生不息、发展壮大的强大精神动力，也是中华民族在未来的峥嵘岁月里继往开来、实现伟大复兴的宝贵精神财富。正是这种精神团结、凝聚、激励着全国各族人民以百折不挠、愈挫愈奋的意志积极投身坚持改革开放、创造性地建设中国特色社会主义的伟大事业。

民族精神是超时代性与时代性的统一。

民族精神与一个民族是相同一的，与一个民族的命运是相联系的。在一定的意义上，民族精神具有超越历史时空的性质。它贯穿于一个民族的各个历史时期，滋养着该民族具体的历史的社会生活实践，特别是在社会变革时期，在重要的历史关头，为该民族提供强大的心理支撑和精神动力。

同时，民族精神又具有鲜明的时代性，体现出超时代性与时代性的统一。在不同的历史时期，民族精神总会打上鲜明的时代烙印，表现出不尽相同的历史特点和具体内涵。以中华民族的民族精神为例：在强敌入侵，中华民族面临民族危亡的最危险时刻，民族精神直接体现为万众一心、不屈不挠、不怕牺牲、保家卫国的救亡图存精神；在遭遇大灾大难的极度困难时期，民族精神突出表现为同舟共济、迎难而上、坚韧不拔、共克时艰的大无畏气概；在和平的建设时期，民族精神则主要体现为厚德包容、勤奋敬业、艰苦奋斗、开拓创新的求实奋进品格。这一切既具时代特色、又具永恒价值的精神品质的总和，才真正诠释了什么是中华民族精神，什么是21世纪的中华民族精神！

一个民族要立足于世界民族之林，其民族精神也必须与时俱进。

民族精神有一个是否真正反映时代要求、合乎时代特征的问题，即民族精神是否能够与时代精神有机结合的问题。如果不能，则民族精神将缺乏时代感和时效性，将失去说服力和感召力。真正符合时代要求、反映时代特征的民族精神，是一个民族在时代的创造性实践中激发出来的，反映社会进步的发展方向、引领时代进步潮流、为社会成员普遍认同和接受的思想观念、价值取向、道德规范和行为方式，是一个社会最新的精神气质、精神风貌和社会时尚的综合体现。例如，在当今时代，中华民族精神往往与以改革创新为核心的时代精神结合为一体，共同承担着推进改革开放、建设中国特色社会主义的伟大历史使命。

我国作为一个历史悠久、文化底蕴深厚的发展中国家，在当今时代弘扬和创造新的中华民族精神，必须倾听时代的呼声，反映大众的要求；必须弘扬优秀的文化传统，保持自身的民族特质；当然，更需要与时俱进，开拓创新，建设社会主义先进文化和中华民族共有的精神家园，为中华民族的伟大复兴提供精神支柱和精神动力。

最后还应该强调指出，**民族精神和文化的创新建设是一个长期的历史过程**，需要我们团结起来，动员全民族的力量，共同付出长期而艰苦的创造性努力。而这套“民族精神与文化主题书系”，正是我们基于这样的时代呼声和实践要求，以文化自信和文化自觉的姿态，创造性地主动参与建设的实际行动。我们真诚地希望，一切辛苦的付出都能得到应有的回报，特别是得到广大读者朋友的关怀、支持和鼓励。我们更衷心地祈愿，在你、我、他同心协力的建设中，中华民族共有的精神家园会日益繁荣昌盛，我们美丽的“中国梦”会变成现实。

目　录

引　　言

长期以来，笔者一直以为关于青少年与青少年教育的研究要放在未来展望、历史继承与现实把握的交叉点上抓住、抓准问题来进行，要置于多门科学、多种学科的视野来思考。如何把握当代中国青少年道德建设的取向与定位？本人的思路与观点如下：

当代青少年的道德建设，应实现理想性与现实性的统一，应着力于公共理性与公共精神的建树，应以公共伦理教育为重心，并将公民——共同体意识教育作为起点。

在现代化的进程与和谐社会的建设中，为什么要提出青少年道德建设重心的问题？如何确定重心变革的依据？如何实现重心的转移和重新定位？这些是本研究试图探讨的主要问题。

一、提出问题：道德建设重心的反思

当代青少年是未来的市民、国民，其道德建设重心的确定，必须放在这样几个背景下思考：

(1)现代社会的发育与建设；

(2)公共伦理生活成为最主要的日常生活；

(3)市民、国民素质与上述社会生活相适应。

由此，我们将在以下诸多方面的平衡中来考虑道德建设的重心问题：

(1)理想道德生活与日常公共伦理生活;

(2)理想道德品质追求与日常伦理规范遵奉;

(3)教化伦理宣传与生活伦理养成;

(4)古典美德崇尚与大众道德提升。

现代社会是大众社会、公共社会,现代生活也就是日常的公共伦理生活,很显然我们的重心只能向大众、公共、日常生活这一端倾斜。但是,倾斜绝不是一面倒,作为理想、品性、美德,我们应该崇尚也要鼓励追求,但却不可强求一律地去推行,更多的应是通过自我教育、自我提升去逐步养成。不过,鉴于现代社会发展的要求和人的有限理性,现阶段道德建设的重心只能落在大众、公共、日常生活这一端。

二、展开问题:道德建设重心研究的多学科理论视野

现代社会的公共日常生活伦理建设与教育并非臆想,进入现代社会的东西方学界各学科学者对其都极为关注,哲学家、社会学家、伦理学家、政治学家、心理学家、人类文化学家、社会教育学家都从各自不同的视角就公共伦理与道德品性的追求以及相关的人性、社会建设问题提出了各自的看法,这些不同学科的理论成为本文思考问题与理论建构的重要资源。

第一,康德提出了人作为有限理性者必须认同与维护公共伦理规范,也就是说,人要摆脱"有限性"的存在状态,成为一个理性存在者的关键就在于分清臣民与公民的区别,认识个人自由与公民权利的互依互存,从而成为公共伦理生活中的主体而非附庸。

第二,滕尼斯与迪尔凯姆分析了共同体与集体意识从传统向现代演进的历史必然性,指出了在这个历史演进过程中,必须不失

时机地构建现代社会的公共生活秩序与伦理规范，并依托于行会、合作社和社会主义来实现。

第三，卡尔夫·林顿认为由于人类行为和主张的基本一致性或曰标准性就构成了“文化模式”，而现代公共生活的发育、公共伦理的践行和公共精神的张扬，其实就是一种特定社会发展阶段的文化模式。这种文化模式是构建特定社会的必要条件，也将塑成与社会相适应的人的素质。在这里，社会、文化模式与人是互依互存地相连在一起的。

第四，罗尔斯与哈贝马斯分别从不同的学科立场对公共理性问题进行了论述，前者注重可行的政治公共理性，后者追求理想的人文公共理性，从而互补地共同构建了现代公共理性的下限与上限。

第五，亚洲社会学家尾关周二，基于社会共生类型与人类交往理性的互动关系，主张在“共同的共生”与“共生的共同”的平衡稳定中，从传统的共同体走向现代化的公共社会。尾关周二先生这一思想的提出对于儒家文化圈的亚洲社会有极大的意义，并将推动相应教育理念与目标的大转变。

第六，作为身处西方文化氛围中的中国学者，黄万盛先生猛烈地批判全球化的三大原则：科学技术、市场经济和民主制度。他的批判分析是对工具性质的公共理性的超越，也是对一种新的公共理性——人文公共理性的呼唤。由此，我们认识到，人文公共理性有可能引导人类走出科学主义、经济理性与消费享乐主义的泥潭，在共同善的目标下构建世界共同体。

三、分析问题Ⅰ:实现建设重心转移的历史与现实依据

1. 历史反思:不和谐文化与国民性缺陷

人类传承的一个重要方面是文化传承。在物质匮乏和强权统治下,人们出于生存理性中趋利避害的本能往往凸显人性中的阴暗面,从而累积形成一种反社会、反伦理的不和谐文化,在这种不和谐文化与人的生存理性的互动下塑成的国民性有着很多缺陷。在长期的专制社会与小农经济的生存环境中,国人有两个最主要的缺陷:一方面不尊重独立意识、独立人格;另一方面也不重视公共意识与公共精神。这就使得中国现代公共社会日常生活运行成本很大,更严重阻碍了公共秩序、公共社会的健康发展。由此,国民之公共伦理素质的提升已经历史性地成为今天社会教育的责任,这就是青少年道德建设重心转移的历史依据。

2. 现实把握:公共问题的认知缺失与动力心态的偏颇

多个实证研究发现,当代青少年的公共伦理素质存在两个方面的明显不足:

第一,对于公民有关认知的“有限”与“有误”。这主要是将公民简单地理解为好人,对公民的权利与义务不甚了解,特别是对做一个好公民的认同比率竟然与年龄成反比。还有相当比例的青少年有误将“公民”当“臣民”的倾向,还有过半的被调查青少年对遵守公共秩序是人己两利之举表示不认同,凸显了公共理性的盲点。

第二,对公共伦理遵奉的被动性与对搭便车行为的高度认同。有数据显示,对现有公共伦理的遵奉,过半的被调查者是出于“不受处罚”和为“受大家尊敬”等他律的外在的原因影响。另外,几近半数的被调查者对无人管理就闯红灯、违规发财、走捷径超过别人

等表示理解和认同,特别严重的是这一比例与年龄成正比,年龄越大认同率越高。这些调查足以成为我们实行道德建设重心转移的现实依据。

四、分析问题Ⅱ:人性假设与人类社会发展需要视角下的重心取向

对青少年道德建设重心的定位,也应在微观的内在依据与宏观的外在需要的交叉视角下,即在追求深度的人性假设理论框架与探寻广度的物、人、文化与社会四维互动的系统性研究思路的结合中展开。当然,这些分析既是对前面内容的小结与归纳,也是对前述问题的扩展与深入。

根据以上的研究思路,笔者认为:社会的发展必须以人——国民——青少年的发展为基础,而现代社会中人的发展和人的独立人格的培养,以及置身于风险社会、公共社会和网络社会的素质要求,决定了青少年道德建设重心取向的前提。

五、解决问题Ⅰ:道德建设的重心定位

现实生活的演进与当代社会的发展,推动着传统伦理生活向现代日常生活伦理的转型,也促进着革命时期的集体主义向后革命时期的社群主义或新集体主义的发展,现代公共伦理的构建与新集体主义的传播已经或正在成为现代社会生活的必要条件,由此公共伦理教育也必须成为今后广大青少年群体道德建设的重心。

较之现代社会中的公民教育,本文提出的公共伦理教育在中国应更有针对性,更注重对现实问题的把握与实际问题的解决。

因为,公共伦理教育不仅注重每一个公民的主体性立场,强调个体的独立性、独立人格,而且更注重主体间的问题即强调主体(独立的个体)之间的平等对话、协商合作、共生共荣、互动双赢。对于曾经被称为"一盘散沙"的中国社会与国民心态而言,关注主体之间的现代契约理性与交往理性的培养教育,对于中国现代社会建设与相应国民心态的调整无疑极具现实性。换句话说,我们要真正实现胡锦涛总书记在党的"十七"大报告中提出的"从各个层次、各个领域扩大公民有序政治参与"的目标,那么公共伦理的教育就是基础,公共伦理教育培养出来的公共理性、公共精神才可能给予国民有序参与政治的意识与能力。由于中国的国情,可以预想在社会发展到一定阶段的时候,此类教育将成为现代化建设的重中之重。由此,与其将来为应对"瓶颈"而高成本"补课",倒不如早日将公共伦理教育确定为当代青少年道德建设的重心,并加以制度化的保证与实践的推进。

六、解决问题Ⅱ:道德建设重心的起点选择

现代公共伦理生活的扩展、公民社会的建设,在中国现代化的进程中,是一个必然的过程。然而,思想文化资源的某些不足,市民面对公共空间和生活存在困惑,也是不争的事实。如何弥补不足、摆脱困惑、实现和谐共同体的建设,是当代青少年——未来中国公民道德建设的重心所在。重心实现的路径就是公民——共同体意识的教育与公民有序参与的实践。而公民——共同体意识教育无疑是一切的起点,更是人们价值与行为取向的基石。这一基石的核心部分,就是现代共生共存理念的传播、接受和内化。

这里所说的共生共存理念,其内涵为:共生,可理解为共同生

活、共同生产物质财富、共同生产精神财富、共享人类文明成果、共享生活资源；共存，可以理解为互相帮助、共同存在、共同发展、共同追求人类幸福。

世俗社会的人所要考虑的最远大、最深刻也是最现实的问题，是如何生存下去以及如何幸福健康地生存下去。生存问题，是相对长远的发展问题，是人类社会的根本问题，也是有理性的人忧虑的根本问题。人类的生存问题总是与其素质状态存在着一种互动关系，共生共存的实现自然也与人类自身的意识与能力的形塑紧紧关联。所以培育共生共存的意识、态度和养成共生共存的能力至关重要。在当代中国的现实语境下，这些意识和态度主要通过两个方面来培养：一是以共生共存、人己两利为核心理念的公民共同体的大众价值观教育；一是以公民伦理、公民理性、公民精神为底蕴的世俗人生观教育。相应的能力则主要应通过民众的自我教育，在体现个人利益、个人兴趣的自治组织、社会团体中，通过大量的社会实践以及社会活动来完成。比如，作为社团组织的少先队、共青团、工会、妇联乃至合法的宗教团体、民间社团的各种社会实践活动以及自我教育活动；农村的村民自治、企事业单位基层的各种自治活动。当然，这些活动都应该是在相应的制度设置下的有序的、理性的、合法的活动。上述的价值观教育将成为这些活动有序展开并取得成效的保障。也正是在这些活动中，人们的现代公民素质将得到不断地提升，相应的活动与相应素质的逐步提升将形成一种良性的循环，进而推动中国特色社会主义的现代社会建设。

以上是本书总体的研究与阐释思路，由于问题研究的侧重范围和书稿的篇幅以及本人知识积累的限制，书中涉及的多学科、多方面的论述深度乃至把握程度都十分有限,有的甚至还有明显不足。作为一次研究多学科问题的尝试,遇到的问题与不足只能通过日后的研究逐一解决。另外,关于重心、起点从理念层面的探讨论证和进入实践层面的推行和实施,更有待于下一步实践性的、追踪性的研究和探索了。

第一章　概念的界定、展开与相互关联

当代青少年——新一代国民道德建设的重心定位问题，应当放在『现代社会发育、日常生活重建、公共伦理生活扩展以及国民素质的缺陷』这样一些背景中来探讨，并在『理想生活与日常生活、教化伦理与生活伦理、个人美德与公共伦理以及经济理性与交往理性』的平衡协调中，实现从传统人到现代人、物性人到理性人，也就是从『人』到『好人』的进步与发展。由此，我们才有可能进入『人类的科学时代』。

第一章　概念的界定、展开与相互关联

第一节　日常生活、公共生活与公共伦理

要明确当代青少年——新一代国民思想道德建设的重心，就要从以往的理想主义回归现实，就要明确日常生活与非日常生活、日常生活与公共生活的区别与联系，认识公共生活与公共伦理的内在关联，从而把握公共生活与公共伦理的核心内容。

一、日常生活与公共生活

（一）日常生活与非日常生活

关于日常生活与非日常生活，国内哲学界诸多学者已经有较深入的研究，他们的研究成果对本书以下内容的阐释均有很大的启发作用，有的新论述也为笔者所引用。

何谓日常生活，阿格妮丝·赫勒的理解具有经典意义，即它是指同时使社会再生产成为可能的个体再生产要素的集合。德国学者许茨在谈到日常生活世界时，曾指出："日常生活的世界指的是这样一个主体间的世界，它在我们出生很久以前就存在，被其他人（others）、被我们的前辈们当做一个有组织的世界来经验地解释。

现在,它对于我们的经验和解释来说是给定的。"[①]在这些论述的基础上,杨国荣教授分析了日常生活与非日常生活的主要区别以及这种区别的相对性,他指出:日常生活总是以确认、接受既定的存在为前提,如存在的生活境域,个体也往往无法任意加以选择。对既定存在的认同、接受,不仅影响、塑造个体的生活习惯、日常趣味,而且也制约着其行为的方式:以既定的生活境域为背景,日常生活并非一成不变,但它往往更多地表现为相同或相近模式的因循和重复。与既成性相联系的是自在性。从本体论的论域看,自在主要相对于人的知行过程而言(未进入知行过程者即属自在之域),在日常生活的层面,自在则既是指独立于人的目的性活动,也指与自觉相对的非反思性。日常生活往往是一个日用而不知的过程,从饮食起居到邻里、朋友、同事之间的日常相处(包括闲聊和消遣),都非基于深思熟虑,而是一种不假思索、习惯成自然的行为。这种非反思的行为,构成了日常自在的生活世界。[②]

在此,日常生活似乎更多地表现为一种个体存在的方式或形态,它或者以接受和认同既成或以给定的存在境域为指向,并因此形成因循、重复的行为定式;或者呈现为自在的存在形态,并相应地以非反思的行为趋向为特点。以此为考察的前提,则不难看到,日常生活与非日常生活的区分具有某种相对的意义,即当劳动、文化工作等社会活动被视为既成境域或自在形态中的重复性、非反思性行为时,它便取得了日常生活的形式;当这些活动以自觉的、创造性的形式展开时,它便超越了日常生活的形态,而具有非日常生活的特性。

---

① 许茨:《社会实在问题》,霍桂桓、索昕译,284页,北京,华夏出版社,2001。
② 杨国荣:《日常生活的本体论意义》,载《华东师范大学学报》(哲学社会科学版),2003(3),2~3页。

日常生活批判理论的研究者们曾系统地从结构要素上分析了日常生活与非日常生活的区别，揭示国人由日常生存状态向非日常——理想生存状态跃升的重大意义。更有人认为，在日常生活批判的各方面内容中，对于日常生活的内在结构图式的分析至关重要，它直接决定着我们的日常生活的批判的价值取向。经过分析我发现，日常生活世界的内在结构和基本图式主要由四方面的要素构成：(1)自在的活动方式：重复性思维与重复性实践；(2)经验主义的活动图式：传统习俗、经验、常识；(3)自然主义的立根基础：生存本能、血缘关系、天然情感；(4)自发的调控系统：家庭、道德、宗教。

依据对日常生活世界的内在结构和文化图式的分析，有人这样提炼日常生活批判的基本思想：以衣食住行、饮食男女、婚丧嫁娶、礼尚往来等日常消费活动、交往活动和观念构成的日常生活世界，是一个凭借给定的归类模式和重复性思维以及血缘、天然情感、经验常识、传统习俗等加以维系的自在的、未分化的、近乎于自然的领域，它直接塑造了自在、自发的活动主体。这种自发的日常主体是农业文明条件下的典型的活动主体，它与工业文明条件下——技术理性和人本精神为基本素质的自由自觉的和创造性的非日常活动主体格格不入。因此，对于一个民族而言，要实现文化的转型和人自身的现代化，必须经历日常生活世界的批判重建过程，使人超越传统日常生活结构和图式对人的创造活动的束缚，由自在、自发的日常生存状态向自由、自觉的非日常存在状态跃升。这是日常生活批判的宗旨，也是现代化进程的重要的内在机制。

如何由自在、自发的日常生存状态向自由、自觉的非日常生存状态跃升，如何通过一代又一代的努力实现这一跃升，这是本书要在以后的章节中展开讨论的核心问题，而日常生活与非日常生活的相对性则为我们实现这一跃升提供了一条可能且可行的路径。

（二）非日常生活与公共生活

何谓公共生活？笔者认为这是人类初级自由、自觉的一种生存状态，是人类工具理性的体现之一，是人类在不同历史时期得以"共生共存"的基本保证。关于公共生活的内涵，迄今已有多种论述，以下略作梳理。

1. 公共生活的发展

广义上说，公共生活是私人之外、涉及多数人交往的社会生活。狭义上看，公共生活指以独立个人身份自主参与的、包含多层次利益关系的社会生活。

公共生活的出现是随着血缘氏族群体的瓦解而发展起来的。在人类的早期阶段，人们都生活在大小不等的氏族之中，人是氏族的一分子，氏族不仅控制着人们的全部生活资源，而且为人们抵御外部落和自然灾害提供了强大的保护，人与氏族共生共荣。但是在氏族中存在的只有共性，没有个性；只有传统、习惯，不存在自主意志。氏族内无所谓私人生活，也无所谓公共生活。在中国，氏族内成员间的关系借助宗法而转化成家国政治关系，氏族关系在形成国家之后仍然被顽强地保留着，并通过"礼""德"等观念而被强化。但在古希腊、古罗马，由于工商业的发展，氏族之外的横向联系得以确定，原本封闭的氏族成员关系也被纳入到城邦这样的国家形态中，并最终彻底地取代了氏族关系，围绕城邦而产生了种种公共生活，如投票、陪审、选举等活动，形成了西方早期的公民社会。

公共生活是由于独立个体的参与而形成的，个体的出现是公共生活的先在条件，但个体绝不是指生物意义上的个人，而是指具有自我意识和明确行为判断能力的人。这样的个体的出现除了经济、政治的因素，还要有哲学的思想启蒙和法律的现实定位。在西方历史中，这样的思想启蒙和法律革新数次出现，因此，公共生活首先在西方得到充分发展。古希腊哲学从自然主义经过智者学派的相对主义，步入希腊"三杰"的理性主义阶段，实现了从对自然的惊异转向对人、人的社会的关心，这便是人、个人的发现过程。古罗马完备的法律制度成为人类法律史上的奇迹，它将私法与公法分离，从法律上确立了"人格"，即人作为人最先从家庭组织到从市民关系中独立出来，获得了个体性的尊严、价值，并使公共生活有了确切的尺度，千余年的中世纪曾将个人压制下去，出现了文明的"黑暗时期"。但资本主义文化的开启是以文艺复兴和启蒙运动为先导的，个性解放、个性自由等新时期思想又促成个人意识的觉醒，造就了有血有肉的丰满的人，成为近代资产阶级革命所催生的公共生活的主体。

公共生活在社会中的扩大以及在个人生活中比重的增加，也取决于社会中大多数个人经济状况的改善。当人们不再为温饱而犯愁，不必为明日的生计而担忧时，人们就可以从容自如地追求安全、生理需要之上的自尊和自由意志的实现，通过参政、议政，通过公民合作形成各种社会团体、共同体，以解决各类现实问题。人们享受到社会发展的益处，对社会的亲近、认同也会提高，期待发展公共生活也会日益变得迫切起来。

经济的发展、工业活动的渗透以及都市化的兴起还产生了更深远的影响，促成了公共生活的极大扩张。公共生活与私人生活在时空上的分离是近代工业革命以来现代社会的重要特征，在这之前的农业时代或前现代社会，公共生活不仅不发达，而且仅有的公共生活也与私人生活纠缠在一起，如家族、村落等的活动都是以家庭为单位的。在现代社会中，工作是在一个特定的空间和规定的时间内完成的，工作与私人生活是很容易分开的。

随着时代的变迁，以高科技、知识经济、信息革命为基本要素的后现代社会又改变了现代社会的诸多特征，使公共生活的内容、形式发生了显著的变化。例如，在后现代社会，工作空间与私人领域之间的界限又趋模糊，互联网打破了时空的界限，SOHO 族引领新生活潮流，公共生活与私人生活的时空界限又变得模糊不清起来。然而，公共生活与私人生活的分界并不以时空为标准，而是以各自的生活内容为主，因此，即便在后现代社会，公共生活不仅没有萎缩，反而达到了人类历史上的最大规模。

综合以上对公共生活历史发展的分析，我们不难发现，公共生活具有如下特点：第一，开放性。公共生活是向所有人开放的。公共生活的核心是众多人的利益或兴趣，任何人都是主题，都可以自由表达或参与。然而，开放性并不等于所有人都同等程度地显现或介入公共生活。有的人自主地、主动地参与，他们的生活方式、交往关系丰富多彩，公共生活也就成为他们生活中不可或缺的组成部分；还有的人游离于公共生活之外，除非与己有关；更有甚者与己有关也不闻不问、麻木不仁，因而公共生活的开放性反而成为他们逃避、退却的借口。第二，稳定性。公共生活是相对于私人生活而言的，所以公共生活理应尊重私人生活，不能以公共利益名义干涉私人生活。但在现实中，人们却常常默许公共生活对私人生活的“暴政”，这应予以反对。第三，互动性。公共生活展示了一个人社会性的本质，因此，一个人越是广泛、持久、深入地参与公共生活，他的人性就展示得越丰富。当然，前提是人们自主参与到公共生活之中，而那些被动参与或因职位、分工等介入公共生活的情况则不在此列。互动性又导致了诸多的社会通行观念、价值行为方式的传播，例如，公共生活中的人们若以平等的方式相互对待，则可以传递平等、公道的社会道义价值，相反地，如果以亲疏差序来区分你我、党同伐异，公共生活就将"私己化"，也就走向了分崩离析。第四，地域性。公共生活并不是普适的，它受到了民族、传统文化的影响，因此，不同的人对公共生活会有相异甚至完全不同的理解。不同民族在塑造其文化的过程中，对公共生活和私人生活也做了不同的划分，形成了有关此划分的"常识"和"惯例"，人们耳濡目染，以自然而然的方式看待二者，这些就构成了公共生活的"背景知识"。例如在西方，人们更加倾向于"法无明文规定，就不可行"。因此公共生活的稳定性是相对于特定社会而言的。①

从对公共生活特点的分析中，我们可以看到，尽管公共生活是人类自觉的、理性的产物，但仍然是理想的、非日常的生活，由于受传统的"背景知识"的影响，并未成为人类所有族群的、现实的日常生活。所以，拓广、深化公共生活与公众日常生活的关联，将公共生活变成广大公众日常需求的生活方式和生活内容，这无疑应是当代中国社会发展和社会教育的题中之意，更是现代化的紧迫课题。

2. 公共生活与人的理性

公共生活的构建以及扩展与人的理性的发展完善相辅相成。公共生活的构建以人的理性为基础，而人的理性的发展又推动着人类公共生活的拓展与完善。

公共生活与人的理性的互动是随着人对自我认识的拓展而展开的，这个认识过程大体包括：我是人——我是理性的人——我是具有公共交往理性的人。

(1)从"我是我"到"我是人"

每个个体都有一种基本的自然权力——保存自己，呵护自己。

---

①　李萍：《论公共精神的培养》，载《北京行政学院学报》，2004(2)，83页。

正是这种自我保存的自然要求,使得每个个体都能努力地活着,使生命得以延续。因此,从人的这种存在的自然性出发,产生“我是我”的要求是自然的、内在的。事实上正是由于“我是我”这一要求,使得每个个体成为其自身,并相互区别。正所谓区别是联系的前提,正是这种区别,使每个个体之间的联系成为可能。

然而,从逻辑上讲,这个“我”还不具有伦理意义。首先,构成伦理的必要条件是两个或两个以上的人存在并发生相互关系。伦理的本义就是人作为人类的共同行为准则和规范。在“我是我”中,“我”还没有与其他人发生联系,还没有包含人与人之间关系的内容于其中,还没有人的社会性内容,所以他还不可能有伦理意义。其次,“我”尽管也有自己的行为准则,但由于这些准则只囿于“我”自身之内,因此,这个“我”的准则就是主观的,它只能对自身有效而对社会没有伦理意义。

既然“我是我”还没有伦理意义,那么它不可能成为公共生活准则(之一)。就个体来讲,由于“我”还没有社会理性内容,人应该具有的能动本质在其主观盲目活动中被耗尽,其活动只不过是以人的形态出现的一般动物的活动。就“我是我”的社会意义来讲,它对社会的存在和发展具有消极作用,其主观盲目活动只能构成社会的自在力量,这种自在力量由于缺乏人的自觉内容,最终可能使社会走向反面,因此就需要把“我是我”规约为“我是人”。

“我是人”是伦理的开端,也是公共伦理最基础、最一般的内涵之所在。从逻辑上讲,“我是人”这一命题蕴涵着“你是人”“他是人”……因此,我们可以从“我是人”推知“每个人都是人”。“人”作为中介把“我”“你”“他”……乃至所有的人联系起来并使之统一起来。同时,由于“人”成为每个个体的普遍准则,因此,“人”对“我”“你”“他”等等都具有道德约束力。在“我是人”这一命题中包含着最基本的伦理精神。首先，从“我是人”可以推知他人也是人，我与他人都是人，因而人与人之间是平等的，我必须像对待自己一样对待他人，我也有权要求他人像对待人一样对待我。其次，既然“我是人”，我只能干人干的事情，而不能干不是人干的事情。同理，既然他人是人，我就有权要求他人干人干的事情，制止他人干不是人干的事情。正是由于这种基本的伦理精神，使得伦理活动既是客观的，又是普遍有效的。

更进一步说，作为基本伦理精神的支点和寓所的“人”应该具有这样的普遍内容：①人格。人之为人的基本品格。它不仅要求自己恪守人之为人的基本伦理准则，而且也不允许他人侵犯自己作为人的基本需要、权利和尊严；它不仅要求个人具有某种内在的精神力量和意志，而且也要求社会生活乃至整个社会的活动控制在“人伦”界限之内；它不仅使个人能作为自觉者而自立于世，而且使社会的道德更具有普遍性意义。②人性。人之区别于其他动物的特质和基本属性，也即人的本性。就人性的生成来讲，它根源于人的社会性；就人的精神性质来讲，它是指人的“自觉的能动性”；就人的现实形式来讲，它是指人的有目的的客观活动，即社会实践。人性原则规定了个体活动在何种意义上是人的活动，何种意义上不是人的活动。③人权。做人的基本权利。个人既然遵守着“人”的基本伦理规范，他也有权要求他人和社会尊重自己的合法权益。人权的最基本内涵是生存权、发展权、经济权、政治权和文化权，当然它们也会随着社会历史的发展而不断丰富、扩大。人格、人性、人权从不同侧面规定了“人”的基本内容，也从不同的侧面解说了“人”应当具有的基本的伦理精神。

把“我是我”规约为“我是人”，不仅是理论逻辑的必然，而且对于确立公共伦理具有最基础的意义。在社会公共生活规则的生成过程中，无论是“公共行政主体”“法人”“经纪人”还是其他个体，首先必须确立“我是人”的基本准则，以保证自己的所欲是人的所欲，自己的行为是人的行为，并自觉抵制自己和他人的非人的思想和行为。只有这样个人的活动才能成为人的活动，社会生活才能成为人的社会生活，社会的公共准则才能真正为人类谋幸福。

(2)从“感性人”到“理性人”

现实的人是丰富的、全面的。就其存在的角度分析，人是“感性存在物”，他具有其他动物也具有的自然躯体，他有血有肉、有生理冲动、有感情欲望，这是人的感性的一面，也叫人的自然属性。如果将其感性的一面无限扩大，扩大为人的唯一属性，把人等同于感性的人，把人生存的目的看成是对感性的满足，就是吃饱、喝足等生理欲望和物质利益的满足，这样的人便是“感性的人”乃至是“物性的人”。从存在的特质角度分析，人又是能动的，他能思维、有思想、有精神、有意志，具有“自觉的能动性”，这便是人的理性的一面。人类的理性通过人的对象化活动来确证自己的存在本质和价值，同时也使自己的内在本质不断社会化，生成和推动社会历史的进步。人的社会性实际上是人的理性的现实形式，它是人的理性在社会实践中的客观化，所以，讲人的社会性离不开人的理性，讲人的理性也离不开人的社会性。如果人将感性存在的一面限制在理性的范围内，并通过社会化活动不断地实现自己的理性，从而使自己的活动成为历史的自觉内容，这样的人便是“理性的人”。个体要脱离其动物性，社会要朝向历史进步的目标迈进，必须不断地把“感性的人”规约为“理性的人”。

更进一步讲，“理性的人”具有以下内涵：首先，“理性的人”是自律的人，具有自我控制能力。这种自律一方面是个体的，即让自己的思想和行为向着理性的要求和轨迹迈进，而不是让感性欲望、自然情感、物质利益等感性内容来干扰自己的理想目标，同时，又赋予感性内容以理性实质，对感性内容进行合理限制并通过这种限制使感性内容更加合理地得到实现。另一方面也是社会的，即把社会自在的一面控制在自觉意识的范围内并引发人们积极的能动性，防止社会上低级、庸俗的思想意识流行、泛滥并引导人们自觉抵制，使社会在理性的过滤中持续不断地发展。其次，“理性的人”是自由的人。理性、道德是以扬弃感性内容的人类目的性为内容的，它本质上是自由的。只有道德才令我们初次发现自由的概念，“自由乃是一切有理性的存在者的属性”[①]。马克思主义也非常重视人的自由，共产主义正是自由而全面发展的“自由王国”。再次，“理性的人”是善于处理各种现实矛盾的人。人的存在内容、社会的存在内容并非都是合理的，因此，人总是处于种种现实矛盾之中，这些矛盾主要表现为个体与集体、局部与整体、目前与长远之间的矛盾，“理性的人”善于处理各种矛盾，从存在出发，使自己的行为不仅超越时间、空间，也不断超越自身而趋向完善。

把“感性的人”规约为“理性的人”，既是理论逻辑的必然，也是现实的客观要求。现实社会的公共生活强调人的个性、自然利益，尊重人的自然要求和选择，以人为本。这本来无可厚非，但有一些利欲熏心的人乘势发泄自己的私欲，致使物欲横流，“食色”成风，个人主义膨胀，这在一定范围内和一定程度上造成了严重的社会后果，以致崇尚感性成了人们的时髦，公共生活的基础在流沙上变得日益脆弱，伦理精神在这种浅薄的感性浑噩中终致沦丧。因此，把“感性的人”规约为“理性的人”是建构公共生活和公共伦理、生

① 康德：《道德形而上学基础》，孙少伟译，215 页，北京，中国社会科学出版社，2009。

成伦理精神的内在要求。

(3)从"个体理性"到"公共理性"

把"感性的人"规约为"理性的人"还只是从个体意义上讲的。人的社会性本质决定了其群居和交往的特征。人的群居和交往不是外在的附加于个体身上的,而是个体本身的内在要求和规定,一定范围内的群体生活和规则(如家庭、社团等)是个体生存和发展的必要条件,因此,公共生活对于人类生活是极其重要的,然而并非所有的公共生活都是合理的,也并非所有的公共生活准则都是善的,群体行为的盲目性可能导致对正当的公共生活及其准则的破坏。因此,这客观上要求我们进一步把"个体理性"规约为"公共理性"。联系团体内人与人之间关系和团体间关系的不是人或团体的物质内容,人与人之间的关系不是躯体之间的关系,团体之间的关系也不是其场所和设施之间的关系,而是精神之间的关系、理性之间的关系。这种把人与人、团体与团体之间关系联系起来的共同精神、价值观,我们称之为公共理性。由于它具有主体间交往和认同的特征,也称之为"交往理性"(哈贝马斯)或"承认理性"(泰勒)。

有学者依据黑格尔的相关论述,将"公共理性"的基本特征作了以下三方面的概括:首先,公共理性是与人的自然性相统一的内容,或者说人的存在的公共精神和伦理准则是建立在人的自然性基础上的,离开了人的自然存在的内容和需求,任何"理性"都是强加的、外在的、附属的。其次,公共理性是建立在自觉的个人的理性基础上的,或者说是以尊重、承认个体理性为前提的。自觉理性首先表现为自愿,任何强制性都是有悖于理性本身的,也是被历史和实践不断证明为荒谬的。西方的个人主义、自由主义的伦理传统一直以此为准则,西方的社群主义甚至国家主义实质上也是以此为基础的。尽管他们内部之间有许多争执，但其出发点和目的都在于为不同层级的人的自由生活提供“合法”准则。社会主义国家的集体主义伦理原则，本源上的承认个人、尊重个性也是集体主义构建的出发点和目的。我国在“文化大革命”中倡扬的既“大”又“公”的“公共准则”从反面证明了这一观点。其三，公共理性原则一旦确立，它对个人就有普遍的约束力，公共理性虽然建立在公共生活内部关系理性自觉的基础上，但它同时必须以更高一级的公共生活规则为准则，否则其公共性将囿于自身体系内部而被窒息。个人之间关系有准则，家庭之间、社团之间甚至国家之间的交往也必须有共同的准则，这种开放的公共理性使普遍的伦理成为可能。由于这种群体间的交往代表了本群体的根本利益和要求，因而使群体伦理对本群体的人们具有约束力。在这里，爱集体、爱国家在理论上成为可能。①

最后要强调的是人类的理性、自觉的理想的公共生活以及对公共理性的追求，有可能被历史的时间和空间隔离开而趋于片段化、抽象化，使之成为“西西弗斯”式的陷阱，成为“表面文章”。所以我们要让理性回归现实生活，并真正存活于连续的、开放的社会历史实践之中，真正让理想的非日常生活方式和内容转化为当代国人的日常生活。

---

① 陈华兴：《伦理的开端与公共伦理的理性基础》，载《浙江学刊》，2004(6)，161～165页。顺带要说明的是：这里阐述的人的理性问题是就其与公共生活相关内容的初步展开，在较大程度上参考了已有的相关论述，更深入系统地分析这一问题的个人见解将在以下章节中专节阐析。

二、公共生活与公共伦理

(一)公共伦理的内涵、特点、向度

何谓公共伦理?有关公共伦理的含义很多,有的言简意赅,有的十分全面,但总体上无多大歧义。有学者认为:公共伦理主要相对于日常生活伦理而言,大体可以理解为规范人们遵守社会公共生活的有效性规则,也就是处在公共生活领域中的陌生人相互对待的态度和行为习惯。① 也有学者认为:公共伦理主要相对于日常生活伦理而言,指的是公共领域中伦理关系的调解,引导人们遵守社会公共生活的有效性规则,也可以说是公共生活领域中的陌生人相互对待的态度和行为习惯。② 何怀宏教授的阐述更为全面:对公共伦理而言,首先从范围上来看,它是一种在公共领域里,处理公共事务的伦理,从其所涉及的对象而言,它涉及所有人,是一种公众的伦理,具有公开性;其次从内容上看,公共伦理主要是一种有关规范的伦理,我们常用“公平”“正义”来指称这些原则规范;再次,公共伦理还有一种诉诸公共观念和公共理性,努力在多元的价值要求中寻找核心共识的伦理;最后,应当说公共伦理是指向公众利益的伦理,因其涉及公众的根本利益,它还是一种普遍主义的规范伦理,要普遍约束所有人且达到最大范围的共识。③

有的学者十分简洁地揭示了公共伦理的特点:公共伦理的研究对象是社会整体,或者说是共同体,就其内容而言,指的是公共利益,这也使公共伦理比其他应用伦理更加体现了伦理学的内蕴,

---

① 杨光飞:《试析转型时期社会公共伦理之缺失》,载《学术论坛》,2002(6),133页。

② 张军:《浅析转型时期社会公共伦理之缺失》,载山西高等学校《社会科学学报》,2005(4),44页。

③ 何怀宏:《应当重视对公共伦理的探索》,载《光明日报》,2004-01-31,3版。

更加全面、真实地追求公共的善。[1]

我们正在构建的是一个后发型的现代社会，这样的社会已经出现了许多后现代社会的特点与问题。现代政治社会学专家李普曼指出："正是这种进一步多元化的不断裂变的社会，比以往的任何时代更需要一种带有共同的约束准则的公共哲学。"[2]一个"多元化的不断裂变的社会"带给人类的问题将层出不穷。李普曼认为，在已然进入后现代社会并且相对主义日渐成为主流价值的当代西方世界，有重申公共价值的必要，有复兴公共哲学的必要，而当代中国更需要公共哲学的建构，需要现代状态下的公共伦理体系来指导和规范公共生活环境下的政府管理和社会行为，化解现代社会中的诸多问题。

公共伦理的形成首先需要具备的条件是现代的公共生活，以现代生活社区和职业分工为基础的交往是其根本特征。传统家族伦理的生存环境是村社，出身和地域即血缘和地缘是主要的身份识别标志，要发展出全国性乃至世界性的交往是不可能的。现代城市生活以社区为基本单位，职业是主要的身份标志。目前中国的城市化水平已达到近55%[3]，说明现代公共生活在中国已有相当的规模。在这样的基础上，各种事件所引发的思考和讨论使人们对于公共生活表现出越来越多的关注，使人们开始反思公共生活中的伦理道德问题，对代表公共性的政府展开越来越严格的监督。而由媒介构筑的公共领域必须承接所有的这些讨论，媒介使公共生活得以形成，媒介使人们之间的交往得以公开化。

---

① 李萍：《论公共伦理价值》，载《中国人民大学学报》，2004(2)，104页。

② 李普曼：《公共哲学的复兴》，见《公共论丛·市场逻辑与国家观念》，37页，北京，三联书店，1995。

③ 见《2010年中国城市发展报告》，该报告指出目前中国的城市化水平已达50%～55%，见2011年5月31日国内各大报纸。

社群的发达与否也会影响公共伦理的形成。社群作为构建现代生活的基本单元在塑造公共伦理和规范个人行为方面发挥的作用不可忽视。在公共领域里,社群具有价值整合的功能,它以公共利益为重,主张道德共同体的价值高于道德个体的价值。然而,要社群能发挥它的功效,需要以社会的开放为条件。越是开放的社会,有关价值的互动越是广泛,涵容各个社群的公共价值越具有包容性,政府主导社会价值的可能性越小,个人价值更可能得到尊重,公共伦理的体系和内涵也更具公共性。在现代性并不充分的情况下,社群的意义更为重要,它要求对存在差异的不同价值表示平等的尊重与对待,从而有利于公共价值的讨论。

公共伦理的核心是公共价值的确立。在没有放弃崇高理想的前提下,从农村传统生活中走出来不久的中国人尚不能完全融入现代城市公共生活之中,加之城市公共生活中的媒介长期处于被管制的状态,日常生活长期纳入被批判的私人生活领域。因此,短短的二十多年的城市化进程是不可能发展出完善的公共生活伦理的,改革开放将人们的价值观念由远大理想回归于现实的世俗生活,国人确实不能很快适应这种转变。在缺乏现代公共伦理支撑的情况下,传统伦理在一定范围内又回到现代生活里,从而造成价值混乱。以"适者生存"为核心价值的自然进化伦理和市场竞争伦理对近代中国伦理建设影响巨大,它至今仍深植于政府公共政策中。这种伦理对生态环境的控制和破坏使许多国家为此付出了极大的代价。不仅如此,此种伦理奉行的低层次的工具理性对生活世界的"同化"也使得公共伦理趋于僵化、非人性化。因此,有学者提出要"转变市场经济的性质,即从大企业主导的市场经济转向民主、福利、环境主导的市场经济……必须把目标放在从企业国家转向新的民众形式的福利国家"①。可见,转变以单纯追求经济效益为主要目的的政策指向,将多元"共生共存"的新理念融入公共政策之中,是建构公共伦理的当务之急。

公共价值能够确立需要在"公共善"的问题上达成一致,否则依旧是混乱不堪。世俗化是现代化的一个方面,有着人道主义、功利主义色彩的幸福观成为现代性价值的核心和主流。正当性、合理性的基础促进了人类的幸福,这种观点长期被当做"庸俗理论"而被批判,然而正是这种"庸俗理论"体现了对人的真切关怀,人的健康、生命在这种伦理关怀之下得到切实的保障,幸福就是最大的"善"。幸福只是一个抽象的名词,要找到明确的衡量标准是不可能的。但是作为一种公共目的的善,又必须有相对明确的内涵。一切政策和行为要符合目的"善"的要求,需要与善的内涵达到某种对应关系,尤其是国家宪法,必须将"公共善"的理念注入宪法精神之中。以历史的眼光看,善的内涵需要因时因事而变换,需要广泛地讨论,需要以公共生活中的广泛交往为基础环境,特别需要以此为内容的、以全体人民为对象的、广泛持久而深入的社会教育。②

(二)世界公共伦理发展的历史视野

伦理与道德有着明显的区别与联系③:道德主要是个人品行德性的追求,可以说是个人至上的自我修养,而伦理是人与人、人与社会、人与自然的一系列交往与联系及其规则。从这个意义上说,一切伦理生活就都是"公共生活伦理"。当然,由于社会经济发展阶段的不同,其时空、内容都会有很大的差异。循着这个思路我们

---

① 尾关周二:《共生的理想》,卞崇道、刘荣、周秀静译,59 页,北京,中央编译出版社,1996。

② 肖俊:《SARS:呼唤现代生活中的公共伦理》,载《深圳大学学报》(人文社会科学版),2003(7),33 页。

③ 孙抱弘:《现代社会与青年伦理》,14~19 页,上海,学林出版社,2003。

可以明晰地看到,随着社会公共空间的日益扩大,在世界范围内"社会伦理学"或"公共伦理学"的勃兴已是必然的趋势。以此为出发点,我们来梳理分析一下世界与中国公共伦理发育、发展的演进态势。鉴于胡义成、杨天兴、赵红全等学者对此已有所论述,以下的阐述也较多地吸收了他们的一些见解。鉴于笔者在本书中还将专章阐释,这里仅稍作历史线索的描述。

1. 西方早期公共伦理思想的发端和重要贡献

古希腊亚里士多德是最早倡言"集体先于个人"原则的伦理学家之一,启蒙学者卢梭发挥亚里士多德的思想,在指出"私人经济"与"公共经济"行为规则不同[①]的前提下,明确提出"公共经济的首项原则和政府的基本原则"是确立"公共意志"[②],即"以民权的形式在人与人之间确立自然的平等地位",以便形成"人人都服从却没有人发号施令;人人都服务,却没有骑在人头上的主人"的局面。[③] 在此基础上,他提出:"公共经济的第二条基本原则",是"应使一切个别意志与公共意志相协调,换句话说,是应确定美德的统治地位,因为美德只不过就是各个人的个别意志与公共意志的某种协调。"[④]在卢梭的思想中,平等人权成为公共生活的首要伦理规则。而英国启蒙学者洛克则把自由作为公共生活的首要规则。显然卢梭和洛克各代表一极。

在公共伦理建构思想的发展之路上,黑格尔的"市民社会"理论是一座丰碑,在他那里,市民社会虽作为特殊性与国家相对立,但它与国家又有相同点,即促成道德教育,促进个体上升到普遍性。由此向前推,黑格尔指出,虽然在市民社会中,唯我主义盛行,

① 卢梭:《论政治经济学》,王运成译,3~4页,北京,商务印书馆,1962。
② 卢梭:《论政治经济学》,王运成译,7页,北京,商务印书馆,1962。
③ 卢梭:《论政治经济学》,王运成译,9页,北京,商务印书馆,1962。
④ 卢梭:《论政治经济学》,王运成译,13页,北京,商务印书馆,1962。

但这种自私者的相互关系造就了相互依赖的体系，因此，市民社会中的每个人虽仍追求其特殊私利，但却又不自觉地服从普遍规律，并以"人的权利"的形式彼此制约，且使人权具有普遍性。正是为了维护人权，作为普遍性体现者的国家便出现了，它的首要功能之一在于消除源于利益冲突的动乱危险。这样，有别于个人自私活动的"公共社会"也就发展起来了。与卢梭一样，黑格尔不仅从国家存在的合理性引出对爱国主义的论证，而且也引出了对极端自私自利的否定。黑格尔的"公共生活伦理"，便是有德意志特色的自由、平等和博爱，以及爱国主义、服从权威等等，但是黑格尔的思考仅止于哲学思辨，尚未能真正从市场经济角度来阐明"公共生活伦理"。

这里值得一提的是康德的伦理学说，其突显了义务和良心，同时也更多地着眼于把市场经济公共生活要求的自由、平等和博爱"内化"于个人心中，这一方面使公共生活伦理落到了实处，另一方面又使作为客观规律要求的公共生活伦理规范被神秘化和唯主体化，从而导致某种"私人生活伦理"消解了它，这种情况似乎在今天也有其警示意义。

2. 当代西方公共伦理思想的发展态势

近代西方市场经济发展史，在某种意义上是自私自利思想行为的泛滥史。启蒙思潮中的工具理性的失控、自私自利的恶性发展，使得公共理性式微、公共伦理生活受到侵蚀。为此，近十年来，社会科学界的重要思想家从不同角度再次掀起对公共伦理的呼唤与推崇的高潮。

首先，出现了以"社会伦理学"取代"原伦理学"的态势，这主要体现在麦金太尔的"道德共同体"理论以及哈贝马斯的社会批判理论方面，这些理论在纯伦理学层面对极端个人主义的泛滥给予纠正、校偏。

面对个人主义，麦金太尔提出了"道德共同体"理论，引人注目。他发挥了亚里士多德的观点，认为伦理学的第一原则是道德共同体的价值高于道德个体的价值。因此，他的理论特别强调社会、历史、整体和关系等非个体因素在伦理行为中的基础性意义，并由此对新自由主义展开诘责，指出其理论失误在于忽视对个人"社会构成"或社会本质的研究。应当说，麦氏理论有相当的合理性，它是启蒙思潮流行以来西方伦理学对抽象的个体人道主义人权理论的又一次认真冲击。他提出用"道德共同体"理论取代个人主义理论，曲折地反映出西方当代市场经济苦于自私自利而吁求群体主义规范的大趋势。显然，当代"公共生活伦理"首先要求承认"道德共同体"。

作为哈贝马斯社会批判理论的伦理学展示，"交往伦理学"致力于用麦金太尔强调"道德共同体"的思路整合新自由主义，形成适应当代世界形势的"大伦理学"，包括按照"接受道德论"，发挥康德伦理学的长处，坚持新的市民社会理论，值得我们在研究"公共生活伦理"时参考。当代马克思主义"公共生活伦理"理论与实践，不仅应当从当代市场经济决定的"公共生活"的角度出发来说明公共伦理关系，在尊重个人应有权益的同时强调社会主义社会作为"道德共同体"的统一性，用科学理性对现实感性的伦理生活加以校正，而且也应当致力于把这些公共伦理规则"内化"于个人心灵。

其次，对极端个人主义的纠正已发展到政治学、文化学、社会学界。

美国学者李普曼于1956年发表的《公共哲学的复兴》一文①，

---

① 刘军宁、王焱、贺卫方:《公共论丛·市场逻辑与国家观念》,26~54页,北京,三联书店,1995。

以当代公共生活的名义明确指出"西方社会制度创立者所信奉的公共哲学已变得有些过时"，个人主义的泛滥甚至已使得它"消失"，但社会公共生活的存在却迫切呼吁新公共哲学出现，因为"如果不出现一套超越众多特殊利益的理性秩序及其共同法则，就根本无法管理一个庞大的多元社会"，正是"进一步多元化的不断裂变的社会，比以往任何时代更需要一种带有共同约束准则的公共哲学"，包括重申"天命"和"为法律放弃自身的生命"，等等。李普曼在反对个人主义的意义上吁求新公共哲学，吁求建立法律和规则的权威，从一个侧面反映出当代"公共生活伦理"重建的核心标尺，就是反对个人至上主义。

美国著名政治学家亨廷顿的"新权威主义"理论，也明确反对个人主义和绝对民主化，认为不能套用西方的个人人权标准去衡量世界上所有国家的权威。他指出：大量历史事实证明，树立国家权威和保持政治稳定，对于从传统经济转向市场经济的发展中国家而言，比实行个人民主和个人人权更加重要。亨廷顿理论基于对发展中国家现实状况的大量调研，证据确凿，难以反驳。对于处于转型期的中国来说，这些见解尤为值得珍视。

《后工业社会的来临》的作者贝尔，是美国未来学的代表人物。1976 年，他推出《资本主义的文化矛盾》一书，实际上也是以批判西方资本主义社会的形式，表述了他对"公共生活伦理"的思考。在贝尔看来，亚里士多德和卢梭等人把国家视为"公众家庭"颇有道理。这种"公众家庭"与市场经济不同，它首先要"满足共同的需求"，"提供一些个人无法用金钱为自己购买到的商品和服务，如军事保护、道路、铁路等"①以及某些规范性的社会政策等，因此在这种公共生活中，"群体价值超过个人价值，前者是经济政策合法的

① 贝尔：《后工业社会的来临》，王建民译，178～280 页，北京，三联书店，1989。

依据。”[1]但是，在资本主义社会中，在思想领域占上风的是个人主义的自我表达，在立法领域则以私人利益作为判断依据，这些在道德上都站不住脚。[2] 为了摆脱伦理困境、寻求新路，贝尔提出了重建“公众家庭”规则的设想，包括以社会为最高尺度并正确协调群体与个人利益，以效率为根本依据来平衡它与平等的关系等等。

1987 年，意大利政治学家萨托利出版了《民主新论》，提出以西方直接选举为代表的直接民主并不值得赞许，因为它的效率低下、成本高昂。现代民主只能是“被统治的民主”，即在“作为统治者的少数统治作为被统治者的多数”这一既定条件下的民主，其运作关键在于有效制约少数统治者、防止独裁，而不在于多数亲掌权力，同时，还要防止“多数的专政”，确保公民个人自由，等等。萨氏理论一方面是对美国民主模式的深层次批判，另一方面又是对新的“公共生活伦理”的探求。他寄希望于“宪政”[3]，自然也寄希望于宪政的伦理。

再次，对公共伦理建构的重视与对群体主义的呼唤已被纳入主流的政治计划与国家综合国力竞争的范畴。

早在 20 世纪 50 年代，美国国务卿杜勒斯就坦言：“极端个人主义并不是我们信仰传统的主要部分。犹太教和基督教始终强调个人对同胞的义务，而这种义务是我们宗教信仰的基础环节。”

作为西方当代政治战略设计者之一的布热津斯基继 1989 年出版《大失败:20 世纪共产主义的兴亡》一书后，又推出了《大失控和大混乱》，把冷战时代的结束作为反思的背景，提出的观点包括：第一，西方目前处于“精神危机”之中，因为“我们的道德鉴别能力

---

① 贝尔:《后工业社会的来临》，王建民译，21 页，北京，三联书店，1989。

② 贝尔:《后工业社会的来临》，王建民译，22 ~ 32 页，北京，三联书店，1989。

③ 刘军宁、王焱、贺卫方:《公共论丛·市场逻辑与国家观念》，1 ~ 120 页，北京，三联书店，1995。

和自我控制的社会标准,变得越来越模糊不清,伦理上发生了困惑是无从提高对历史的理解力的"[①]。第二,西方用以瓦解苏联、东欧的"民主思想,在哲学上是肤浅的"[②],西方"需要经历一场艰难的哲学和文化的重新定向"[③]。第三,西方的伦理危机包括享乐主义盛行[④],以"纵欲无度"为主要特征的"一味追求个人满足"等等。第四,如何克服这种伦理危机?"变革只能来自对指导社会行为的核心信仰从根本上进行重新估价",使人们认识到幸福"必须建立在自我满足方面的自我抑制基础上",应以"克己"为"原则","并以此作为形成全球共同道德观的起点"[⑤],包括充分意识到"少数人的纵欲无度将不仅加剧全球的不平等,而且将使纵欲者和被剥夺者的道德风尚全面堕落"[⑥]等等。事实上,进入 20 世纪以来,伦理精神与道德力量已经被纳入了文化软实力的范畴。

3. 当代东方在伦理建构思路上对西方的回应

20 世纪下半叶,东亚和"四小龙"的腾飞,使东方伦理成为全球的关注点。人们看到,东西方文化在公共生活伦理的一些基本原则上,尽管有很大差异,但东方伦理或许可以弥补西方伦理的某些缺漏,为全球公共伦理新秩序提供新的资源。

在倡言东方公共生活伦理方面,新加坡内阁资政李光耀先生

---

① 布热津斯基:《大失控与大混乱》,潘嘉玢、刘瑞祥译,2 页,北京,中国社会科学出版社,1994。

② 布热津斯基:《大失控与大混乱》,潘嘉玢、刘瑞祥译,196 页,北京,中国社会科学出版社,1994。

③ 布热津斯基:《大失控与大混乱》,潘嘉玢、刘瑞祥译,241 页,北京,中国社会科学出版社,1994。

④ 布热津斯基:《大失控与大混乱》,潘嘉玢、刘瑞祥译,200 页,北京,中国社会科学出版社,1994。

⑤ 布热津斯基:《大失控与大混乱》,潘嘉玢、刘瑞祥译,241 页,北京,中国社会科学出版社,1994。

⑥ 布热津斯基:《大失控与大混乱》,潘嘉玢、刘瑞祥译,242 页,北京,中国社会科学出版社,1994。

尤其引人注目。他认为:第一,"亚洲社会从未把个人价值放在社会价值之上,社会始终都比个人重要。我想,这就是把亚洲从极大的苦难中挽救出来的价值观。"新加坡的成功,就靠新加坡人"肯为家庭和社会牺牲"的价值观;第二,因此,"治安法纪重于民主";第三,因此,要大讲"人人对社会都应该尽点义务"的伦理传统;第四,实事求是地说,"美国民主制度能够有效推行,实在是个奇迹,因为它的限制条件太严,只有几个第一世界能够实现",因而,"西方民主普遍性只属于设想,未经证实。"亚洲国家不能盲目仿效,而应当把有秩序和提高生活水平摆在首位;第五,个人人权不是最高尺度,为了发展经济,有时就得"干涉人民的个人生活";第六,西方所讲的"公民社会"是"包含一系列介于国与家之间的机构的社会",目的在于"促进特定的共同利益",但它需要以一个共同价值观为依据的公民文化,使意见不同和相左的人们愿意相互合作,而不是用"公民社会"理论煽动对抗;第七,"我们必须在华文教育和儒家思想专家的协助下为我们学校编写特别的课本",以"传授儒家的价值观念"。① 这些见解,对于亚洲社会公共伦理生活的建设,在理论与实践结合的层面上,颇具开创意义。

三、公共伦理建设的重点与核心

公共伦理建设是一项社会系统工程,随着公共生活领域的日益扩展,现代公共伦理体系的建构已经成为当代中国和谐社会建设的题中之意,也是可持续的科学发展的重要内容。就当代中国国民的现状而言,笔者以为最关键是要抓住两个重点,解决两个核心问题。

---

① 李光耀:《李光耀40年政论选》,422、350、391、33、564、565、519、222~226、566、410页,北京,现代出版社,1994。

(一)公共精神与公民气质

何谓公共精神？何谓公民气质？两者有何区别与联系？

一般认为,在现代社会中,公民的基本素质就是具备良好而积极的公共精神,公共精神的人格化即公民气质,公民气质构成了公民伦理素质的核心。首先,所谓公民气质指对构成公民社会所有组织的一种认同,它表现为多数公民普遍的态度和行为模式,如相互合作、彼此信任、理性参与、有节制地干预他人的不良行为等等。因此公民气质关注的是整体的福祉或较大的利益,以积极的态度参与到公共事务之中,这就是公共精神的人格表现。公民气质是在公共生活中培养、习得的。其次,具有公民气质的人能顾及他人的感受,特别是顾及他人要求得到尊重的欲望,藐视或敌视他人是与公民气质背道而驰的。当一个公民实际地承认他人具有与自己同等的尊严,表现出礼貌、谈吐优雅、谦逊、尊重他人、自我克制时,就充分体现出他所具有的公民气质。

由于在公共生活领域中,人与人的关系多数是陌生关系,角色认知程度低、匿名效应高,但在交往过程中,往往涉及相互之间的切身利益问题。不论是否与己有关,是否能够直接给自己带来益处,但只要是有益于大众的就积极参与,这就是公民气质的本义。在现代社会中尤其需要这样的人。

公共伦理建构的切入口——从宏观上说是在全社会培养公共精神,从微观上说则是要在公民个体中进行公民气质训练,而且公民气质训练应置于全民公共精神培养的社会系统之中。在现代中国,我们不无遗憾地看到,由于公民意识薄弱、公民社会发育不全,具有公民气质的个体明显不多。这些都严重阻碍了我们社会精神文明和制度文明的发展,大力培养公共精神、孕育公民气质,无疑应是公共伦理建设的重点所在。

公共精神是一种综合品质,需要各种社会条件的催生。建立、丰富公民社会,增大公民互动的频率,开放公民参与领域等等,都有利于公共精神的形成,特别是对相对独立于国家、市场之外的公民社会可以起到更为重要的作用。公民社会是一种共同体,通过公民生活所形成的公民社会培养了公共精神。在西方的历史上,一般认为公民社会经历了这样的三次分离,即公民社会与野蛮社会的分离、公民社会与市场领域的分离、公民社会与国家领域的分离。正是经历了多次的分离,公共精神才逐渐获得独立地位,成为公民社会的价值目标。着力建设公民社会,公共精神就可以获得现实而坚实的基础。①

无论是社会还是社会精神,其落脚点都在于组成社会的人,所以公共伦理建构的重中之重是人或个体的公民气质的养成,只有在大多数人都基本具备了公民气质的社会中,公共精神才能发扬,公民社会才能发育和发展,人们才能在和谐的社会氛围中过上稳定、安康的好生活。

(二)历史遗产与现实需求

就当代中国而言,树立公共精神与培育公民气质,首先面临着两个最迫切、最现实的问题,这就是:对待陌生人的态度问题和对待公共生活伦理规则的态度问题。而由于这两个问题产生于中国本土的文化传统,因此要加以妥善地解决,而这也将有待于长期的坚持不懈的社会教育,有待于社会经济的科学发展所提供的社会背景。

今天公共生活中的陌生人问题可以这样来说明:人们虽然可以在家庭中懂得如何与家人相处,在友人中如何与一个朋友相处,

① 李萍:《论公共精神的培养》,载《北京行政学院学报》,2004(2),83页。

却不懂得如何对待素不相识的陌生人；一个人可能在家里孝敬父母，在朋友中讲交情，在与素不相识的陌生人交往时却可能毫无礼貌，丝毫不顾及周围人们的存在。所以在公共场所，为了自己的利益与方便损害素不相识者的事情屡见不鲜，更有一部分人还时常为了一点小冲突、小口角而大打出手，致人伤残甚至殒命。当这类事情发生在家人、友人中时，许多人会感到负疚或过意不去，而当其发生在与陌生人的交往中时，就很少会有人感到负疚。或者，在许多人的心里，这种负疚感会变得相当弱。在人们的日常话语中，“他与我何干”这类话语总是与陌生人相关的。所以一个人可能对其家人或朋友有很好的感情，而对陌生人没有起码的尊重，这个人可能是一个好父亲或好母亲、好朋友、好同事等等，但却不是一个好公民或好公职人员。

说人们可能不懂得应当如何对待素不相识的人，不是只在知识的意义上说，而是首先在生活和行为的意义上说。中国以往的农耕社会，公共生活没有完全发育，人们熟知的公共生活只存在于村社的范围内。在这个范围内，人们接触与交往的都是家人、亲戚、友人与熟人。所以在这种村社的公共生活中，人们不大与陌生人交往，这种村社社会也不大需要五伦之外的公共生活设置。于是中国的文化在家人、友人与陌生人之间划出一条清楚的界线：中国的文化传统中明明白白地教导人们与家人、友人当如何相互对待，更明白地教导应当如何对待陌生人，除去一些非常抽象且观念宏大的朦胧的正面教导之外，基本上就都是负面的说法了。

一个在公共生活中不尊重他人的存在的人当然也不会尊重公共生活规则，所以今天目睹的公共生活的另一大问题是公共生活规则因得不到普遍的尊重和遵守而形同虚设，诸如践踏草坪、乱扔垃圾、随地吐痰、在公共建筑上涂鸦、无视交通规则等违规事情实在是太多了,已经成了今天城市公共生活中的大公害。

在公共生活中如果没有把周围的不相识的人当做与自己同样的人来对待的态度,公共生活规则就只有靠直接的外部权威来维持。这也是今天的另一公共生活问题:为使一项规则得到实施,要投入很多的人力做现场的监督。从建立公共生活的秩序来说,这的确有必要,然而从经济的角度上看,这使得社会成本支出过高;从道德的角度看这也有很大的弊端,例如使不能自觉者习惯于只能屈从于直接的外部权威,塑成其屈从性人格,这种屈从性人格引出的问题,是当不存在外部权威时为所欲为——"没有警察什么都敢干"。由示范引导的尊重公共生活规则的态度优于由外部权威维持的遵守规则的态度。有尊重公共生活规则的态度的人总会遵守这些规则,慑于外部权威而遵守的人只是暂时地遵守。在许多发达国家,甚至少年儿童也懂得遵守交通规则,见到动物也知道保护和避免惊扰它们,这是因为他们的父母与老师在他们还小的时候就带着他们等待绿灯时再穿过马路,教会他们与周围的动物友好相处,并且使他们懂得"这对每个人都好",懂得动物与人同是这个生命世界的成员。①

这就是我们在构建现代公共伦理的今天所必须面对的严峻的历史和现实,以上所说的两个问题自然也就成为了我们在进行本土化公共伦理构建过程中要解决的核心问题。

第二节　现代社会与公共生活伦理

在人际交往方面,现代社会迥异于传统社会的最大特点,就是公共空间的极大扩展,以致人类就像生活在一个地球村里,尽管不

---

① 廖申白:《儒家伦理与今日之公共生活问题》,载《中州学刊》,2005(3),141页。

一定相识,但却都有着直接或者间接的联系。因此,准确地把握现代性、现代化的内涵,认识并提升地球村中每一个成员的公共理性,认清社会精英与社会大众在公共生活中的伦理角色担当,对于我们构建和谐的现代公共生活伦理、构建具备新型现代性的和谐社会的重大意义是不言而喻的。

一、现代化、现代性与现代社会

(一)现代化与现代性

一般认为,这两个概念虽然有密切的联系,但从学理上说却是分属两个不同的范畴。首先,从因果关系上说,“现代化”是原因,而“现代性”则是结果,是科学技术、经济生产、社会转型等现代化过程的推动,才产生了作为现代社会的“属性”的现代性。其次,更重要的是,现代化与现代性实质上分属“实证的”与“规范的”两种不同的范畴。对一个国家或地区是否实现了现代化,我们可以用一些权威的指标来加以衡量,但却无法从量的角度来判断一个国家或地区的“现代性”如何。借用哲学上的“是”(事实)与“应当”(价值)的划分,“现代化”问题可归入“是”的范畴,属于事实的、可用量化指标来衡量的实证问题;而“现代性”则属于价值的问题,即它的目的取向、内在原则、行为方式等的合理性如何的问题。由于这样的区别,自然可以导出下述的结果,即同样是达到了现代化指标的国家,它们在现代性方面却可以有所差别,因为它们可以奉行不同的价值理念和行为方式。

美国学者布莱克(C. E. Black)曾经这样说明“现代性”与“现代化”这两个概念的区别。他写道:从上一代人开始,“现代性”概念逐渐被广泛地运用于表述那些在技术、政治、经济和社会发展等诸方面处于最先进水平的国家所共有的特征;“现代化”则是指社会获得上述特征的过程。这是从因果关系的角度来说明现代化与现代性两个概念之间的区别。现代化是动态性的“因”，现代性则是呈现静态性的“果”；由现代化的过程，产生了作为结果的现代性特征。不过，虽然这一说明点明了两者之间的因果关系，但“现代化”的有关说明则是主要从“技术、政治、经济和社会发展”的角度进行的，而“现代性”概念的最深层面，却是属于哲学的，属于哲学反思所把握的时代本质与精神。就这一意义来说，现代化主要是一个经济学与社会学层面上谈论的范畴，表明社会从农业文明进入到工业文明，表明社会在这一文明变化过程中在生产力、生产方式、经济增长、社会发展上与传统农业社会相比的根本变化，以及社会在城市化、信息化、教育普及、知识程度提高等方面的巨大进步。“现代性”则主要是一个哲学范畴，从哲学的高度审视与批判文明变迁的现代结果，着眼于从传统与现代的对比上，抽象出现代化过程的根本特征，着眼于从思想观念与行为方式上把握社会的属性，反思“现代”的时代意识与精神。

下面我们来看有关“现代化”概念的历史性发展：

1. 箱根会议标准

1960年欧美和日本学者在日本的箱根举行“现代日本”国际研讨会。这是“国际上第一次认真而又系统地讨论现代化问题”的会议，它为现代化首次确定了如下的八项标准：

(1)人口相对高度集中于城市之中，城市日益成为社会生活的中心；

(2)较高程度地使用非生物能源、商品流通和服务设施的增长；

(3)社会成员大幅度地相互交流，以及这些成员对经济和政治事务的广泛参与；

(4)公社性和世袭性集团的普遍瓦解,通过这种瓦解在社会中造成更大的个人社会流动性和更加多样化的个人活动领域;

(5)通过个人对其环境的世俗性和日益科学化的选择,广泛普及文化知识;

(6)一个不断扩展并充满渗透性的大众化传播系统;

(7)大规模的制度的存在,如政府、商业和工业等,在这些制度中科层管理组织不断成长;

(8)在一个单元(如国家)控制之下的大量人口不断趋向统一,在一些单元(如国际关系)控制之下的日益增长的相互影响。

上述标准集中于人口、商业、环境、教育、管理等社会领域来考虑问题,因此是从社会学的角度提出的现代化标准。尽管作为第一个现代化的标准未免显得粗糙,但值得注意的是,除了第二条,几乎每一条都蕴涵着人际交往急速扩展、公共空间极度增长的含义。

2. 英格尔斯指标

著名的美国社会学家阿里克斯·英格尔斯给出了一个量化的社会现代化指标,其具体参数如下:

(1)人均国民生产总值3 000美元以上;

(2)农业产值占国民生产总值的比重在12%~15%;

(3)服务业产业占国民生产总值的比重为45%以上;

(4)非农业劳动力占总劳动力的比重为70%以上;

(5)识字人口的比重在80%以上;

(6)适龄年龄组中大学生的比重为10%~15%;

(7)每名医生服务的人数在100人以下;

(8)平均预期寿命70岁以上;

(9)城市人口占总人口的比重为50%以上;

(10)人口自然增长率在1%以下。

这一现代化的量化指标尤为具体,但由于其主要是围绕生活质量来设置指标,所以基本上较少涉及人际关系与公共空间。

3. 利维标准

帕森斯的学生利维也曾为现代社会提出了六项标准,它们构成现代社会的基本条件。现代化的过程则是向这些标准靠拢。这六项标准是:认识方面的理性主义;人际关系方面的普遍性原则;社会机制方面的特定功能;情感方面的克制与回避;目标取向上的责任感;社会结构方面的非等级制。这六项标准的特点是着重从人的意识与精神的角度考虑现代化问题,包括认识的、情感的、意志的(道德责任),以及人际间的关系。与此相应也就撇开了现代社会的物质的标准内容,而比较侧重于现代社会所需的公共理性、公共意识和公共精神。

4. 我国的因类界说

我国学者罗荣渠曾经对有关的现代化理论进行整理,归纳出有关现代化含义的四类界说,它们分别是:

(1)现代化指在近代资本主义兴起后的特定国际关系格局下,经济上落后的国家通过大搞技术革命,在经济和技术上赶上世界先进水平的历史过程。中国共产党及其政府领导人在阐述中国的社会主义现代化方针与政策时所一贯明确表述的,正是这一思想。

(2)把现代化视为工业化,是经济落后国家实现工业化的进程。在罗荣渠看来,这种观点与第一种的实质内容并无区别,只是前者的特殊之点在于它的政治立论。

(3)现代化是自科学革命以来人类急剧变动的过程的统称。按照这种观点,人类社会在现阶段发生的史无前例的变化,不仅限于工业领域或经济领域,同时也发生在知识增长、政治发展、社会动员、心理适应等各个方面。罗荣渠指出，这种现代化观点与上一种观点的不同之处，在于它不是着眼于工业化的纯粹经济属性，而是注意到社会制度即结构与工业化和经济发展的关系，认为科学革命具有改变人类环境的巨大力量，造成特殊的社会变迁方式，而社会各单元对于这一新环境和变化的适应和调整的过程就是现代化。

(4)现代化主要是一种心理态度、价值观和生活方式的改变过程，换句话说，现代化可以看做是代表我们这个时代的一种“文明的形式”，这主要是从社会学、文化人类学、心理学的角度考察现代化的。这方面的观点以德国著名社会学家韦伯为代表。从韦伯学派的观点来看，现代化就是“合理化”，是一种全面的理性的发展过程。按照韦伯的说法，“归根到底，产生资本主义的因素乃是合理的常设企业、合理的核算、合理的工艺和合理的法律，但也并非仅此而已。合理的精神、一般生活的合理化以及合理的经济道德都是必要的辅助因素。”①罗荣渠的概括展现了现代化概念的诸种含义，使我们对现代化概念有了比较全面的了解。从他上面的概括以及联系到前面有关的现代性含义，我们可以看出现代化含义有政治学、社会学、经济学、文化学、社会心理学等方面的侧重或不同，并且在心理态度、价值观和生活方式方面与哲学也有些许交叉。

但比较这几类界说，较多的还是侧重于技术性、物质性、经济性的标准，体现着单一的工具理性的倾向，尽管讲到了人的心理态度，但对于人和社会、人和文化(制度)、人和自然的关系较少强调，也很少强调公共理性与公共利益问题。

---

①　转引自罗荣渠：《现代化新论——世界与中国的现代化进程》，15页，北京，商务印书馆，2004。

(二)新型的现代性

新世纪以来,中国学者根据国际、国内现代化进程中的实践与理论问题,提出了新型的现代性观点,这个观点以"社会互构论"为理论基础。在一定意义上,这些观点和理论,是哈贝马斯的"现代性是一项未完成的规划"和吉登斯的"晚期现代性"理论的中国式延展。社会互构论着重对"现代性"概念的内涵进行了肯定式的积极拓展,提出了与旧式现代性相对的"新型现代性"这一理论术语。它既不同于后现代主义——肯定后现代主义论者看到了旧式现代性的弊病,但坚决反对后现代主义者全盘否定现代性的极端观点;又不同于现代性论者——赞成现代性论者肯定现代性这一总的方向,但不同意现代性论者把社会与自然、个人与社会对立起来的传统观点。也就是说,社会互构论面对后现代化论者只破不立和现代性论者没有说服力的两种窘境,结合国际国内社会经济发展的现实与需求,从积极的立场出发,把现代性分为旧式现代性与新型现代性,并将现代性论者与后现代性论者论争时所依据的全球性事实进行了合理归类,使之分门别类地划在旧式现代性与新型现代性的概念范畴之中。

社会互构论不仅区分了现代性的两种形态,而且提出了目前人类社会正处在由旧式现代性向新型现代性转向的境地之中,这是不可抗拒的世界潮流。所谓旧式现代性,就是那种以征服自然、控制资源为中心,重竞争、轻合作,醉心于"零和状态",社会与自然不协调,个人与社会不和谐,自然和社会付出双重代价的现代性。其负面后果的表象有"绿色惩罚"、对资源控制权力的争夺、价值尺度的扭曲、伦理准则的变形,以及风险景象的日益普遍等。这表明,旧式现代性已经进入了明显的危机时期,必须实现从旧式现代性向新型现代性的跨越。而所谓新型现代性是指那种以人为本,公共理性凸显,公共精神高扬,人和自然双盛、人和社会双赢,两者关系协调和谐,共生共存,良性互动,并把自然代价和社会代价减少到最低限度的现代性。①

如前所述,所谓现代社会,从过程上讲就是现代化社会,从目的上讲就是具有现代性的社会,而具有本土化特点的新型现代性的现代社会,则是我们要构建的和谐社会。

(三)现代社会的特质与公共伦理的孕育

在东西方漫长的中世纪时期,人类社会就已萌生了具有现代社会特性的市民社会(也可称公民社会)。但由于宗教势力和政治国家的侵吞和啮食,难以发挥效用,只是在经过了漫长的专制主义之后,真正意义的市民社会才在现代开始焕发生机。因此,现代社会实质上就是真正意义的市民社会的勃兴和繁荣。它在接受利益多样性的基础之上,对社会的每一个阶层、每一个类群体的价值取向和利益需求都给予了肯定和满足,弘扬了个性和自由精神,从而为历史发展提供了多元化的社会基础,直接孕育了既有现代社会标志的市场经济、民主政治和法律制度,同时也孕育了现代公民的公共意识、公共理性与公共精神,为现代社会公共伦理规范的建设与发展确立了思想基础。在现代市民社会,民众不再是过着自给自足的封闭式的生活,而是通过充分发挥市场在经济生活中的价值和潜力,使其成为个人之间以及个人与国家之间经济交往的桥梁。通过市场的功效,人类社会开始了开放和竞争的经济生活方式,这种开放和竞争性质的经济生活使社会的资源得到最大限度的培植和利用,从而大大促进了社会的发展。市民社会的多元化、自主化发展,也形成了政治上对国家权力的分割和制衡。近代市

① 郑杭生:《新型现代性及其在中国的前景》,载《学术月刊》,2006(2),21~24页。

民社会所造就的“大众社会”，并非仅仅表现为松散的乌合之众，恰恰相反，市民社会的政治解放在展现遍布社会的经济市场这一宏伟景观的同时，也对传统血缘、等级社会结构进行了重大的调整，形成了以角色分化、利益连接为表征的众多社会组织。这样一来，社会组织就要在各个领域里与政府组织分享权利，形成多元化利益中心。它们一方面有其独立性发展趋势，要求政府尽量少干预而维护其自治权，遏制国家权力职能的扩张；另一方面，它们又要“不断地向国家领导和官员提出要求并力求对他们施加影响”，从而构筑了一个以权力分离和制衡为标志的多元政治体制，抵消了国家权力的强制性控制，保障了市民社会的自由和权利，使政治生活呈现民主色彩。市民社会的多元化也直接导致了社会文化的民众色彩。由于权力在不同的利益集团之间得到了广泛的分配，使个人主义、私人利益得到充分的重视，从而生发了不同向度的价值判断和合理性诉求，使社会文化中出现了融合市民社会各阶层意愿的多元思想，能较充分地代表“公意”。

在现代市民社会的基础上，直接生成了市场经济、民主政治和公民文化，溯其根源，则在于市民社会的多元化特征。正是由于现代社会的多元化，利益分配、权力设置以及思想教化都不再是仅仅以社会强势群体的意志为转移，由其自由支配，而是对社会弱势的思想意愿和价值判断同样能够给予充分地尊重和肯定，从而在合理范围内倡导宣扬了个人主义、个性自由和私人利益。对个性的尊重和肯定实际上也真正显现了现代社会的真正特质，那就是在现代社会里，社会生活不再是以感性为基础，而是以理性为基础。

在现代社会中，各种各样的社会关系要求人以理性的方法予以处理和解决，而不是以感性的态度对待它。这是因为在市民社会多元复杂的利益冲突和协调中，不同的利益主体在市场经济竞争与合作时既要竭力主张其自身利益和自由平等权利，同时又要作出必要的妥协、让步和合作。这不仅衍生了一种市民社会内部抑制单一独占性的平衡机制，也确立了市民社会自主自律、宽容共存的自由理性诉求。在市民社会中，人们很清楚没有规范性约束的自我表现利益的追求会使所有各方的自我表现利益都遭到挫折，因此大家都必须遵从共同的、保障每个人权利和自由的规范，并且根据市民社会状况的变化和发展而予以不断地更新换代。正是基于这种理性共识，公共伦理规范——从公德到法律的建设、制定与践行才有牢靠的基础。正是在这一意义上，我们可以说现代社会与公共伦理是相伴相生、相辅相成的。

二、现代社会的建构与伦理生活的转型

中国现代化的进程必将打破传统的伦理生活秩序，引发伦理生活的转型，而伦理生活的现代转型也是构建新型现代性的中国和谐社会的保证。从现代社会的特征及其伦理要求以及当代中国伦理建设的现实出发，一个和谐的现代社会的伦理生活将实现以下两个方面的转型。

（一）从私德型伦理生活向公德型伦理生活的转化

人类文明演进的基本趋势，表现为社会公共性的不断增强，在社会结构上则表现为组织关系由血缘向地缘和业缘的不断进化，在社会交往上则表现为人际关系由私域——熟人向公域——陌生人的必然发展，而在社会规范上也必定要实现私德向公德的转变。

现代公共生活的根本特征是以现代生活社区和职业分工为基础的交往。古代社会尤其是自然经济占主导地位的传统社会，经济贫弱、社会封闭，因此，人们的公共生活领域极为狭小，人际往来也十分稀少，传统家族伦理的生存环境是村社，出身、地域即血缘

和地缘是主要的身份标志。在家庭(家族)生活中,血缘及根源于血缘关系与共同生活的感情是基本的纽带。对普通民众而言的所谓公共生活也就是村社社会的日常交往活动,国家的、政治的公共生活则是多数人无法参与的。在这样的情况下,人们的社会"公共需要"微乎其微,人们的"公共意识"也极其微弱,人们普遍缺乏对于公共利益的关怀,更谈不上在此基础上对所谓"公共精神"的培养和"公共人格"的培育了。就社会公共生活的真实情景而言,由于没有发展出普遍性的公共交往伦理,因此,只有通过统治阶级的"公共意志"以"神意"的名义而大行其道,普通民众完全被剥夺了过"社会公共生活"的所有权利。当社会历史进入现代社会之后,社会公共领域得到了极大的拓展,从而大大激发了人们的"公共性需要"。社会"公共文化"与"公共价值"观念成为整个社会精神生活的突出问题。这一变化与近代城市的崛起和发展息息相关,而城市的发展则是现代工业经济发展和现代市场社会运动的结果。首先是大工业的发展改进了生产工具,开通了发达便利的交通道路,开辟了广阔的市场,其结果是创造了巨大的城市,使城市人口大大多于乡村人口,从而改变了城市对乡村的从属性,反而使乡村服从于城市。到了现代,第三次科技革命的浪潮进一步推动城市的发展,现代城市更是人流、物流、资金流、信息流的集中地。

现代城市空间的拓展打破了传统经济和传统生活的自足性、封闭性和单一性,创造了一个开放的、流动的、丰富多彩的公共世界。现代的城市生活以社区为基本单位,职业是主要的身份标志。在城市里,除了私人住宅以外所有的空间基本上都是公共的。例如:街道、人行道、树木、公园、公共市场、公共汽车等等。个人生活无可选择地进入社会生活的公共联系之中,包括购物、出行、求职、交往等,纯粹私人的家庭生活被压缩在很小的时空内。城市基本设施和环境条件的公共性为人们形成公共意识创造了条件，并逐渐在广大市民的意识中培育出“公共”的概念。同时，随着公共设施的广泛增建，“公共空间”的意识也迅速增强，一系列的公共规则也由此推行，这就必然使公共道德的要求不断得到全社会的普遍认同。

（二）从精英的伦理生活向大众的生活伦理的转化

伦理教化要从两个方面来展开，这是因为作为公共伦理生活，其面对的肯定是社会大众而不仅仅是社会精英，而践行的时空主要是大众的日常生活或者说是日常公共生活。所以，本节所要阐述的转化，是指在操作中要注意主流文化的自上而下的自觉性的教化伦理与民间文化的自在的日常伦理的结合互动上，即从单一的灌输式的教化伦理向双向的对话式的伦理教化的转变。

第一，从注重精英的伦理生活到注重大众的生活伦理。

在传统社会中，严格地讲，只有社会精英才有伦理生活，传统社会的伦理学说都以某种价值观念和规范体系来教育、引导人们的生活，从而达到调整社会关系、维持社会秩序的目的。也就是说，只有当人们能够按照前现代社会伦理学说所教导的规范行事时，才能进入社会伦理生活范畴，否则就只能置身于社会伦理生活之外。在传统社会中，一般的民众实际上只是生活在狭小的生活圈子里，他们面对的主要是家人、家族，所以很难进入社会伦理生活之中。我们还应当看到，中国传统社会推崇一种理想化的神圣道德和贤哲的伦理生活，尽管它具有超凡脱俗的精神力量，也曾引导不少仁人志士、圣者贤哲成为社会进步的中坚，但其最终只能成为精英伦理的一部分，从而成为脱离民众的说教。中国封建社会之所以会出现道德理想设计与大众层面道德实践的相悖，原因之一就是儒家道德确立的基础是把人分为不同的等级，认为下层人是根本不讲道德的，所谓"君子喻于义，小人喻于利"；"君子之德风，小人之德草"。而一般民众总是首先立足于现实世俗，立足于感性经验生活，总是其所在的那个生活世界的产物，而现实的生活总是世俗的。特别是当上层社会走向腐败没落，天灾人祸再加上礼崩乐坏，世俗社会就成为江湖社会、游民社会，正常的社会秩序与规范就会被扭曲，这时人们的日常生活就陷入了恶俗之中。

正是在这样的背景下，当商品生产和市场经济成为社会生活的主旋律时，人们不再顾及重义轻利的善良意志的律令——因为那是圣哲的律令，而一味放心、放手去追逐利润和效率，锱铢必较已属常规，更有欺行霸市、坑蒙拐骗、行贿受贿之类展示痞子文化的劣行。对此，人们似乎习以为常，见怪不怪了。经济学家把商业视为经济人的领地，哲学家也主张市场与道德划界，涉及整个人类公共领域的公共伦理生活自然只能退缩到业余时间中去了。

尽管我们早就有"天人合一"的精神遗产，但那离普遍民众太远，于是"人定胜天"的思想被片面夸大，人成为自然的主宰。这样，当人们津津乐道于开发自然、改造自然的胜利成果时，终于不得不反思人类与自然界的关系问题。人类中心论与非人类中心论的争论向人们表明，把人与自然的关系排除在人类伦理生活之外，是一种无知与不文明的表现。

由此可见，作为生活在地球村的人类，每个人的大部分时间都花费在公共空间中，从最普通、普遍的公共场所到专门的经济、政治、法律领域，人与人之间、人与社会之间、人与自然之间无不置身于一定的伦理关系之中，都需要遵循相应的公共生活伦理的规则，唯有如此，我们每个人才能生活在一个稳定、安全运转的社会中，每个人才能过上和谐幸福的好日子。

第二，从单一的教化伦理向教化伦理与日常伦理相结合的转变。

近年来,教化伦理与日常伦理的话题是伦理学界的讨论热点。笔者以为这个话题为伦理生活和相应的伦理教育转型问题提供了较好的解决思路。

如果说,在长达数千年的传统社会中,社会生活伦理在实质上是所谓的精英伦理或古典美德,是将人民大众排斥在伦理生活之外的,那么新中国成立以来,由于受"跑步进入共产主义"激进思潮的影响,急于将圣贤型的精英伦理普及到大众中去,而不顾大众的思想实际和日常需要,采用自上而下的、简单的灌输式方法进行大众的教化伦理教育,这种教育尽管轰轰烈烈,但却因为脱离实际、脱离生活,而收效甚微,甚至因拔苗助长而走向反面。所以,在构建和谐社会的今天,大众的伦理道德建设还要从"八荣八耻"的起点做起,这个"缺场"——民众不能"进场"到"空场"——民众不愿"入场"(这里的"场"是指社会伦理生活之场)的教训,我们应当牢记。

这里有必要分析一下教化伦理与日常伦理的区别与联系。鉴于学者对此已有充分的论述,本文只是将相关观点综合归纳并阐发如下:

(1)生活伦理与教化伦理的含义

所谓生活伦理,就是存在于民众实际生活中,人们主要根据生存理性和实际需要,从生活实际经验中得来并实际应用于生活的伦理。所谓教化伦理,是指由统治阶级倡导,居于社会正统地位,用于教化民众以维系社会秩序的伦理观念,是自上向下灌输并希望人们普遍遵守的伦理。

(2)生活伦理与教化伦理的区别

一是主体与社会作用不同。教化伦理的主体是国家,其实际代表者主要是官员、意识形态的教化工作者;而生活伦理的主体则只能是民众。教化伦理是一部分人用于教化另一部分人的伦理;而生活伦理则是民众各自生活经验的积累,是不具备相互间不平等意义上的教化性的。

二是根本目标和基本立场不同。"为了社会"还是"为了人的生活",这是教化伦理与生活伦理在根本目标上的不同。教化伦理是由社会利益和统治阶级的利益决定的,它是社会、国家向民众提出的价值观念导向和行为义务要求。教化伦理所要达到的目标主要是秩序与和谐,其基本立场具有鲜明的意识形态性,总是站在社会、国家和统治者的立场上,为其倡导的主导价值观念和道德规范进行辩护。而生活伦理的利益基础则是广大民众的日常生活需要,其追求的目标是安宁和幸福。民众首先有生存和安全这种基本需要,在此基础上,他们还有归属、交往以及自我实现的需要。生活伦理就是要为民众的这种合理需要和追求提供道义上的支持和指导。因此,生活伦理的基本立场是非意识形态的,它直接源于民众的生活需要和生活实践。

三是伦理精神和价值取向不同。教化伦理的伦理精神和价值取向是"礼义为上",具有鲜明的道义论特点。而生活伦理的伦理精神与价值取向则是幸福主义的,具有鲜明的功利论色彩。教化伦理就是要人们遵礼行义,只有遵循社会主导的价值观念和行为规范,才能维护社会的秩序;只有倡导人们对他人和社会多尽义务,社会才会少纷争而多和谐。而生活伦理作为民众生活方式的直接体现,必然是幸福主义的。民众作为真正的生活主体,他们必须为自己的生存去奋斗,以追求自身的现实利益,追求自己的幸福生活。尽管作为一个社会生活中的人,其追求利益的方式应以符合道义为标准,但他们的首要价值取向是功利和幸福。

四是调节社会生活的领域不同。教化伦理具有某种公共性、群际性、族际性、国际性，调节的主要是人与团体、国家、社会、世界之间的关系。而生活伦理则具有私人性、人际性，有的学者把它称为主体间性或交互主体性，主要是调节民众在私人生活和私人交往过程中的人际关系。因此，教化伦理更多地体现为一种政治生活中的理想伦理，在现实社会中，这种教化伦理更多地得到了统治阶级法律体系的支持；而生活伦理则更多地体现了人与人之间的特殊性和情感联系，隐隐地还受到某些生存潜规则的影响与控制。

五是在意识形态和传承方式上不同。由于教化伦理是社会利益与统治者利益的自觉表达，并且通常是以系统的、理性的形式予以表达，因此它是典型的社会意识形态。而生活伦理则是从民众的生活中直接产生的，是民众生活方式的直接体现，又由于它是以非系统的、常识的形式予以表达的，因此生活伦理通常是以民众社会心理的形式存在的。从文化积累和传承的角度看，它们的承载方式和传播方式也是不同的。在我国古代，教化伦理主要体现在士大夫的鸿篇巨制中，得到国家权力的肯定，并借助政治和法律的手段加以推行。民间生活伦理则主要存在于各种谚语、传说、家训、童蒙读物、戏曲鼓词、民间信仰，以及一些切近生活的民间文化形式之中。

(3)生活伦理和教化伦理的联系

首先，应当强调的是完整的社会道德结构应是两者的统一，这是由社会生活的统一性和完整性决定的。人是社会性的存在物，人不仅有日常私人生活，而且也有社会公共生活，人的生活不仅要依靠常识作出选择，而且要自觉接受社会的主流价值观念，用自己的理性加以审视，并以此指导自己的长远选择。正因为生活就是这样内在的统一体，所以才决定了一个社会的完整道德结构应该是教化伦理与民众生活伦理的统一。

其次，教化伦理应与日常伦理处于一种良性的互动中。这是因为，一方面，教化伦理要以民众的生活伦理为基础。教化伦理的内容如果严重脱离民众的生活实际和道德水平，就会变成空洞的说教，教化伦理要尽可能地从民众的生活实际出发，体现并维护民众的利益和要求。另一方面，民众的生活伦理也要自觉认同教化伦理的价值导向和规范作用。民众生活伦理作为一种直接形成于日常生活中的社会心理和行为趋向，必然有某种趋利的自发性、盲目性，甚至反伦理性，如果离开了教化伦理的整合、引导和规范，很容易滑向非道德主义。为此，两者之间应该处于一种能动的互动过程中，即教化伦理应关注民众的道德生活实践，从民众实际的生活状态和价值心理出发，不断调整自己的导向和规范；民众生活伦理应自觉地以国家、社会的主导价值观念和规范指导、约束自己的生活实践，摆脱潜规则的操控，从而实现个人幸福与社会和谐的统一。

第三节　公共伦理素质的提升与青少年思想道德建设的重心

在中国现代化的进程中，当代国民（包括青少年）思想道德建设的重心之一就是公共伦理素质的提升，这除了由社会转型和现代化建设的目标决定之外，也由人性的共有弱点和中国国民性的固有缺陷决定。如果说前者是外部要求、外在因素的话，那么后者则是内在因素、内在要求。所以笔者以为，后者在现实的背景中显得更为关键和紧迫，而且当其重要性为科学主义和技术、经济理性所遮蔽时，其对于现代化进程的决定性作用将成倍放大，而这种放大过程将使或已经使社会付出高昂的成本。

如何克服人性的弱点——对技术、经济等工具理性的过度追求而向物性的倒退，如何弥补国民性的缺陷即中国传统文化的先天不足——只有对点缀性的精英伦理的追求，而没有基础性的大众伦理的建设，或者说只热衷于“爱心”“公而忘私”之类积极的、有作为的教化伦理素养的弘扬，而不屑于相对消极的、无作为的“七不”等基本生活伦理素养的光大。要从根本上改变这个局面，就要从源头上做起，将当代青少年思想道德建设的重心放在整体的最基本的公共生活伦理素养的提升上，将青少年思想道德建设的基础落实在交往理性特别是公共理性的逐步累积和思维能力的开发上，以保证青少年日常生活中的伦理取向的知行统一，并由自在走向自觉，由他律走向自律。

一、社会转型、文化传承与公共伦理的缺失

（一）社会转型与单一工具理性的过度张扬

进入市场经济社会，人们的行为与传统社会相比迥然不同，对此美国学者加里·贝克尔指出：“所有人类行为均可以视为某种关系错综复杂的参与者的行动，通过积累适量信息和其他市场投入要素，他们使其源于一组稳定偏好的效用达至最大。”①

贝克尔和许多经济学家一样用“经济人”的利益最大化逻辑来诠释利他行为，指出利他行为之所以发生，是因为这种利他行为能在可见的预期中利己，能增加自我生存的机会和自身的消费水平等等，这种经济理性如果过度张扬，人们就将一切都按成本、收益的逻辑来做单一的工具理性——经济理性的衡量，这对现代社会

---

① 加里·贝克尔：《人类行为的经济分析》，王业宇、陈琪译，19页，上海，上海人民出版社，1995。

中不断拓展的公共生活所需要的公共伦理极具杀伤力，在失去了交往理性的市场经济社会中，人们会因经济理性的过度张扬而导致物性极度膨胀，从而回归"丛林时代"。

在传统乡土中国和单位制下，"经济人"的理性逻辑是无法实现的。社会转型和经济转轨之后，当"经济人"投入到公共领域的道德资本没有得到预期的回报时，其目标与投入就会游离，以致当经济行为的主体意识到侵蚀公共领域能得高回报而又能免于法律的追究和固定对象的投诉时，投机行为就必然产生。尽管声誉、道德、品行都可以看做经济行为主体的社会资本，公共伦理的完善和社会风气的改善也会有利于交易成本的降低，但是具体到个人身上，就会出现一种博弈行为，即会作出成本外部化与搭便车的行为。

对于投机行为和搭便车行为，美国学者奥尔森是这样解释的：如果一个人在集体物品被生产出来之后，不会被排除在获取这一物品所带来的收益之外，那么这个人就不会有动机为这个集体物品的供给奉献力量，他会选择做一个搭便车者，即使有些人一开始可能为提供集体物品奉献力量，那么也会因为另一些人的搭便车行为而放弃原有动机。搭便车的诱惑如果支配大多数人的心理，便会进一步滋长机会主义，最终会使"个人的理性导致集体的非理性"①，无法使集体利益的供给达到最优。因此假定个人的付出会使整个社会有所收益，但却只能获得其行动收益的一个极小份额，即个人的付出与收益不成比例，收益被他人无偿地分享，这也会阻止"经济人"在公共领域的继续合作。由此我们知道，在社区内或社会中的公德收益是公共性的，即社区内的每一个成员都公平且

---

① 奥尔森：《集体行动的逻辑》，陈郁、郭宇峰、李崇新译，29页，上海，上海人民出版社，1995。

均等地分享它，而不管他付出成本与否，就会使社区内的每一个成员都有搭便车而坐享其成的可能。社会单位越大，利益分享越有可能，搭便车的机会越多，那些为了集体利益而付出的个人分享份额就越小，如此反复，公共理性将不复存在，经济就会失序，社会的动乱也就不远了。

这样的前景，显然是有理性的人类不愿接受的！那么，人类如何主动而自觉地避免这种前景呢？关键还是在于人类理性的健全和提升。

社会转型和经济转轨，必须要有相应的社会伦理规范的转型，这种转型必须要有人的相应的理性支撑。作为市场经济基础的经济理性只是工具理性的一种，作为市场有序运转的理性基础是规范理性或契约理性，国外学者则更形象地称之为“交往理性”。只有在经济理性与交往理性这两种工具理性相平衡的情况下，人类的市场经济社会才能正常运行并可持续发展；只有具备了这两种工具理性的“道德——经济人”，才能使自身与他人、自身与社会、自身与自然处于双赢互利的交往互动中，才能进行低成本的可持续的良性经济——社会活动。

（二）文化传承与交往理性的明显缺失

首先，如前所述，在中国的文化传承中，公共伦理的资源明显先天不足。第一，中国传统主流文化中的伦理道德属于上层精英的伦理生活而非民众的生活伦理，其主要任务就是造就品行高尚的君子。第二，在乡土社会中，民众的日常生活伦理是一种对人不对事的熟人伦理，其交往的范围很小，公共生活的范围局限于乡土范围之内，而乡土范围内的居民往往有非常密切的血缘和家庭联系，指导他们公共生活的规则，往往就是家庭的道德和规范（私人道德和家庭道德），而这种乡土社会的公共生活准则事实上是与我们今天所谈论的社会公德相差很远的,因为这种社会伦理生活秩序的建构,并不适用于所有人,而仅仅是一种建立在血缘亲情基础上的熟人伦理,并未被放大递进推展至全社会。所谓“亲亲为仁,从兄为义”,“老吾老以及人之老,幼吾幼以及人之幼”,由“父慈子孝”到“君仁臣忠”,由“兄友弟悌”到“朋友有义”甚至“夫唱妇随”,都构成了社会生活的基本伦常。事实上,这种伦理是一种身份伦理或者说熟人伦理,具有对人不对事的特征,它缺乏一种超越传统血缘、地缘、关系、身份等天赋条件的观念,并没有能涉及关于公共生活陌生人之间如何相处的伦理安排。从这个意义上说,人们的交往理性是很狭窄的,或者说根本不可能具备现代意义上的交往理性。

由此可见,在中国传统社会中,无论在上层社会还是在下层社会,由于相同的社会经济背景,不可能具备现代公共生活伦理的现成资源。即使在乡土社会之外的那个时隐时现的游民社会,那种“把兄弟”之类的帮会关系也只不过是乡土社会熟人关系的延伸与扩展而已,所以,也不可能具备现代公共生活伦理的内涵。

其次,现实伦理道德建构中存在明显偏颇。自 20 世纪以来,随着封建王朝被彻底推翻,从孙中山先生的“大公无私”到中国共产党的奉献伦理,都体现了一种对理想主义伦理精神的追求,都希望通过精英伦理的普及化,提升国民素质,进而实现人类大同。

不能否认,在相当一段时间内,董存瑞、雷锋、王进喜等一些英雄模范出于虔诚的信仰,履行的是真正的利他主义,体现了一种彻底的奉献精神,代表着人类的一种价值追求,无论在任何时代都有其存在的价值和意义。当然人类社会的发展历史也证明,在当下要求人人都成为这样的英雄模范,显然还缺少物质与精神基础,因此只能是一种乌托邦式的理想。从文化传承的角度看,这一奉献伦理其实也体现了传统精英伦理文化的绵延性影响。

然而，在现代社会中，伦理道德面对的是所有的社会成员，这是一个各自内心信仰和价值观念相当歧异的人群，伦理道德的主要任务不是造就品行高尚的君子，而是使人们的行为普遍地合乎某些基本的行为规范，使他们不至于相互间动辄动武，诉诸"丛林规则"而使社会崩溃。伦理道德的基本立场，也将随社会从精英等级制的传统形态向"平等多元"的现代形态转型。它将从一种社会精英的自我追求至高至善的向度，转向面向社会、平等适度、立足公平公道的立场。换句话说，现代伦理道德关注的重心将不再是高度而是广度，或者说不再只是追求理想，而更要关注日常行为和反对潜规则。

再次，当今公共伦理建设中的重心仍然有过高倾向。改革开放以来，社会公德、职业道德的问题日益受到重视，现代意义上的公共伦理道德建设的重要性已成为社会共识，但是受计划经济时代的奉献伦理的后续性影响，我们在日常生活与舆论宣传中，较多强调的是爱心奉献、义务性公益活动等积极的、有所作为的公共伦理道德行为取向，相对较少宣传的是"七不"等消极的、不作为的公共伦理道德行为取向（尽管这几年来有较明显的转变）。

鉴于此，笔者以为一些学者的相关论述[①]颇有借鉴和启示意义。

"消极的公德"与"积极的公德"最早是由日本学者西村茂树（1828—1902）提出来的，但未加以充分论述，而且在文章被刊出前，西村先生就去世了。陈弱水教授依照这一思路，进行了一系列研究，提出了许多精辟的见解。

首先，关于消极性和积极性公民行为的内涵的论述。陈弱水

① 陈弱水：《公民意识与中国文化》，3～36、48～68 页，北京，新星出版社，2006。

教授对消极性和积极性公民行为进行的深入区分是受到了当代英国思想家以赛亚·柏林(Isaiah. Berlin,1902—1997)对自由观念所作分析的启示。以赛亚·柏林曾将自由区分为消极的自由和积极的自由,前者是指个人在私人领域内免于外力干预的自由,后者是指个人可在社会生活中发挥个性及分享资源的自由。讨论公民行为,虽然在性质上与自由的问题大不相同,但对公民行为作类似的区分,颇能有效地说明华人公民文化中的一些症结。特别需要强调,这里的“消极”和“积极”是由英文的“negative”和“positive”翻译过来的。在中文里,“消极”常有不重要或负面的意味,其实不是很妥当的翻译,因此以“不作为”一词替代“消极”。不作为或消极的自由是自由极重要的一个形式,甚至可说是自由生活方式的根本基石。同样来说,消极性的公民行为也是公民文化的一个重要柱石。为此,消极性与积极性的公民行为,也可理解成“有所守”与“有所为”的行为的区分,如此,“消极性”的含义就更清楚了。

其次,关于积极性与消极性的公民行为的明显差别。这两者在行为上有高度的分离性,积极性的公民行为并不一定能促进消极性公民行为的改善。比如说,珍视自己的参政权利,决不轻易错过任何选举的投票,这是政治参与的一个重要方式,是一种积极性的公民行为。担当义工或捐款给慈善机构,是主动为社会大众谋求福祉的表现,也是一种积极性的公民行为。但是,具有以上两项特质的人是否在公德心上会有高水平的表现呢?对这个问题,陈弱水教授持怀疑的看法。为了说明积极性与消极性公民行为的差异——或低度的相干性,他根据华人地区的共同特点,虚拟了一个情景来说明问题。在大部分的华人地区,常见的社会服务工作是清理公共空间中的垃圾,譬如“净山”活动、街道大扫除等,这是典型的参与式公民行为。那么,公共空间的脏乱是从哪里来的呢?当然绝大部分是没有公德心的人丢弃杂物导致的,因为义务清扫环境是针对缺乏公德所造成的后果而发的。可以假定,参加这种活动的人不是脏乱的来源,脏乱制造者和整理环境者是两批不同的人。现在,可以假定,某个社会中只有两批人:一批人习惯在公共空间中扔垃圾;另一批人不但不随地丢垃圾,而且热心清扫环境。假定这批清扫环境的人除了参加劳动服务,并不针对扔垃圾的行为作任何处置或教育,我们有理由相信,清垃圾与扔垃圾将是两条永不相交的平行线,这个社会的公德问题永远没有改善的可能。“你丢我捡”不只是义务清理环境者用以自我激励的话,也是现实冷酷的写照。

陈弱水教授的分析,再明显不过地说明了“有所守”的公民行为是公民文化的重要柱石——没有了“有所守”,“有所为”的行为无法长久地坚持下去。弥补公共理性的缺失,公共精神、公民文化建设的步伐不宜过急,公共伦理、公共精神、公民文化一定要在求广度的基础上求高度,这是笔者的结论。

二、理性思维品质的提升与公共伦理素质的养成

中国社会转型中暴露的种种问题以及中国传统文化的先天不足都说明:为了实现中国新型现代化的目标——和谐社会,国民性改造的重心应立足于公共意识的确立和公共理性、公共精神的培养,这当然也就是当代青少年思想道德建设的重心。

人类文明发展的历史已经说明,作为公共意识、公共精神的集合体——公民文化的发展过程也就是人类理性的累积过程。所以,青少年思想道德教育的核心内容应该是理性的提升,应该是一个符合未成年人知行发展的过程,是感性——知性——理性的演进。鉴于理性植根于人的反思能力,因而青少年理性的养成,就只有从提高青少年的思维能力与品质起步。唯此,青少年公共伦理

素质的提升与内化,才能建立在科学的坚实基础上。

(一)理性的发展与传承

1.理性的解读

当代法国著名思想家埃德加·莫兰指出:"理性是一种建立在演示和逻辑学基础上的思维方法,用以解决反映了一种形势或一种现象特征的材料向精神提出的问题。"①

英语世界的马克思主义文化批评家、文化研究的重要奠基人之一雷蒙·威廉斯对"理性"一词的含义进行了系统的历史考察。他指出:"理性一词最早的含义之一是特指人类所具有的前后连贯的思想与理解能力。"在相当长的一个历史时期内,"理性"最普遍的含义是指人的智能,所谓"有智慧"就是具有或明显运用理性的能力,理性与情感(相对而言属非理性本能)组合成人性的两个层面。尽管以弗洛伊德为代表的心理学家认为,人类根本上或基本上是非理性的,理性只是次要层面,是在为非理性制造"理由"。然而,威廉斯指出:面对"理性"的分歧,以及复杂的含义,"如果我们有信心诉诸理性,一定有所裨益,用理性来思考仍然是有益的。"②作为第一章,此处只对理性作最简要的解读,关于理性问题的进一步阐析将在后面展开。

2.人性的传承与理性的提升

从现代生物学的视角看,生物性(物性)与文化性(理性)构成了人性的两翼。个人从其降生的那一刻起,就开始传承这两个属性。生物性(物性)来自于母体与基因,文化性(理性)来自于家庭、社会(包括学校)。生物学家指出"自私的基因"是生物性机体内在的"程

---

① 埃德加·莫兰:《复杂思想:自觉的科学》,陈一壮译,120页,北京,北京大学出版社,2001。

② 雷蒙·威廉斯:《关键词:文化与社会的词汇》,刘建基译,382~387页,北京,三联书店,2005。

序”，这一程序为每一个体设定了行为方式。而人类独有的文化性（理性）的作用就在于控制生物的自我扩张性，发挥这种作用的最佳选择无疑就是改装每个人的行为程序。这里上天赋予了人类一个极好的机会，那就是人类特异的养育过程。

在生物界，高等哺乳动物大多数生命周期长、头大、社会行为复杂、孕期长、每胎产仔少、幼子出生时发育良好且有一定的能力。然而人类却是一个例外，人类的生命周期很长、头最大、社会行为最复杂。每胎产仔最少，而且出生时发育未全，出生后的成长期最为漫长，几乎要达到 20 年。人类的孕期只比猩猩多几天，而人类的脑发育程度要在出生后 6 个月才达到黑猩猩刚出生时脑的发育程度。人的发育速度如此之慢，而人类的孕期又显然太短，生物学家估计，如果以高级动物孕期与生长期的比例来比照，人类婴儿应在母体内待上 17 个月到 24 个月。为此，生物学家一言以蔽之：人类的婴儿是胚胎，这一特殊情况的结果成为当代生物学家、人类学家和社会学家所共同思考的问题。哈佛大学资深教授迈尔于 20 世纪 80 年代末指出，“人和其他动物的区别在于其行为程度的开放性，道德规范就铭记在幼婴的开放性行为程序内。人类的这一开放性程序的巨大容量才使道德的形成成为可能。在幼年期（这里应是泛指在成人前的成长期）奠定的基础在正常的情况可以维持一生。”①另一著名学者理查德·利基也指出，“文化是人类对共生共荣的一种适应，幼儿及青年期的不寻常的成长形式使这种适应成为可能。”②

总之，人类漫长的养成期与其理性思维能力的结合提供了对

---

① 迈尔：《生物学哲学》，徐长晟译，18 页，沈阳，辽宁教育出版社，1992。

② 理查德·利基：《人类的起源》，吴汝康、吴新智、林圣龙译，5 页，上海，上海科学技术出版社，1995。

其进行知识技能、伦理规范、道德品性和人文情怀教化的时空,使他们在一定程度上完成了自身行为程序的重组。当然,重组不可能抹去基因的所有痕迹,但毕竟给了社会和文明更牢靠的基础。一个成年人的理性行为正是在这一基础上展开的。为了使这一基础尽可能扎实一些,人类就应该充分利用每一个体的这一特异的养育过程,而且大量的事实一再证明这一过程具有不可逆性。所以,青少年在成长的各个阶段的各种素质的养成也就明显地具有了机不可失、时不再来的特性。由此可见,对于青少年来说,让他们的各类素质在养成期得到均衡的发展是何等重要——因为种豆岂能得瓜?

(二)思维与理性

1. 思维的解读

思维是"在特定物质结构中对客体深远区实现穿透性反映的物质运动。而思维科学就是研究这一物质运动的科学。"①所谓开发思维能力,提高思维品质,也就是依据脑科学与心理学的研究成果,通过一定的知识学习与能力训练,发掘大脑潜力,提升人类主体对客观事物内在意蕴的分析与把握程度,并不断提高分析与把握的科学性、深入性、整体性等。由于人类成长的特殊性,青少年阶段如果缺乏良好的思维训练和养成,个体的思维发展就会受到损害。思维的训练和养成不仅应融入各个学科的学习过程,更应该进行集中、系统的训练和培养,特别是对于进入青年期的个体,如高中生、大学生,更应该逐步开发其各类高级思维能力,变自在为自觉,以促成他们理性的提升,促成其真正实现自身素质的综合发展。这些理性当然包括公共理性,这些素质也包含公共伦理

① 田运:《思维辞典》,396页,杭州,浙江教育出版社,1996。

素质。

2. 理性与思维的互依互存

首先，人类的理性总是与人的思想、思考、智能、逻辑、演算与运用的能力联系在一起，如果从脑科学和心理学的角度来理解，这无疑是指思维和思维能力。其次，尽管弗洛伊德等心理学家对人类的理性持一种悲观的态度，而作为社会学家的埃德加·莫兰也曾指出：人类迄今尚未进入“人的科学的时代”[①]，这恰恰从反面更加凸显了人类自身提升真正理性、提高思维品质的根本性意义。再次，从人性的角度看，人性包括物性和理性，人的理性是分层次的，至少可以分为初级理性——工具理性和高级理性——价值理性。人的“非理性”主要是指人的物性对人的初级理性的侵蚀与役使，而物性很难侵蚀与控制人的高级理性，因为这是一种以自觉的人文情怀为核心的价值理性，所以人的理性提升的关键是提升自身的高级理性，这是帮助人们不沉溺于物性的保证，更是人类社会得以健康运行、发展的保证。

3. 理性与思维的共同基础

我们知道，人的自觉意识活动是人的理性产生的关键，而这类自觉的意识活动正是产生于人脑——与其他高级动物不同的那一部分，即新皮质区。

脑科学的最新研究成果显示，人脑分为三个部分：R 复合体、围绕着 R 复合体的边缘系统和覆盖在这两部分之上的堆积物——新皮质。前两部分是人类从动物祖先那里遗传并继承下来的，只有第三部分——新皮质才是人类在进化过程中的长期历史发展积淀的产物，也是当今人脑的主体部分。

---

① 埃德加·莫兰：《迷失的范式：人性研究》，陈一壮译，前言，北京，北京大学出版社，1999。

处于这一主体部分的皮质区有三个等级的神经组织:第一级为投射区,负责感觉信息分类和记录;第二级为认知区,负责对传入信息进行归纳编码;第三级为重叠区,负责把不同来源的消息交叉、综合而形成系统的整体,以保证各分析区协同工作并作出合适的反应。在个体的发育过程中,人脑皮质区三个等级的神经组织是不断变化的,随着个体的成长,高一级组织的运转是以低一级组织的运转为基础“自下而上”发展起来的,也就是从具有较低级的思维能力逐步发展到较高级的思维能力,也正是在思维的成熟和思维能力、品质提高的进程中,个体的理性以此为物质基础而得到同步提升,即由低层次的理性水平发展到高层次的理性水平。在正常情况下,在三级神经组织的良性运转中,人应能够通过自觉的意识活动——思维实现“自上而下”的理性对物性的控制。从这个意义上说,公共理性正是用来控制人自我扩张的物性的,公共伦理规范就是要约束作为个体的人,使之先利他——个人遵守规范,而后利己——因为人人遵守规范而给每个人带来的好处。能思维的、有理性的人必然会成为公共伦理规范的践行者和维护者。

4. 当代青少年思维养成的缺憾

首先是“学校冷”。曾有人尖刻地批评当代中国学校教育的弊端:小学教育是“听话教育”,中学教育是“分数教育”,大学教育是“知识教育”。这一说法尽管略有偏颇,却一针见血地指出了当前教育不注重思维养成的缺憾。课业负担和知识灌输乃至外语强化,大大挤压了学生的思维养成空间,抑制了学生主动思考意识的发展,却养成了机械地接受现成知识和观点的习惯,长期在唯书、唯上、唯实用、盲目服从权威的思维定式中生活,丧失了鲜活的思维和独立思考的能力,在考试的压力和知识的灌输中日渐走向平庸。倘若这种局面长期得不到改变,其负面影响可能是十分深远的。其次是“社会热”。这个社会热从钱学森院士提出的“思维科学”而发端,从理论的探索而进入实用的培训。然而,在商业文化的冲击和操纵下,其逐渐迷失了人本追求和价值理性,而日趋实用性商业化,凸现出十足的单一工具理性即经济理性,“热”得颇不正常。尽管社会有识之士与相关学术界以钱院士的思路为出发点,对思维科学进行了逐层深入的探讨,但由于种种限制,思维科学及其相应成果,终究未能进入学校的殿堂①,而思维培训则大受商界的青睐,成为经商的“智慧”、发财的捷径,相应的出版物也铺天盖地。当然,出于创新教育的需要,思维开发也在一定程度上进入了教育界、文化界乃至主流意识形态的视野,不过其重视的落脚点至多集中在人力资源开发这样的经济理性层面上,而非以人为本的价值理性追求,也非以公共精神为内核的交往理性。思维养成与理性提升(主要是交往理性、价值理性)的互动关系仍然未受到应有的重视,作为德育包括公共伦理教育的本源性却被漠视乃至轻易放弃了。

综上所述,本节认为在社会转型的背景下,在相关中国文化传承先天不足(对此本文将专章阐释)的现实中,当代青少年思想道德重心无疑应落实在以下两个方面:首先,在内容上,应以公共伦理行为的“有所守”作为公民文化的重要柱石,这也是公共伦理建设的整体性推进的关键起点。在中国新型现代化的进程中,下决心通过几代人的努力来解决这个“有所守”的问题,将使国民性的水准上一个台阶,也将使和谐社会的构建有一个最坚实的底座。其次,在此基础上,就是理性的逐步提升和思维能力、品质的开发提高。人类自觉行为的背后总是由理性来支撑。努力在日常生活

① 近几年里,这些情况有所改变,“让学生学会思维”及“让教师能进行思维训练”的理念已在国内的一些重点大学中受到重视。

中做到多种工具理性的平衡和人文价值理性的引领,这应是我们对青少年进行理性养成教育的核心内容。鉴于理性水平与思维品质的高度关联性,可以看出青少年思维能力的开发、思维品质的提高,就成为了青少年理性——包括公共理性提升的基石。

总之,从物性的"人"成长为理性的"好人",成长为具有公共理性的现代公民,是当代中国社会顺利转型及经济成功转轨的保证,更是实现民族复兴、重建精神家园的基础工程。对此,本书将在以下各章中展开更为深入的探讨。

第二章　多学科视野里的公共伦理问题

在第一章中我们非常简单地描述了公共伦理及相关问题的嬗变历史，本章中笔者将从整体的、纵向发展的多学科视角，在前面已有所描述的基础上，进一步将一些中西方学者对于公共伦理问题的认识与展开以及具有“拐点”意义的观点、理念、思想加以重点的阐释。鉴于本章较多注重于这些学者之观点、理念与本研究的相关性，而未多考虑提出者的权威性是否在一个层面上。不过，应当承认，笔者以后对各章节的依次展开在相当程度上得益于这些观点、理念与思想的启发，同时也是以其为基础的新阐发与整合。

第二章　多学科视野里的公共伦理问题

第一节　康德：有限理性者与公民伦理

一般认为，康德是较早提出公共伦理问题的思想家之一。他的公民伦理思想大体反映在一系列关于实践理性与历史理性的著作中，从人作为“有限理性存在者”的观点出发，康德一方面论证了公共伦理生活的可能性，一方面也分析了公共伦理生活的艰难性。

一、公民：有限理性的存在者

如前所述，公民伦理一般是指在公共社会中，公民出于人类之共同共生的基本理性，处理与陌生他者的行为规范，这是人类为求生存而必须具备的基本理性行为取向。正是在这个意义上，康德将公民称为“有限的理性存在者”。有限性与理性是公民的双重属性，其既有别于大自然中的其他物种，又有别于宗教里高高在上的神。

首先，康德从卢梭“人生而自由，人民主权是由公益行使的权力以及他同别人联合成社会以期维护自己的天赋权利”这一立场出发，指出：自由是每个人生来就有的品质，由于这种品质，人应该是他自己的主人;而由于人们彼此间的相互影响,因此需要有一个社会这样的共同体将他们联合起来,用法律规范来调整他们的外在自由。

其次,康德认为,尽管人类作为一个物种会有从坏到好的进步,但人类的动物性往往在理性被蒙蔽之时,产生因无知而带来的灾难与罪行。人类身上为两种不同的目的而体现着两种不同的品质,即动物性的品质和道德(文化)性的品质,前者属于感性世界,后者属于理性世界,人则是感性实体和理性实体的统一体。由此,康德指出:"人类,就其属于感性世界而言,乃是一个有所需求的存在者,并且在这个范围内,他的理性对于感性就总有一种不能推卸的使命,那就是要顾虑感性方面的利益,并且为谋求今生的幸福和来生的幸福(如果可能的话)而为自己立下一些实践的准则。"①所以,人的天然本性决定了人既不是无理性的动物,也不是无感性欲望的神,而是一个"有限理性的存在者",而且往往由于受感性与欲望的左右,使理性大打折扣。

二、有限理性与人的隐忧

公民作为有限理性的存在者意味着他们可以被尊重,但却不能绝对地信任;所谓"有限",是指受感性的限制。公民不是一个"纯理智者",而是兼为"感性的存在者",一个有限的肉体生命,一个同每个个体血肉相连的有限存在者。公民是人这个概念的政治化身。一个公民当然是一个人,但一个好公民并不等于一个好人,好人比起好公民来说更为完备与健全。特别是当公民的理性思维消失后,不仅公民其人之属性可能皆失,而且其个体在社会领域的存在必将无数次地陷于历史的无知之幕而不自觉。

---

① 康德:《实践理性批判》,韩水法译,62 页,北京,商务印书馆,1960。

康德对于人性有着深深的隐忧，他认为："大自然的历史是由善而开始的，因为它是上帝的创作；自由的历史则是由恶而开始的，因为它是人的创作。"[①]人类生理上作为一个物种，如能随着自身理性的开化，在充满矛盾的社会生活中展现出公民的善，则是其从野蛮状态向文明状态转变的最好肯定，也是"有限的理性存在者"运用自己的公民自由，摆脱道德堕落且合乎目的性的体现。

不过，康德在表示担忧的同时，也满怀希望，他指出："大自然迫使人类去加以解决的最大问题，就是建立一个普遍法治的公民社会。"[②]对"一个普遍法治的公民社会"，康德给出了这样的解释："一个具有高度的自由，因之它的成员之间也就具有彻底的对抗性，但同时这种自由的界限却又具有最精确的规定和保证，从而这一自由便可以产生与别人的自由共存共处的社会；唯有在这样的一个社会里，大自然的最高目标，亦即她那全部禀赋的发展，才能在人类的身上得到实现。"[③]把公民社会与大自然的特性联系在一起，是康德对公民作为自然人特质的高度肯定，也是公民达到在外界法律之下的自由与不可抗拒的权力强制这二者的平衡。

三、超越有限性与公民的启蒙

如何使"自由的界定具有最精确的规定和体现"呢？如何"防止对自由的挥霍与滥用"呢？这里的关键是人类应超越"有限性"，摆脱自己造成的不成熟状态。因为"有限性"或者所谓的"不成熟"，也就是指人类及其个体的这样一种存在状态：自身的蒙昧无知或在没有他者引领下就不能使用自己的理智。在这种"有限性"的存在状态下，人自己实际上始终是以权威或领导者的附庸这种

---

① 康德：《历史理性批判文集》，何兆武译，8页，北京，商务印书馆，1990。

②③ 康德：《历史理性批判文集》，何兆武译，18页，北京，商务印书馆，1990。

身份存在。他的视野在历史理性之外,对合目的性与合规律性的历史进程浑然不知。摆脱"有限性"状态也就是恢复每个人自身的绝对尊严,收回属于每个人自身的自然权利。要使人摆脱这种"有限性"的存在状态,只有一种可能途径,那就是解开人类的自我蒙蔽,拉起无知之幕使人类个体普遍觉悟到,自己作为一个理性存在者是一个社会共同体中众多成员中不可替代的自由个体,而这正是启蒙的根本要义与核心任务。

唯有通过弄清人在社会中的位置及身份确认的启蒙,而使人类个体普遍意识到自己是公民、自己是自由的,每个个体才能够独立自主地运用自己的理智,担当起根据自己的意识进行决断的行动。由此,公民才能从被奴役的状态中走出,才能不再使自己作为权威或领导者的附庸而出让自由,而是以他确定了的公民身份,即独立自主的自由个体行使其不可出让的权利。

在此条件下,康德构想了公民在社会生活中的规范及相匹配的权利。康德认为,自由或者权利是政治生活中的绝对命令。为了不使公民"道德律令"僭越为公民道德乌托邦,必须接受公民作为自然存在物,也受制于必然的自然法则,因而没有自由的情形;必须看到公民作为有理性者,他虽然不必然却应该遵守理性法则行动。实际上,在"有限性"的状态下,公民的对立面——臣民作为附庸存在而放弃了自由的同时,也就出让了自己的尊严与权利。因为首先,臣民作为附庸存在,也就是作为工具存在,而不是作为目的存在,而作为目的本身存在的公民是体现人的全部尊严所在。其次,自由是公民的一切权利的最高根据,放弃了自由,也就意味着把一切权利的根据寄托到公民自己因之付出的自由的权威上,以至于好像一切权利来自于权威似的。这是与公民自由的本义相违背的。

正是在分析臣民与公民的区别、个人自由与公民权利义务的互依互存的基础上，人们才能成为公共伦理生活中的主体，人类才能在一定程度上超越有限性，成为公民社会的理性者。

第二节　滕尼斯与迪尔凯姆：从传统走向现代的共同体

作为社会学与现代化理论的鼻祖，滕尼斯与迪尔凯姆在其著述中，虽未专门论述公共伦理与公共理性问题，但是在对共同体、集体意识与社会规范的阐释中，不时触摸着现代社会公共伦理问题，呼唤着人类现代社会的公共理性。

一、共同体的历史变迁

滕尼斯的名著《共同体与社会》深刻阐明了人类群体生活中的两种结合类型：共同体与社会。

滕尼斯认为，共同体的类型主要是在建立于自然基础之上的群体（家庭、宗族）里实现的，此外，它也可能在小的、历史形成的联合体（村庄、城市）以及在思想的联合体（友谊、师徒关系等）里实现。他认为，共同体是建立在有关人员的本能的中意，或者习惯制约的适应，或者与思想有关的共同的记忆之上的。血缘共同体、地缘共同体和宗教共同体等作为共同体的基本形式，不仅仅是它们的各个组成部分加起来的总和，而且是有机地浑然生长在一起的整体。“共同体是一种持久的和真正的共同生活”，是“一种原始的或者天然状态的人的意志的完善的统一体”。在人类的发展史上，共同体这种结合的类型早于有的放矢建立的、人的结合的“社会”类型。

与此相反,社会产生于众多的个人思想和行为中的有计划的协调,个人预想在共同实现某一种特定目的的过程中会对自己有利,因而聚合一起共同行动。社会既是一种目的的联合体,也是一种"人的群体,他们像在共同体里一样,以和平的方式相互共处地生活和居住在一起,但是基本上不是结合在一起,而是基本上分离的。"①"社会应该被理解为一种机械的聚合和人工制品。社会的基础是个人以及个人的思想和意志。在人类的发展史上社会的类型晚于共同体的类型。""共同体是古老的,社会是新的。"②在近代的资产阶级社会里,社会的类型得到了最完美的表现。按照滕尼斯的观点,整个社会是由原始"共产主义"发展到"理性的社会主义"的。这里的理性显然是指现代社会的公共理性。

滕尼斯认为:社会是一种"目的"的联合体,它是以分散的个人为单元的。个人为了自己的利益目的而聚合在一起,没有自然的、牢固的联结纽带,"一大群自然的和人为的个人,他们的意志和领域在无数的结合中处于相互联系之中,而且在无数的结合之中也处于相互结合之中,然而他们仍然是独立的,相互之间对内部没有影响。"③比如"市民社会"或"交换社会",它是一个结合体,是在"全民皆商"的状况下个人、商店、企业和公司彼此为自己的利益目的而共处。社会是以个人和个人利益为基础,以"契约"和"法律"作为联系的纽带,体现了"自私自利",也体现出社会公共理性的工具性特点。

滕尼斯还赋予共同体以生命意志。他认为,共同体生活体现了人求生存的"本质",而社会生活则体现了人的"选择"。由于共

① 滕尼斯:《共同体与社会》,林荣选译,序言,北京,商务印书馆,1999。
② 滕尼斯:《共同体与社会》,林荣选译,108页,北京,商务印书馆,1999。
③ 滕尼斯:《共同体与社会》,林荣选译,255页,北京,商务印书馆,1999。

同体是天然的生物体，“被最彻底地理解为身体或者血缘的形而上学的结合体”，它是不可分割的，具有“它自己求生的意志”即“本质意志”；而社会则不是天然的生物体，它没有“本质意志”，它是“人为的”，只有“选择意志”。所以，它们有原则上的对立：在共同体里，“人作为一个整体的天然的成员相互间有关系”，而在社会里，“他们作为个人相互间是完全独立的，只有通过自己的选择意志，才能进入相互间的关系。”[①]在共同体没有解体的条件下，不可能有现代社会规范包括法律；只有个人从共同体中独立出来，才可能有现代的法律体系，“只有通过个人现实地摆脱家庭、社区和城市、迷信和信仰、继承和流传下来的礼仪、习惯和义务的种种束缚，一种理性的、科学的、自由的法才有可能产生。”[②]这里，滕尼斯说的当然是西方的情况，但他言下的旧“共同体”与东方的血缘宗族十分相似，而且东西方都存在着或存在过从“共同体”向“法治社会”转型的问题和确立“社会”之公共意识与公共理性的问题。

二、集体意识：从传统到现代的演进

群体生活中，对个人与集体的关系的认识集中地反映在“集体意识”里，而在传统社会与现代社会中，人的“集体意识”有着极大的差异，这种差异也影响甚至决定着人的理性水平与伦理价值认同。认识这种差异，对于现代社会公共伦理生活有着重大的影响。

就公共理性问题而言，迪尔凯姆的最大贡献在于他较为全面地阐释了传统社会与现代社会的最大差异。传统社会建立在个人的相似性上，而现代社会则建立在个人的差异性上。也就是说，传统社会的集体意识是没有个人意识的集体意识，现代社会的集体

---

① 滕尼斯：《共同体与社会》，林荣选译，256页，北京，商务印书馆，1999。
② 滕尼斯：《共同体与社会》，林荣选译，295页，北京，商务印书馆，1999。

意识是个人意识基础上的集体意识。没有个人意识的集体意识是一种被动的、习惯性的生存意志行为取向,个人意识基础上的集体意识是主动的、自觉的公共理性行为取向。

个人意识与公共理性基础上的新集体意识或曰群体意识,是我们当代中国转型社会最为重要的国民素质之一,提升国民的这一素质,是我们构建和谐社会的一项紧迫任务。

迪尔凯姆主要是在《社会分工论》中阐发他的这些思想的。在这本书中,他用"机械团结""有机团结"的概念来区分两种不同的社会类型,即"低级"的传统社会和"高级"的现代社会。

迪尔凯姆从讨论"分工"展开其对一系列问题的探讨。他认为,社会结构的变化是由分工带来的。劳动分工不只是经济生活特有的情况,它在其他社会领域也产生影响。分工导致有机分化,使社会结构由低级向高级进化,从而形成"低级的"和"高级的"两种组合方式不同的社会。

越是上溯历史,社会就具有越多的同质性。在低级的社会里,人们在简单的、以家庭群体或宗族集团为基础的农业社区范围内活动,大家有着一样的社会规范、一样的信仰,承担着农业社区简单的、相似的工作。这种社会的"团结"(联系)是"机械的团结"。"机械的团结"是把个人直接而和谐地同社会联系在一起的相似结构。这种相似性并未加强彼此之间的联系,相反,它使每个群体封闭起来。群体内部的成员之间有严格的分工,担任种地、生育、管理、防卫等不同的角色,但是整个社会却没有分工,社会中只存在着一个个彼此相似的群体。迪尔凯姆把这些相似的独立群体称为"分社会"或"小社会"。它们可以不依赖其他群体而独立生存和自我延续。低级的社会就像环节动物,其中的每一个小社会就像它的一个个"环节"的结构一样,整个社会的各个部分是机械地黏合在一起的。

在低级的社会中，个人对社会的依赖性很弱，而对自己群体（分社会）的依赖性很强。在封闭的群体内部，个人的行动总是自发的、不假思索的和集体的；其道德与行为的一致性是靠“压制性法律”强迫的，是以强烈的集体意识或集体主义为标志的，“社会成员平均具有的信仰和感情的总和，构成了他们自身明确的生活体系，我们可以称之为集体意识或共同意识。”①

不断发展的社会分工改变了传统社会的机械团结的结构。日益复杂的社会劳动分工加强了人们之间的联系，分工变成了团结的主导因素。分工越细，人们对社会的依赖就越深，就像细胞随着人体的发育产生分化而构成特殊的器官来担负特殊的功能一样。除了个人的专业化外，社会也发生分化，人们逐渐建立起各种社会组织来满足宗教的、经济的、政治的、教育的等各种社会需求。在每个领域，也发生分工与分化。比如在政治领域，“社会越是高级其国家职能越是显得五花八门”以应付不同的管理事务。② 经过这一“分工”“分化”（differentiation）而又“整合”（integration）的过程，原始的、低级的环节社会解体了，而现代社会产生了。

在现代社会里，有机团结占主导地位。有机团结是建立在异质化和职能分化的基础上的。“这些社会并不是由某些同质的和相似的要素复合而成的，它们是各种不同机构组成的系统，其中，每个机构都有自己的特殊的职能而且它们本身也都是由各种不同的部分构成的。”③劳动分工使个人、区域、部门之间的相互依赖加强。迪尔凯姆精彩地描绘了现代化进程中两个突出的发展趋势：

---

① 迪尔凯姆：《社会分工论》，渠东译，42页，北京，三联书店，2000。
② 迪尔凯姆：《社会分工论》，渠东译，179页，北京，三联书店，2000。
③ 迪尔凯姆：《社会分工论》，渠东译，142页，北京，三联书店，2000。

第一,人的相似性减弱,"个人"出现。越是原始的社会,传统共同体的约束力越强,越是没有个人活动的空间,人们越是没有个性,大家都是一个模式。"个人"是文明化的产物。分工不仅使个人的职业不同,分工的不断发展,也使每个职业内部的差异增加。虽然集体意识还存在着,但它对个人的控制力越来越弱,"这并不是说共同意识面临着彻底消失的危险,我们只能说共同意识的思想方式和感情方式已经变得更加普遍、更加模糊了,这无疑给个人彼此不同的发展留下了余地。"①集体意识淡化,变得越来越微弱、越来越模糊,与此相对应的是每个人都有了自己独立的思考方式和行为方式,不再受共同体的一致意见所支配。这样,个人主义的意识就产生了。在现代社会里每一个人都是不同的。

第二,整个社会(国家)的同质性增加了。在低级社会里,各个群体一方面结构上大体相似,另一方面也表现出很大的差异。各个群体都有自己的不同的宗教信仰和道德规范,整个社会被分割成不同的"小社会",而且没有一个有机体联结的纽带。这样的社会,容易出现分裂,就像一个环节动物,割掉其中的一个环节,它照样能够生存。而在现代社会,原先的分社会消失了,个体差异性不同以往了,各个群体、地区成了整个社会有机体的不同器官,分担着不同的功能,就像有机体中发挥不同功能的各个器官一样,如果割去一个,就会使整个有机体陷入极度混乱状态。总之,分工造成的分化与整合,使种族的、区域的差别逐渐变小,个人的差别不断增大。迪尔凯姆就这样把传统社会与现代社会区别开来。这一区分的一个重要理论价值是揭示了现代社会的不可避免的个人主义的特征,论证了个人主义是现代社会整合的基础,即机械团结"是

① 迪尔凯姆:《社会分工论》,渠东译,133、91、325、17、183 页,北京,三联书店,2000。

建立在个人相似性的基础上的”,它之所以存在,“是因为集体人格完全吸纳了个人人格”;有机团结“是以个人的相互差别为基础”,它之所以存在,“是因为每个人都拥有自己的行动范围,都能够渐臻佳境,都有自己的人格。”①这里,迪尔凯姆所说的“社会”,相当于“国家”的范围。

迪尔凯姆指出,单单“分工”和“分化”是不够的,还需要“整合”成一个有机的“系统”,这样才能形成新的“功能”。他写道:“有机团结的存在,单靠各个机构在相辅相成的过程中组成一个系统,并以此方式感受到了团结的存在是不够的,即使不在它们的每次相遇中,但至少也是在最常见的情况下,它们必须预先确立相互协作的方式。”②由此,现代社会需要一定的契约关系、法律法规和社会规范体系,以及全社会对此加以认定维护的理性意识,有了这些因素,新的社会的有机整合才有可能与保证。在迪尔凯姆的这一系列论述中,公共生活、公共意识、公共理性这些保障现代社会生活运行的核心理念已经呼之欲出。

三、走出两难:理念更新与共同体重建

从共同体到社会,从机械团结到有机团结,从没有个人的集体意识到以个人为基础的集体意识,从压制性的法律到协商性的契约,从传统的、自在的子民、臣民到现代的、自觉的国民、公民,并不是一蹴而就的,而必然面对许多现实的两难问题,必须要有相当的智慧才可能应对。作为社会哲学家的迪尔凯姆与滕尼斯也有自己的见解。

① 迪尔凯姆:《社会分工论》,渠东译,91 页,北京,三联书店,2000。
② 迪尔凯姆:《社会分工论》,渠东译,183、325 页,北京,三联书店,2000。

(一)个人主义与道德失范的不可避免及其原因

从传统共同体到现代社会,从机械团结到有机团结,由于基础性的变革,个人主义的抬头与道德失范亦随之出现。

迪尔凯姆从其"社会分工"的理论出发认为:导致失范的原因,一是"分工"后不能整合,各种功能之间缺乏联系,从而出现"紊乱"。这不仅导致社会各个部分相互之间的脱节,也导致社会道德的退化;二是"失范的分工"的出现。比如,工商业的危机和企业的破产、劳资冲突,使有机团结发生断裂;学科过度分化,导致科学被分割成许多狭窄的研究领域,彼此毫无联系等。

滕尼斯认为走出以血缘为主的共同体的人,"他们作为个人"是完全独立的,他们以自己的"选择意志"来面对现代社会的各种规范,这里就已经隐藏着"失范"的可能,而当他们没有确立作为现代社会公民应有的公共理性时,个人主义的抬头和失范行为的发生,几乎是必然的。

迪尔凯姆也意识到,随着现代社会"个人"的出现,每个人都有了自己独立的思考方式和行为,不再受到共同体的一致意见所支配,这无疑是给个人彼此不同的发展留下了余地。由此个人主义意识的产生、个人主义行为的发生便是必然的了。

除了以上原因外,迪尔凯姆更多地从社会组织变化的角度来探究问题产生的原因,这些观点在他的那部被称之为"当代社会学三大名著"之一的《自杀论:社会学研究》中得到充分阐释。

社会组织的变化是社会现代化进程的题中之意,历史发展的特点是抛弃旧的社会组织形式,组成新的组织形式。越是接近现代社会,各种组织形式越是多样化。它们形成一个集合体,每个组织在其中都保持着自己的个性。如果说滕尼斯强调共同体的统一的意志、个人与集体的融合,迪尔凯姆则强调社会组织团体在道德上的约束性。他认为,不能把个人与集体混为一谈,单个人的道德观念是很淡薄的,而集体的道德准则却是明确的和有权威性的;没有集体的约束,个人就不会自觉地遵守道德规范。来自集体的道德约束的力量,远远大于自我约束的力量。① 集体不仅能够在人们相互的契约中确立道德的"绝对命令",而且还积极地涉入了每一个规范的形成过程。这在某种意义上即后来的社会哲学家所说的那种带有一定强制性的"公共伦理规范"。

但是,随着现代化的进展,各种代表"集体"的社会组织发生了很大变化。国家的力量上升和集权化消除了这些组织的个性,把地区、团体的各种差别减小到最低程度。交通的发展、人口的混杂,彻底清除了旧事物的痕迹,与此同时,就像专业组织被摧毁一样,社会生活的从属机构也都被彻底消灭。在这场风暴中唯一保存下来的"集体"力量就是国家。但是,国家不得不承担不适合它的职责,它变得既好管闲事而又能力很差。它作出一种不正常的努力,插手各种它不该管的事,或者表现得成事不足而败事有余。"国家是一台笨重的机器,只能够做一般的和简单的活儿。它的动作总是千篇一律的,不能够灵活并适应无数不同的特殊情况。"②对于个人关系而言,国家这个共同体太大,离个人太远,只能隐隐约约和断断续续地影响个人。社会组织失去凝聚力,而政治组织(国家)又太遥远,这种状况导致的结果是,个人在一生中的大部分时间里,周围没有什么东西使他们忘掉自己并把某种约束强加给他们,"彼此之间没有联系的个人就像许多液体里的分子那样互相碰撞,不会遇到任何吸引、固定和组织他们的力量中心。"③

---

① 迪尔凯姆:《自杀论:社会学研究》,冯韵文译,297 ~ 298 页,北京,商务印书馆,1996。

② 迪尔凯姆:《自杀论:社会学研究》,冯韵文译,361 页,北京,商务印书馆,1996。

③ 迪尔凯姆:《自杀论:社会学研究》,冯韵文译,371 页,北京,商务印书馆,1996。

就这样，迪尔凯姆把现代社会道德失范的原因，归结为社会结构的变化，即国家权力膨胀的同时其他团体解体了。在现代社会里，家庭的作用衰退了，宗教也部分地失去了原来所具有的那种约束力。个人日益孤立化、原子化，既不受集体的约束，也不能从集体中得到慰藉。“事实上，在社会的某些方面，反常是由于没有集体的力量。也就是说，是由于没有为了能够管理社会生活而组成的团体。因此，反常部分地产生于这种分裂状态，利己主义倾向也产生于这种状态。”①

(二)对策：共同体的重建

对于如何解决现代社会的极端个人主义和道德失范问题，迪尔凯姆从其“社会分工论”出发，注重作为社会团体的“行会”的建设及其功能的发挥；而滕尼斯等更侧重于在现代社会中发挥某些传统的积极因素。

迪尔凯姆解决问题的态度是现实主义的，他认为唯一的办法是“使各种社会群体具有足够的稳定性，以便这些群体更加牢靠地留住个人，个人更加依恋群体。”②建立国家之外的集体力量，这些力量尽管受到国家的影响，但还是能更多样化地发挥它们的调节作用。这里，我们可以说，他的思想理念已经开了20世纪末在社会学领域大行其道的“第三部门”理论的先河。

至于如何建立现代社会公共生活的秩序与伦理规范，迪尔凯姆强调“行会”的作用。他所说的“行会”，是指一些职业性组织，这些组织把雇主和雇员联系在一起，使个人与集体融合，既解决双方的矛盾冲突，又解决个人孤立化的问题。在他看来，“行会”是最重要、最现实的途径，“因为行会相当接近现实，与现实的联系相当直

---

① 迪尔凯姆：《自杀论：社会学研究》，冯韵文译，364页，北京，商务印书馆，1996。
② 迪尔凯姆：《自杀论：社会学研究》，冯韵文译，356页，北京，商务印书馆，1996。

接和经常,所以能够感觉到现实的一切细微变化,而且一定是相当独立的,能够尊重现实的多样性。"①他在《社会分工论》第二版序言中,重申了自己的这一意见,即"要想治愈失范状态,就必须首先建立一个群体,然后建立一套我们现在所匮乏的规范体系……满足这些条件的独立的群体是由那些从事同一种工业生产,单独聚集和组织起来的人们所构成的,这就是我们所说的法人团体(common),即职业群体。"②

迪尔凯姆所看到的支撑新道德的社会结构因素只是"行会",而他对"家庭""宗教"的作用则不够重视。实际上直到现在,在西方发达国家,家庭、宗教、社团等旧的和新的共同体,都在发挥作用。他过多地贬低了国家的角色,这是古典自由主义理论的特点。他认为在道德约束上国家离个人"太远",这里有一个认识角度的问题。由于现代管理技术和科学技术的发展,国家通过教育、政治参与、媒介、税收、法律等手段,与个人距离不是越来越远,而是越来越近,直接影响个人的社会行为和道德生活。

滕尼斯在这方面的思想,与迪尔凯姆的理论形成一定的互补。他一方面强调共同体的作用日益衰弱,另一方面也看到共同体在"社会的时代"仍然存在。他看到尽管在经历第一次世界大战后,资本主义体系的发展继续掀起瓦解共同体的新浪潮,但人类的"精神"对共同体的呼声也越来越高,比如对"合作社"和"社会主义"的呼吁。滕尼斯著作的一个重要启示在于其论证了现代社会的复合性。现代化意味着以共同体为主体转向以社会为主体。但无论在现实中还是在精神上,传统的因素都不会完全消失。现代社会是一个包含着原始的、传统的和现代的多种因素的复合性结构,并

① 迪尔凯姆:《自杀论:社会学研究》,冯韵文译,361页,北京,商务印书馆,1996。

② 迪尔凯姆:《社会分工论》,渠东译,17页,北京,三联书馆,2000。

非所有的东西都是清一色“现代的”,而是包含着很古老、很原始的组织结构与精神灵魂。

第三节　卡尔夫·林顿:社会特征、文化模式与公共文化建设

作为文化人类学创始人之一的卡尔夫·林顿,深入研究了个体文化与社会的相互关系,尽管他没有专门论述公共性的一系列问题,但是他对人类社会特征的阐释,对文化建设中社会需要与个人需要相结合问题的分析,对于公共意识的确立与公民文化的建设都有相当的启迪意义。

一、社会的特征与人的公共意识

卡尔夫·林顿从四个方面揭示了社会的特性:

第一,可能是最重要的特性,社会是我们人类生存的重要单位,而非个人,除了某些不幸的例子,如鲁滨孙。所有人都是生活在组织的群体之中,并且把自己的命运与他所属的群体紧紧地联系在一起。倘若没有他人的帮助与他人的合作,人们就不能度过危险的幼年,或者满足自身成长的需要。

社会的这一特性决定了生活于其中的人,他们从来到人世的第一天起就进入了一个公共的集体的世界,当然这里的“公共”与现代意义的“公共性”尚有明显的区别,尽管从表面上看这只是范围大小的区别。

第二,社会一般远远超出任何个体的生命跨度而经久不衰。由于生命的偶然性,这个持续运作的组织使我们得以诞生。尽管在特定的条件下或许会形成新社会,但大多数人都是在旧的社会

中完成自己的生命历程,即出生、活着、死亡。因此个人的存在不是要促成新的社会形态,而是要调整自己去适应早就定性了的群体生活模式。

第三,社会是具有功能性和有效性的单位。尽管社会是由个人组成的,但个人与社会形同一体。社会中每一成员的利益都服从整体的利益。如果为了社会整体的利益,社会甚至会果断地除去某些成员。士兵奔赴战场被战争夺去生命,为的是社会的安全或者繁荣;犯罪分子被肃清或者隔离,是因为他扰乱社会秩序。不太明显但持续不断的是,日常生活中个人偏好与欲望的牺牲,是对参与社会生活的个体的要求。这种牺牲会在很多方面得到回报,而回报的主要表现可以说是得到他人的认同。从属于一个社会就意味着要牺牲个人的一定自由,不过,无论怎样,社会终究是有意识地施加轻微的抑制的。所谓的自由社会并不是真正的自由,它们只不过是鼓励社会成员彰显自己的个性,当然,这种个性必须限制在一个社会可接受的较小的范围内。与此同时,它们要求社会成员遵循不计其数的规则和条例,它们做得巧妙而完美,社会成员几乎意识不到规则的存在。如果个体被社会完全塑造了,那么他就不再能够意识到社会施加给他的约束,就如同日常的衣着不会限制行动一般。

第四,就是在每一社会中,有关社会整体生存的必要性活动都要进行工作分类并分派给不同的社会成员。没有哪个社会会愚蠢到不进行工作分类,至少要区分男女工作,而且,一般还会允许某些天才和领导按照某种蓝图来组织并指导群体运动。这种分工模式算是最低限度的分工,大多数社会的分工程度都远在这一限度之上,通过委派不同领域的专家,任命社会各种职能人员来完成任务。这种正式的社会活动分工赋予社会以结构、组织和凝聚力。

因此个人组成群体就如同从一盘散沙转变成了一个有机体，而在社会分工的每一个环节上，具体的执行人则越来越依赖于整体的运作，就如同商家需要顾客，教士离不开信徒。

为此，卡尔夫·林顿强调：正是“由于出现了这种社会组织体系，社会才得以维系。仅凭生物的生殖繁衍只能延续种族群体，而社会则不然。”另外，社会作为一个独特的实体而得以永存，是通过培养其群体之中的个人，使他们在社会结构中拥有特定的位置来实现的。而为了使社会维系下去，社会成员中必须有专家，能够把某些事情做得尽善尽美，而把另外的事情留给他人做。卡尔夫·林顿认为：“就个体而言，社会化的过程便是，学会如何为他人尽自己的义务，同时又从他人那里享有什么样的权利。”①如果说作为一个社会人应该具备多种公共意识，那么卡尔夫·林顿在此提出的应该就是一个最基本的公共意识。

二、公共文化：从社会需要到个人需要

按照卡尔夫·林顿的观点，是由于人类行为和主张的基本一致性或曰标准性构成了“文化模式”，而这些模式的有组织的集合就构成了文化总体。现代公共生活的发育，公共伦理的践行与公共精神的弘扬，其实是一种特定社会发展阶段的文化模式，而这三位一体的结合，就构成了公共文化的总体。这里，卡尔夫·林顿关于文化模式与社会需要、个人需要关系的论述，对于公民文化的构建有一定的启示意义。

卡尔夫·林顿指出：“个人作为社会的一般单位。若要成功运转，必须承担各种固定的行为模式，即文化模式。文化模式中的大

① 卡尔夫·林顿：《人格的文化背景》，于闽梅、陈学晶译，17～19页，桂林，广西师范大学出版社，2007。

部分都是为了适应社会的长治久安,而不是出于满足个人的需要。”社会要经受时间的考验,随着时间的推移顺利地运作。这就必定要将社会体系内的价值传承给社会新成员,教会他们在社会结构中获得特定身份的方法,即采取有利的行为回馈社会的技巧以及有效阻止那些不利社会发展的行为的方法。特别是构成文化模式的行为模式必须能够相互适应,以此避免冲突及防止相互排斥。所有的社会需求都形成了文化来满足这些条件。①

卡尔夫·林顿认为:社会所依赖的文化模式要得以维系必须建立在社会成员习惯性的反应模式上。这通过人类吸取教训的超强能力是有可能实现的。由于教训不仅仅是从偶然的、无序的经验中学来的,所以人们明智地接受教训。所有人都从老一辈人那里接受有计划、有目的的指导,复杂的行为模式通过这种方式代代相传。个人采取这些模式的动机在于他的私人需要,尤其是从他人那里获得认同的需要,但是,从他所处的社会的立场来看,这种需要的满足只是诱饵,因为他所学习的整个模式,既对应着社会生活的需要,也对应着自身需要。当他吃了直接满足个人需要的诱饵之后,便被社会化的钩子钩住了。他在饥饿的驱使下学会了吃,他的老一辈却又教导他说:“要像绅士般用餐”。因此,后来在饥饿的驱使下,不仅要吃东西,还要以社会可接受的方式来用餐,并且要与其他的文化模式保持和谐。经由教训与模仿,个人形成习惯,进而有效地或者说大多是无意识地行使自己的社会角色。个体融入文化模式的布局,并成为其中单个要素的能力,不仅满足个体的需要,在某种程度上也满足了社会需要。因此,经由学习、留传文化模式布局,人类社会就产生了。采用这样的文化模式布局,个体

① 卡尔夫·林顿:《人格的文化背景》,于闽梅、陈学晶译,23页,桂林,广西师范大学出版社,2007。

形成习惯性反应，进而在社会中占据特定的位置，并充当和这一位置相称的角色。① 循着卡尔夫·林顿的这些思路，在缺乏公民文化底蕴的中国转型社会之中，经过数代人的努力，将社会需要和个人需要有机地结合起来，公民文化建设目标的实现也将是指日可待的。

第四节　罗尔斯与哈贝马斯：公共理性的上限与下限

现代社会中公共生活领域与私人生活领域的区分使得私人生活领域的独立性大大强化，也使得公共生活领域作为社会强制力量制度性安排的特点日益彰显，由此，这种社会强制力量制度性安排的伦理合法性能否确立以及如何确立，就成为现代社会公共伦理生活的核心问题之一。围绕这一问题，罗尔斯与哈贝马斯在反对历史悲观主义与市场现实主义的共同立场上，也存在相当的差异。不过笔者认为，他们之间的差异其实是共同立场下的两个端点，即一个强调和注重公共理性之下限的可行性，一个强调和突显了公共理性上限的必要性，这就使得他们的差异在一定程度上表现为互补。正是在此视野下，这两位学术大家对公共理性的一系列观点完全可以结合在一起理解和阐释。

一、悲观主义与现实主义的共同反对者

对公共理性持历史悲观主义和市场现实主义的立场者，从两个方向上对公共伦理质疑问难。

---

① 卡尔夫·林顿：《人格的文化背景》，于闽梅、陈学晶译，24 页，桂林，广西师范大学出版社，2007。

历史悲观主义，如麦金太尔在其《德性之后》中对现代社会公共伦理的“二律背反”现象的揭示，就是对现代制度伦理的合法性的质疑。他认为，现代性失去了共同的公共伦理的价值基础，不同价值立场之间不存在任何可比性或共通性，而公共领域中的分歧靠“理性讨论”无法解决，因为讨论往往易于退化为带有私人性“情感主义”色彩的并且是使人无法沟通的利益争执——情绪的发泄。因此，人的利己的欲望加上工具理性，社会管理专家加上心理咨询治疗师是现代社会所能指望的一切。由此可以看出，20 世纪以来伦理学主流之所以都是存在主义的、博弈论的、经济自由主义的、现实主义的、冷嘲热讽的、主张强权即正义的，就是因为这些理论都是表达了这样的时代精神：一切重建现代公共伦理或公共理性的努力都会失败，任何公共伦理道德都不对人有内在的约束力。①

与历史悲观主义相反，为现代性欢呼的市场现实主义的伦理学认为，私己权利必须保护，这恰恰反映着历史的进步。因为这并非是自私自利，而是有规范基础的，公共利益如果不落实到个体之上，将会十分危险，更何况没有任何合乎法律——道德的根据可以让一个人的权利为其他人的利益牺牲。坚持这一立场者强调指出：从经验中观察，利用市场的自组机制，这种私己的利益追求总是会最终促进个人利益的实现。当然，说到底这一系列公共利益的规范基础，都是工具理性的，都蕴涵着将社会与他人视为获得个人利益工具的意念。

对于以上两种立场，无论是罗尔斯还是哈贝马斯都持反对态度。他们主张一种肯定公共理性或社会理性的自身内在价值的理想主义。他们都对几乎是万众臣服的“市场模式”，尤其是用市场模式来解释公共的、社会的伦理规范的基础保持怀疑。他们两人

---

① 包利民：《重建公共伦理规范基础的不同途径》，载《浙江学刊》，2000(6)，14 页。

的思想背后都有一种信念:现代性的发展值得规范地肯定的成果主要是广义的政治原则如民主、自由,而经济领域则远远没有跟上,是不民主、不平等、不自由的领域,本身需要学习政治领域中所达到的高水平以达到诸如"经济民主",更不允许经济——市场的原则侵入其他领域。对于罗尔斯来说,让人际基本关系由功利主义、效率以及"自然"来决定,绝不是"正义"的,必须靠社会合作的、平等自由的公共理性来确定正义的合作条件。民主的基础不是临时协定,而是道德,而哈贝马斯的整个理论思路建立在经济理性或工具理性不是唯一的"理性"这一思想之上。人与自然的关系中使用单向的、主体征服式的工具理性要得到讨论乃至批判,而在人与人的关系中,只能使用交往理性——一种"主体间性"的理性或公共理性。

二、罗尔斯:注重可行的公共理性

由于罗尔斯把公共理性看做是保证政治正义的普遍社会基础,所以他最关心的是公共理性的可行性。他指出:"公共理性是一个民主、民族的基本特征:它是公民的理性,是那些共享平等公民身份的人的理性。"①作为全体公民的理性,其与个人品德修养追求的理性明显不同,这就是必须确保能够得到广泛的认同与普遍的践行,它应当是社会成员日常生活得以持续进行须臾不可缺少者,也不能任由社会成员自愿选择来定夺取舍。

这样,公共理性就具有了两个最基本的特点:第一,它对全体公民和社会的根本政治问题具有某种强制性;第二,它非但不限制个人性的理性反思和诸如教会、大学、学术团体一类成员对社会政治问题的思考和言论,相反,它把这些"非公共理性"或"市民社会

① 万俊人:《罗尔斯读本》,246页,北京,中央编译出版社,2006。

的理性”看做是现代民主社会建立公共理性所要求的正常而必要的条件(但它们不是公共理性本身)。所以,公共理性需要并鼓励人们进行各种形式的讨论、辩白和对话,以确保公民的言论自由,并由之创造出丰富的公共理性资源。

为此,要使人们尊重公共理性的合法性权威,必须满足两个起码的条件:高度尊重由公共理性所规定的政治理想和政治价值;相信公共理性有可能解答所有或绝大部分的基本政治问题,以及社会制定的法律和公民提出的各种政治观点都能达于一种价值均衡或契合。但即使这样,由于每一个公民和群体都有可能坚守自己的完备学说或观点,甚至将某种超验的宗教价值或信仰当做政治价值的真实根据,也可能使人们对社会基本政治价值的认识难以统一。实际上,并不是所有的社会公民都完全相信公共理性能够解决所有的社会政治问题,解决这一难题的办法只能是逐步加强人们的对公共理性和基本政治价值的“公共信心”。一般说来,在秩序良好的社会里,公共理性的形成与实际权威性更可期待,而在较为恶劣紊乱的社会生活秩序下,公共理性常会陷入危机。

这里,创设以上的条件,是保证公共理性实际权威性的核心工作,这一工作的重要内容就是向广大民众推介(在有些地区或国家应该说是“提炼”)罗尔斯政治正义论的两个基本理念:一个是作为自由而平等之个人及其相互合作的公民理念;一个是由一种政治的正义观念有效调节的秩序良好的社会理念。

所谓“自由平等和充分介入社会合作的公民理念”,是指个人要获得公民身份应具备的公民素质,这包括:首先具备两种基本道德能力,即正义感和形成善观念的能力,以便他们能正常参与社会合作并有效指导自己的社会行为;其次还必须具有“理性能力”,即“判断、思想的能力以及与这些能力相联系的推理能力”,在享有向社会制度提出合理要求之权利的同时,也能承诺确保社会正义的义务;最后他还必须具备必要的基本美德。针对麦金太尔等人的批评,罗尔斯强调指出,政治的正义观念非但不排斥个人美德的社会意义,相反,它需要这种美德观念的必要补充。但它不允许把个人的美德理想作为社会政治价值的基础。政治的正义观念乃至正义论社会伦理与一切美德伦理的界限,就在于对社会政治价值的公共解释与个人的德性理解之间。总之,这三个方面是个人成为理想公民的三个充分必要条件,也即罗尔斯“公民理想”的基本内容,我们可以将之概括为社会政治伦理、社会理性认知和个人内在美德三个方面。其中,第一个条件的论述是对其早期社会正义伦理的政治学引申;第二个条件在某种条件下是对康德理论的借用或发挥;第三个条件则是对自己原先所谓“强道德理论”的某种保留性态度与对现代美德伦理学批评的有限妥协直接相关。

所谓“秩序良好的社会理念”,实际是“公平合作系统”观念的理想表达。公平的合作有三大要素:(1)它是由公共认可的规则和程序而非“某种中心权威制定的秩序”所引导的社会合作;(2)每一参与合作者都能共同接受的合作项目必须在“互惠性”基础上来设定;(3)每一参与合作者都要持有一种合乎理性的善观念。这里所谓的合乎理性,就是既不必持某种形式的利他主义的普遍善观念,也不能持某种利己主义的自我观念,而是寻求公平互惠、正当合理。与之相应,作为“公平合作系统”观念之理想表达的“秩序良好的社会理念”也有三个相关要素:首先,它必须与“自由而平等的公民理念”和“公共的政治正义理念”相关联;其次,它具体包括:大家都接受相同的正义原则;社会基本结构能够满足正义两原则的基本要求,每个公民都具有正常有效的正义感;再次,这种社会既不是什么共同体,也不是什么联合体,而只是且只能是一个合理的民主社会。它与共同体或联合体的基本区别在于，前者是一个自足的“封闭性社会合作系统”，因而有着确定的社会认同界限和基础，而后者却是漫无边际的无确定认同界限的共同体；前者只需要正当合理性的公共理性证明，而后者却常以某种形式的社会终极目的为假设前提，很难给予公共理性的证明。此外，前者所确认的社会理念基础是公共理性和基本的政治正义观念，而不是任何完备性学说。但后者恰恰是建立在某种完备性学说的理论假设之基础上的。罗尔斯感叹道：“一种对完整真理的热望诱使我们趋向一种更广阔、更深刻的联合，而这种联合是无法得到公共理性证明的。”①显然，罗尔斯所寻求的是一种现实的政治社会理想，其基本理论立场是公共政治理性的，而不是道德乌托邦式的。

由此可见，罗尔斯主张的公共理性之所以注重普遍的社会基础性立场，完全是由于在现代社会生活日趋分化而社会合作又必须诉诸实践操作的情况下，这一立场是社会所能采取的一种现实的、理智的也是可行的选择。换句话说，出于“最低的最大限度”的原则，罗尔斯强调的公共理性必然是这一理性的下限。笔者以为，这一立场在某种意义上，恰好与哈贝马斯的关注与指向形成某种互补关系。

三、哈贝马斯：追求理想的公共理性

如果说罗尔斯主张的公共理性具有工具性的倾向，那么哈贝马斯认同的公共理性则明显地具有价值性的取向。

尽管哈贝马斯没有专门论述公共理性问题，但他对公共领域、公共性的一系列论述，特别是他在对于交往理性这一核心理念的系统论述中，都涉及公共理性问题，而在其从社会整合角度对不同

---

① 万俊人：《罗尔斯读本》，19～41页，北京，中央编译出版社，2006。

社会力量、不同社会资源之间建立一种平等的平衡关系的一系列观点中都蕴涵着对公共理性的看法。

哈贝马斯对公共理性的阐释无疑从属于他的交往理性的理论体系,所以其价值性的取向是十分明显的,因此他主张的公共理性与公共伦理显然是理想主义的。

许多研究揭示了笛卡儿以来的主体中心理性,一方面代表了现代个体的觉醒,另一方面则形成了主体—客体二分的思维方式,这种主客二分性思维方式,在社会领域里的典型表现就是韦伯所说的排斥价值合理性的目的合理性(工具合理性),或者说,同时形成了一种占有性、操纵性的功利个体观念,这种工具理性不仅表现在人与人的关系上,而且体现在人与自然的关系上。现代是一个工具理性占优势的时代,其典型的表现就是哈贝马斯所说的组织制度系统的发达及其对生活世界的侵入(殖民化)。哈贝马斯对韦伯观念的批判及其对生活世界殖民化的剖析,都深刻地揭示了个体中心理性引发的现代社会的危机。分析哲学、现象学、解释学以及解构主义对于主体中心观念都起着颠覆性的效果。生态主义对于人类中心主义的批判则深刻地揭示着主客二分性思维方式的危机。个人主体的尊严、自由与平等,是笛卡儿以来的主体中心理性所确立的现代性精神,这一精神乃是现代西方社会最重要的价值观念的核心,因此,现在的问题是:如何保有笛卡儿以来的个体自由与平等的观念,同时克服主体中心理性所带来的思维方式及其在社会领域里的困境?20 世纪以来的西方思想界一直都在酝酿着,希望能对这个问题有所突破。正如《主体性的黄昏》作者多迈尔所说:"在反思笛卡儿'思维实体'或'思维主体'的遗产时,奥特加·加塞特写道:'假如这个作为现代性根基的主体性观念应该予以取代的话,假如有一种更深刻、更确实的观念会使它成为无效的话，那么这将意味着一种新的气候、一个新的时代的开始……在我看来，主体性观念正在丧失着它的力量，这既是由于我们时代的具体经验所致，也是因为一些先进哲学家的探究所致。”①

我们看到，正是哈贝马斯以交往理性（公共理性）取代主体中心理性（个人理性），实现了对笛卡儿的超越。当然，就哈贝马斯本人而言，他仍是一个理想主义者。在哈贝马斯看来，人类不可能没有理想之光的照耀。而这种理想，在一定的意义上，也就是一种空想、一种乌托邦（UTOPIA）。自从英国思想家莫尔发表《乌托邦》（1516 年）一书以来，“乌托邦”这一概念就是未来理想社会的代名词。乌托邦这一概念随着启蒙理性的发展和工业社会的到来，而富有鼓舞人心的力量。建立在科技理性（工具理性）前提下的劳动工业社会的发展，使人们确立了通过历史主体改变社会、支配自然的自信。在现代理性的审视下，未来不再是虚幻的，而是可以通过理性的分析由历史主体来规划的蓝图。因此，乌托邦就由一个纯粹虚构之物而纳入到理性的架构内。

古典乌托邦把实现合乎人的尊严的生活、实现由社会组织的幸福的条件以重彩来加以描绘。但是，合理生活形式的设计同合理控制自然及动员社会力量结合成一种幻影式的共生体，人的尊严消解在社会组织的操纵关系中，同时，“在生产力中脱链而出的工具理性，各种组织和计划内容中展现出来的功能主义理性，曾被认为应当开辟出达到合乎人的尊严的平等而自由的生活的道路。”②现实十分残酷地粉碎着这种光荣的梦想。哈贝马斯说，劳动乌托邦的力量的穷竭，确实有充分根据。自主性变成了依从性，自由转变成压迫，合理性转变为非理性。而德里达、福柯对现代精神

---

① 多迈尔:《主体性的黄昏》，万俊人译，1 页，上海，上海人民出版社，1992。

② 转引自薛华:《哈贝马斯的商谈伦理学》，106 页，沈阳，辽宁教育出版社，1988。

的批判,只能是窒息西方文化的自信心和乌托邦的最后一点火花。

不过,哈贝马斯认为,现代社会并没有把乌托邦的内在能量耗尽,只不过是形式和内容已经发生了变化。哈贝马斯把18、19世纪的乌托邦看成是"劳动社会"的乌托邦,他认为,在20世纪后期乌托邦的重点已经从劳动概念推移到交往概念。因此,同劳动社会的乌托邦内蕴的告别,绝不意味着乌托邦的整个政治与历史维度的终结。他认为,如果乌托邦这块沙漠中的绿洲枯干,展现出的就是一片平庸不堪和绝望无边的荒漠。他说:"我坚持自己的这个论点,即近代的自我确证始终是从一种现实性的意识得到鼓舞,在这种意识中,历史的思想和乌托邦的思想是彼此融合在一起的。"[①]时代精神因历史的思想和乌托邦思想两者的碰击而得到火种。哈贝马斯指出,劳动社会的乌托邦近二三百年来不仅吸引过知识分子,鼓舞过欧洲工人运动,而且在现代世界史上留下了它不可磨灭的痕迹。

哈贝马斯认为,由解构主义所体现的文化悲观主义恰恰是没有认识到乌托邦的内容与形式正在改变。18世纪末,人们的希望是从天堂移入乌托邦和现世的此岸,未来社会人们的希望将是从劳动社会的乌托邦转入交往社会的乌托邦。因此,认为乌托邦与恐怖之间有着不可避免的亲缘关系,是错误地把特殊夸大为普遍和一般。天堂没有希望不等于人间没有希望,乌托邦的形式与内容有了变化,不等于人类就没有了乌托邦,没有了理想。值得指出,随着劳动社会乌托邦力量的消耗,未来视野在收缩,并且"根本改变了时代精神和政治"[②]。

面对乌托邦力量在精神领域的隐退,哈贝马斯要重新燃起希

---

①② 转引自薛华:《哈贝马斯的商谈伦理学》,89页,沈阳,辽宁教育出版社,1988。

望之火。一个由相互理解的交互主体建构的具有交往合理性的社会,是否就是一种人类所希望的新的乌托邦?哈贝马斯认为,人类是不可能没有乌托邦理想的,或者说,人类不可能没有对未来美好社会的希望。萨特也曾说过,每个人都是带着希望而生活的。人类作为一个整体也是如此。试想,如果没有希望,那便只有绝望。但人类要生存,就要有希望,也就有乌托邦。因此,我们不是处于后乌托邦社会,而是处于乌托邦的转换时期。在哈贝马斯看来,交往行为意义上的公共理性以及没有压制的理想话语环境,是日常交往实践的必然而普遍的条件,因此,这为提升乌托邦理想的合理性,已经提供现实的根据。但人类社会要从总体上达到这样一种状态,仍是一种乌托邦式的臆想。①

综上所述,笔者认为,罗尔斯对于公共理性与公共伦理的阐释,提供了一个正义社会实行稳定运转的可行且极具实践意义的理论,而哈贝马斯以他的"完备性的学说"以及将"劳动社会"转换为"交往(公共理性)社会"的思考,无疑为陷于功利主义泥潭的芸芸众生,提供了一条崭新的、促进人类社会发展的理想而有希望的道路。两者相辅相成,对于解决人类社会的现实困境与精神困惑提出了不同层面的设想。

第五节 尾关周二:社会共生类型与人类交往理性的发展

由于文化背景的差异,公共生活、公共理性在东方有其自身发展的特点与路径。日本是亚洲较早启动现代化进程的国家之一,

① 龚群:《道德乌托邦的重构》,326~333页,北京,商务印书馆,2003。

日本学者较早开始了对公共生活与公共理性的研究，并有不少优秀的成果可供参考与借鉴。

被日本学者称为日本研究现代公共"交往问题"第一人的尾关周二教授在其专著《共生的理想》中，系统而深入地研究了"市民公共性交往能力"缺乏的问题及其产生原因。这一研究成果对于我们全面认识现代社会公共生活的发展变化及其确定现代化进程中青少年思想品德教育的重心颇具启示意义。

一、共生理念与社会发展的互动

中国社会学家苏国勋教授对于尾关周二的著述作了这样的归纳：把共生概念在现代日本的使用分为三个类型，即"圣域共生""竞争共生"和"共同共生"。此外，还进一步从它们与现代性关系的观点出发，把三者分别同前现代、现代和后现代联系起来。这样一来，"共生"就不仅是表征人类社会交往特征的描述性概念，而且具有了区分社会发展阶段性特征的历史哲学含义。[①]

笔者认为，尾关周二教授在一定程度上揭示了亚洲地区人类共生状态与社会发展的互动联系，鉴于亚洲现代化社会的发展和公共交往领域的拓展，"共生"的问题越来越影响到社会的运行与发展，所以尾关周二教授的相关阐述对于东方社会公共领域、公共生活与公共理性的孕育、发展及其动因也有相当的解释力。为此，笔者根据苏国勋教授的分析与自身对尾关周二教授"共生"理念的领会体察，将其主要内容列表解读如下。

---

① 苏国勋：《社会理论与当代现实》，181 页，北京，北京大学出版社，2005。

表 2—1　　不同共生类型中的社会交往状态与社会发展阶段

社会阶段	前现代社会	现代社会	后现代社会（或现代社会的未竟事业）
人际关系与利益取向	A. 绝对权威 B. 个性泯灭	A. 自我功利追求 B. 工具（经济）理性至上	A. 互利多赢 B. 义（价值）利（工具）兼顾
社会意识认同伦理规范遵奉	强迫性压制手段	工具性诱导手段	互动性协商手段
共生类型	圣域共生	竞争共生	共同共生

苏国勋教授指出："从社会学意义上看，'圣域共生'具有迪尔凯姆所说的机械团结的性质。所谓机械团结，是指个人不带任何中介地直接属于社会，社会在某种意义上是由所谓的群体成员的共同感情和共同信仰即集体意识组成的。换言之，这是一种完全建立在个人相似性上的前现代社会，在这里社会的集体意识（族格、群格、国格）完全吸纳了个人自我意识（人格）。"①为此，迪尔凯姆认为："意识的相似性所产生的法规是受压制手段管辖的，它强迫人们去执行一致的信仰和实践。""意识相似性越是明显，社会生活就越会与宗教生活完全混同。"②

在权威至上的前现代社会中，在圣人的光环下，人的个性泯灭，在麻木的状态下"共生"，没有什么理性可言，只是出于生存的本能活着，活着意味着依靠某种无我的宗教信仰走过尘世。

至于"竞争共生"，苏国勋教授称这"是现代人在市场经济背景下行动的逻辑，也是在市场规律'看不见的手'作用下，'理性人'为获取效益最大化所必须采取的行动态势"③；马克斯·韦伯把这种行动称为目的—手段合理性行动；哈贝马斯简称为"工具理性行

① 苏国勋：《社会理论与当代现实》，181 页，北京，北京大学出版社，2005。
② 迪尔凯姆：《社会分工论》，渠东译，183 页，北京，三联书店，2000。
③ 苏国勋：《社会理论与当代现实》，191 页，北京，北京大学出版社，2005。

动"。对韦伯来说,在(竞争)行动中,理性的作用在于从客观、事实性的层面上对各种可利用资源(手段)的有效性(validity)做可行性的评估,以使达到预期的目标。也就是说,韦伯心目中的理性或理性化,能够使一切事情变得可计算,并且是以效率化、形式化、制度化为依归的。

在这种把理性工具化的发展趋势中,出现的最大悖论是:把本来属于达成某种目的的手段,当做目的本身来追求,即把手段当目的。例如,在一般情况下,营利(赚钱)只是达到某种目的的手段,但在今日商业社会里"为赚钱而赚钱""一切为了赚钱"几乎成了一些人身体力行的座右铭。追根溯源,哪一个不是囿于"竞争"心态而造成的实质不合理?这是大力讴歌理性化的韦伯最为沮丧又十分无奈的一种窘境。其实,情况还远不止于此。以禁欲主义宗教伦理为驱动力的现代资本主义在当代大获全胜后,已不复需要以宗教为精神支撑了。韦伯不无伤感地指出:"事实上这正是使它(现代资本主义)常常具有体育般竞争之特征的原因所在。"为此,他把以竞争为特征的资本主义比喻为窒息人性发展的铁笼。他一方面承认竞争使现代资本主义登上了人类文明的顶峰,以竞争为特征的现代科技文明是现代人无法规避的命运;另一方面又强烈地批判现代文明对人们精神灵性的戕害,称它最终会使人变成"没有灵魂的专家和没有心肝的纵欲者。"①在这种异化中,竞争的双方必然失去理性、高扬物性,最终两败或多败俱伤,"共生"成为"共败"。

尾关周二教授在对"圣域共生""竞争共生"及其相应的社会发展阶段进行梳理之后,重点提出了他的"共同共生"理念,作为尾关

---

① 韦伯:《新教伦理与资本主义精神》,于晓、陈维纲译,177 页,北京,三联书店,1987。

周二教授的重点论述，本书将在下节中专门分析，这里主要提出的是尾关周二教授将“共同共生”与后现代社会作了对应，而笔者更同意苏国勋教授用哈贝马斯的话来表述的观点，这就是：“共同共生”只是“现代性的未竟事业”[①]。因为一个国家的不同族群与同一族群之间“共同共生”的状态是存在的，而在国家之间和在某些国家的不同族群、不同共同体之间，“共同共生”的理想状态仍属“乌托邦”，是人类的“未竟事业”。“交往—公共”理性在全人类的推展尚需时日。

二、共同与共生：现代公共理性的重要内容

在这个多元异质的现代社会中，“共生”的理念对于不同共同体之间的和平共处与良性互动至关重要，在全球化的今天，“共生”将成为全人类最为重要的公共理性。以尾关周二先生为代表的日本知识界在这方面有很多精彩的论述。

(一)从共同到共生：对传统共同体的超越

1.“共生”的含义及条件

首先，“共生”不同于“共存”与“共栖”。

尾关周二认为“共生”是一种积极的“共存”，不是如冷战时代美苏“和平共处”那样的消极共存，而是一种“共同的高级形态”；“共生”同一个政府中多种政治势力的“共栖”也不一样，“它是以创造出有活力且相互有效利用之关系的相互信赖为基础的。”

其次，“共生”理念的践行条件。

尾关周二在其著述中直接引用了日本政治学学者山口定的观点：“‘共生’的提倡，第一，在我们现今的竞争社会中，必须是对生

---

① 苏国勋：《社会理论与当代现实》，191页，北京，北京大学出版社，2005。

存方式本身的自我变革之决心的表白。因为在竞争关系中，站在优势一方者虽然也说‘共生’，但若没有相应的自我牺牲的觉悟的话，就不会得到弱者的信赖。第二，不是强求遵从现成的共同体的价值观，或是片面强调‘和谐’与‘协调’而把社会关系导向同质化的方向，而必须是在承认种种异质者的‘共存’的基础上，旨在树立新的结合关系的哲学。第三，它不是相互依靠，而必须是以‘独立’保持紧张关系为内容的。第四，是依据‘平等’与‘公正’的原理而被内在地抑制的。第五，必须受到‘透明的公开的决策过程的制度保障’的支撑。"①

2. 共生与共同的区别

尾关周二认为："共同"意含当事者共同具有某些价值、规范和目标；而"共生"则以异质者为讨论的前提，尽管在价值、规范、目标方面有所差异，但是正是由于这些差异，才使相互间在生存过程中能够建立"共同"的关系。他进一步指出："至少可以说‘共生’与‘共同’是关于现代人类社会的相互补充的理念。在消极地强求同质化而使共同性关系逐渐减弱的情况下，‘共生’却成为积极的对抗理念；另一方面，在‘共生’成为隐蔽赤裸裸的‘生存竞争’的概念时，‘共同’又成为对抗理念，二者以这样的形式相互补充是必要的。"②

在尾关周二先生的这些论述中，有两个问题需要深入领会。

首先，在"共生"的异质社会中，个人作为特立独行的自由的限度问题。

这里我们引用深得尾关周二先生赞同的另一个日本学者的观点，"我们必须认识到，在今天‘生活质量论’应该摆脱个人可支配

①② 尾关周二：《共生的理想》，卞崇道、刘荣、周秀静译，118～119页，北京，中央编译出版社，1996。

所得之万能论,充实生活中公共服务的意义”(熊泽诚,1993)。这就是说,在现代社会中,不能一味追求个人物质消费生活的丰富性以及相应的个人收入的提高,而应确立公共意识和公共精神,关注环境保护、公共政策的制定乃至个人在社会管理以及企业经营中的发言权、个人工作量的高低、余暇生活的安排等一系列与个人生活质量“具有不可估量的意义”的事。日本学者将之称为“关系的丰富性”或“人的丰富性”,并认为这才是人类共生社会的共同真谛。

其次,在“共生”的异质社会中,个体特别是处于弱势之个体的社会保障机制问题。

尾关周二引用其他日本学者的论述,指出:“在实现社会弱者与强者的‘共生’关系的场合,由弱者结成的‘共同’或‘共同体’的抵抗力是不可缺少的。否则,‘共生’理念就很可能成为隐蔽压抑的支配关系的意识形态。”①

尾关周二等日本学者认为,在现代“共生”的异质社会中,社会“共同体”诸如工会等,对于受到现行宪法保障的工作竞争和自由,即能力主义竞争的自由,这些组织应保持某种程度的警觉,并予以妥善处理。对于有组织的劳动者而言,在关注个人物质利益的同时,更应关注“超越机会均等的平等——确立平等的保障机制,纠正阶层间不平等的决定权。”尽管这只是针对弱势者而言,但只有全社会都共同具备了这种“共生”的公共理性,一个共同的和谐社会的构建才能成为可能。

综上所述,共同与共生既有区别又有内在联系,为此,“共同的共生”与“共生的共同”就成为尾关周二先生一系列“共同、共生”

---

① 尾关周二:《共生的理想》,卞崇道、刘荣、周秀静译,129 页,北京,中央编译出版社,1996。

理念的点睛之笔。

(二)共同的共生与共生的共同

尾关周二思想中的"共同的共生"与"共生的共同",与西方社会学家如迪尔凯姆等学者的思想有着一定的对应与传承关系。这两者的互补对于现代社会中的公共生活的平衡稳定至关重要,由此,这些思想无疑是现代公民公共理性的重要内涵。

"共同的共生",指的是在强调集体意识的时候,不可强求同质化,进而抹杀个性和人格独立;"共生的共同"则是指在强调个性、独立人格时,也不可否定集体意识,割断个人与集体的内在联系。尾关周二的以下论述十分精彩——我认为不论是"共同的共生",还是"共生的共同",都是人类社会不可或缺的理念。之所以这样说,是因为人在本性上是社会的、共同的存在,这句话意味着人完全不能过个别的、分散的、孤立的生活,不能没有自己所属的某种共同体或集团。但人通常不能不同时营建这样的社会生活,即与另外的种种层次和意义上不同的共同体和集团保持着某种关系。我在这里想强调的是,不论是依据社会契约论把全体社会(如前所述,由于信息化、国际化,今后它大概将从国家规模向全球规模扩大下去)当做原子的个人的集合加以考虑,还是把法西斯主义、苏联型社会主义的整体主义等曾经设定的全体社会本身作为一个庞大的"共同体"予以确立,都是不现实的。一般说来,全体社会应该树立其不同层次的共同体之集合的形象,并且在人际关系上应该设想有两种类型,即共同体内部成员之间的交往关系和不同共同体成员之间的交往关系。一般说来,在考察人际关系中人情的应有状态时,由于这两种类型的交往关系相互转化,因此不能轻易地用同一个逻辑加以判断，这一点是重要的。[①]

这也就是说，对于约束共同体内部的人际关系，必须用“共生的共同”理念加以积极的解释，而对于不同共同体之间的人际关系，则有必要用“共同的共生”理念加以解释。

人本来就生存在同质与异质的交往之中，人也是在这样的环境中实现社会化的。由此，尾关周二指出：应当在重视“共同的共生”和“共生的共同”理念的前提下，进一步提倡“共生、共同的理念”。他认为：“运用这种表述能够避免只是作为‘共生的理念’（‘共生的思想’）加以片面解释的危险性。”[②]

笔者认为，尾关周二对“共生、共同的理念”的一系列表述与阐释，正如日本一桥大学教授岛崎隆指出的那样，“为了避免陷入劳动一元论，就必须有意识地构筑形成市民公共性的交往能力……这样一来，恐怕就要要求教育观念及教育目标本身来一个大的转变吧！”[③]为此，我们应看到尾关周二的思想对于从传统文化、乡村社会等传统共同体中走向现代化的公共社会的、处于儒家文化圈的所有民族和国家而言，有着深刻的观念的启示意义。特别是对于现代社会中青少年伦理道德教育重心的确定更有相当的指导意义。

第六节　黄万盛：全球化三大原则批判与人文公共理性的呼唤

一般而言，公共理性主要是工具理性，其涉及交往、契约、规范

① 尾关周二：《共生的理想》，卞崇道、刘荣、周秀静译，132～133页，北京，中央编译出版社，1996。

②③ 尾关周二：《共生的理想》，卞崇道、刘荣、周秀静译，183页，北京，中央编译出版社，1996。

等方面，似乎与人文价值理性差了一级。然而在全球化的浪潮中，中国学者、哈佛大学燕京学社研究员黄万盛先生，凭其多年学养，对如火如荼的科学技术、市场经济和民主制度的利弊进行了鞭辟入里的分析与批判，其视野之开阔、分析之深入、批判之犀利振聋发聩。仔细体会黄万盛先生批判之要旨，笔者以为，黄先生的分析与批判是对传统公共理性的超越与推展，是直面工具理性甚嚣尘上的当今世界，而大声呼唤一种新的公共理性——人文公共理性。唯有这种人文公共理性，才能导引人类走出科学主义、经济理性与消费享乐主义的泥潭，在共同善的目标下构建世界共同体。

20 世纪 90 年代出现的全球化高潮，除去技术的因素，主要得益于"冷战"的突然终结。由于这个原因，资本主义社会构成的基本方面成为构建全球化社会的主要原则，一时间，科学技术主导、市场经济原则、民主的选举成为社会变革的不二法门。

对此，黄万盛先生进行了分析与批判。当然，黄先生的思考不少也源自西方的有识之士，但是他的东方立场，无疑使得他的分析与批判对于我们要探讨的问题更具针对性。

一、对科学技术的分析与批判

黄万盛先生对科学技术的分析与批判大致包括以下方面：

（一）科学技术创造了财富也制造了失业等社会问题

由于科学技术是一种中性的力量，而且科学技术的运用确实创造了巨大的财富，并有效地改变了人类的生存状况，因此，发展中国家接受科学技术主导社会发展的观念几乎没有遇到任何障碍，比我们接受任何一种西方的社会和政治观念要容易得多。但是，它也因此容易走向科学主义迷信。技术只有被赋予文化意义之后,才能成为促进"共同共生的世界""全球社会"的手段和条件,否则,它完全有可能成为危害人类的因素。19 世纪以来,现代工业技术的运用,改变了劳动力结构,每一次新技术的运用,在创造财富的同时,也在制造失业;创造富裕的同时,也在制造贫穷;创造信心的同时,也在制造潦倒。技术无情,它总是造成人与人的间隔和疏离,以技术为标准,把不能拥有技术能力的人,满不在乎地从生产领域中驱逐出去,周期性地为社会贡献一批又一批的弱势群体。这个困境持续至今,现代社会和当代经济学并没有给出有效的解决方案,因此,如何切实地把技术运用和人的存在状况的改善有机统一起来,对人类公共社会而言将是一个长期挑战。

(二)更危险的是科学技术已危及人类的继续存在

这种危险在今天已经是全方位的,科学技术不仅仅危害环境,还危及文化传承乃至人类的历史与存在。首先,环境资源受到毁灭性破坏,人们却还以为可以依靠科技挽回这些不可逆转的破坏。为了追求发展、追求效益,科学技术被肆无忌惮地滥用,环境和资源的破坏已经严重威胁到人的基本生存条件。全球化理论的先驱麦克卢汉生前就指出,地球这个人类的"蓝色救生艇"已经满目疮痍、伤痕累累。现在,还有人,甚至一些"科学家",认为科学技术绝对正确,不存在什么"科学主义"的问题,科学出现的问题只能依靠科学来解决。科学可以解决发展的问题,可是如果发展把人的存在条件毁了,这个发展还有什么意义。科学可以促进发展,但是,它不能消解由于科学发展造成的不可预期的后果。一部分资源和生态的破坏是不可逆转以及不能再生的,即便靠科学技术也无法实现。事实上,科学技术运用的效益是相当有限的,对于创造人类生存的共同共生世界而言尤其如此。环境保护是所有人生存必须要做的,这是在不分种族、不分贵贱的大同舞台上的共同演绎。现在,环境保护已经越过了仅仅依赖技术处理环境灾难的阶段,环境保护越来越具有宗教性、精神性,越来越通过诉诸人的心灵回归,希冀从根本上解决人和环境的关系。技术对解决环境危机仍然有意义,但绝不是只有技术才能解决环境问题,技术也不可能解决全部环境问题。培养人对自然的情感与责任,提倡节俭,抵制消费主义的腐化和挥霍,以减少对自然的掠夺和消耗,这不是科学问题而是心灵净化、境界培养和人格塑造的问题,从根本上说,是调整人和自然的关系,让人和自然和谐相处、唇齿相依、生死与共。简而言之,这是一个世界共同体必须正视和面对的人文公共理性问题。

其次,文化命脉正在被斩断,人类正面临群体性的生存危机。这是高科技网络时代引发的恐慌。今天,网络技术的广泛应用,正在剧烈地改变人与人的交往关系和人的自我认同,越来越多的家长忧心忡忡,他们迅速失去了对子女的影响力,失去了塑造子女的权利和责任。人类第一次面对一个前所未有的课题,新一代人脱离了继往开来的代际传承,脱离了观念、伦理、责任的相袭相续,他们在网络的交互影响中自我成长。传统的延续、文化的积累,都面临着严峻的考验。下一代是我们的未来,可是我们不了解我们的下一代,我们不知道我们的未来是什么!现在,家庭价值的问题被广泛强调,我们的家庭不能仅仅是人的繁衍的加工厂,不能仅仅是社会生活之外疲惫心灵的栖息地,家庭应当恢复它的培育功能。对子女们情感世界的塑造,对下一代精神和人格的培养以及伦理责任的陶冶教化等都是家庭最基本而伟大的文化使命。家庭是文化的基础单位,是人的文化培养的摇篮,听任网络大潮把家庭责任和功能席卷而去,就是放任技术斩断人的文化命脉,这样的人类文化传承将如何完成,又将走向何方?

再次,人类的历史和存在受到质疑。生物工程技术的开发和应用,引发了人们对自己血肉之躯存在前景的困惑。现在,转基因、干细胞、克隆等新技术的出现,使原本是宇宙千百年造化的生命,可以通过人为的手段复制改变。为此,黄万盛教授大声疾呼:“人作为存在意义的自我定义受到根本的挑战,所有关于意义的领域都将面临冲击,这个变化改变的是人的存在依据,是人的存在使命的合法性。生命和死亡是所有思想和哲学发生学意义上最基本和最核心的命题。对人的生命诞生的奇迹的探索,对所有人终究要死亡的严肃面对,开发出整套激动人心、令人深思的思想体系;关于造化源泉的求索,发展出各种神学理论和哲学本体论;关于生命诞生的不可重复的求解,形成了天道、天命、阴阳、意义、价值等一系列伟大的观念;关于死的一视同仁,不仅更强烈地激发了对生的意义的反思,而且构成了关于平等、惩罚的先验根据,成为一系列价值原则的思考基础。所有这一切都取决于生命、死亡的自然自在,人对此不能有所作为的自在的权威性,这是绝对存在。但是,这一切也许很快都将被改变,我们很可能正处在前所未有的精神崩溃的危机边缘。能否避免危机的爆发,取决于我们对科学技术的危险的认识程度,尤其是在这生命基因科学春潮初起尚未澎湃之时!”①

当下的情况不容乐观,人们几乎对这些严重的问题还没有任何准备,这套技术就已经开始推广运用了。目前的情况是:

转基因的技术已经部分应用在食品生产中,可是,人们对它可

---

①　转引自雅克·布道:《建构世界共同体》,万俊人、姜玲译,282~283页,南京,江苏教育出版社,2006。

能产生的负面后果毫无警觉，因为市场的利润太大、太诱人了。一只鸡、一头牛、一口猪被各种各样的化学物质催化得像着了魔似地疯长；蔬菜瓜果从种子开始就被改造了。作为食品，植物和动物的生命结构和生命过程早就被改变了，这些不再自然的化学品被慷慨廉价地投入市场，打发着寻常人的肠胃。在几千个生物化学实验室里，每天都在培养着稀奇古怪的生物、细菌、病毒，作为科学实验，这是完全正当的，从某种程度上来说，人类需要这些研究来保护和拯救自己的生命。然而，这些人工合成的病毒、细菌，因为没有天敌，而对人类具有更大的威胁，它所造成的灾难将会旷古震今。

胚胎克隆虽然被限制，但无时无刻不在蠢蠢欲动，一旦突破，生命的形成便是无父无母。古人云：“天地创化之道，先化生，后形生，化生者，天地为父母，形生者，父母为天地。”然而在未来的一天，我们要说试管、培养皿、橡皮管、营养液，就是父母。这对人类的历史和存在将是极大的嘲笑和质疑。由此，黄万盛先生深刻地指出：“科学技术是不应当自主的。因为它服务于人，因此必须‘以人为本’来审视科学技术，而不是简单地迷恋科学技术的无限创造力。为什么世界上几乎所有的国家都反对克隆人，就是因为它威胁到人的基本存在，为什么干细胞技术的开发受到那么多质疑，就是因为它突破了尊重生命的道德底线。科学技术只有被赋予深刻而清醒的文化意义才能真正成为帮助人们走向大同的手段和方法。”①

毫无疑问，这就是我们今天应该大声呼唤的人文公共理性

① 转引自雅克·布道：《建构世界共同体》，万俊人、姜玲译，283～284页，南京，江苏教育出版社，2006。

之一。

二、对市场经济的审视与批判

黄万盛先生深入分析了市场经济在全世界风靡的原因及其带来的利弊，并指出："无论未来的道路还有多少曲折风波，人类将回到有人情意味、重视人的精神质量的生活方向，人不会永远是追求财富的奴隶，资本主义的市场经济创造的这套生活典范终究只是人类历史长河中一个值得反思的阶段，它不可能永垂不朽！"①简而言之，就是人类的经济生产理念终将从效益至上走向对人文意义的追求，推动人文公共理性的整体性提升。

（一）自由市场经济的大行其道及其利弊

1. 市场经济尚不完善、不健全

建构全球化社会进程中，被渲染得最动人的要数所谓自由的市场经济原则，这是被广泛称道、顶礼膜拜的至高法则。在"冷战"时期，一个重要的内容就是计划经济与市场经济的对抗。随着计划经济遭受挫折，市场经济以一种全能的姿态开始主宰全球经济，"救世主"君临天下了。20 世纪末，当全球化经济兴起，计划经济成为人们贫困记忆中的痛中之痛，市场经济却成了万方追求的经济情人，人们赞之、爱之，无不渴望与其相拥相揽。无论贫富、无论南北，全球齐唱自由市场经济的大颂歌。市场被幻想成政治经济学意义上的万能机制，它与自由、财富、增长、进步等其他价值紧密地联成一体，编织了当代人类规模最壮观的绚丽梦境，尤其在发展中国家，它更像是一个可以保证脱贫致富的灵丹妙药。

---

① 转引自雅克·布道：《建构世界共同体》，万俊人、姜玲译，292 页，南京，江苏教育出版社，2006。

但是,无论多么美妙,迷梦总有醒来时。市场经济不只是一种原则,一种经济形态,它更是一整套经济运行的基本规范,准确地说,这是一套资本主义经济运作规范。它在资本主义世界浸染了两百多年,不断完善、健全,是长期发展的结果,即使今天,也仍然处在调整、充实的过程中。可是,美国、欧盟、世界银行、世贸组织,却不论条件和地区地把这套规范作为全球化经济的基本规范强行推广到世界的任何地区。所谓今天的市场经济事实上很大程度地体现了大国的经济强势。亚洲金融风暴的兴起和善后,中国、印度等发展中国家面临的贸易冲突和压力,人民币所承受的莫名的指责,都是显而易见的例证。具有讽刺意味的是,凡是全盘照搬市场经济金科玉律的国家几乎都没能成功,苏联、南美洲诸国就是很好的例子。中国经济的迅速崛起,虽然还存在很多问题,但是作为成功的典范,绝不仅仅是因为中国实行了市场经济,更多地还要归功于中国在开放市场的同时没有简单轻易地放弃政府对市场的干预和调控,虽然这些调控还不够老练。如果放任市场的自由发展,放弃政府的干预,那么也许我们所面对的贫富差距、区域不平衡、工商农之间的利益矛盾以及弱势群体的社会争议,要比今天更为严重。在市场运行和政府行政权力的干预之间存在着复杂而微妙的机制,其奥秘之解析,还远非今天经济学力所能及。重视市场的能力而不放纵,强调政府的必要干预而坚决防止全能政府的瞎指挥,防止政府对经济的过度干预,掌握其间的分寸,使经济真正成为人类可以共享的资源,这是一门高超的艺术,也是一项艰难的探索,这在国际金融大风暴波及世界的今天就显得更为迫切。

2. 市场经济并不自由

市场经济的确有很多的优势,它有利于调动生产力中的积极因素,创造更多的就业机会,规模化地创造物质财富,应该说,人类今天能够拥有巨大的物质力量,市场经济功不可没。但是,市场也存在着依靠市场本身不能解决的致命缺陷,市场是会“作恶”的。对这些方面缺乏了解,对市场缺少制约和控制,市场的成就就会走向反面,成为人类的灾难。

市场活动总是以追求利润为基本动力,构成市场的供求关系早已改变了它的自然基础,现代的市场需要并不是人的真正实际需要,而是由市场的力量人为地制造出来的虚拟需要。事实上,满足人类生存所必需的生产,可以由各种生产方式完成,而不必只是资本主义的市场经济。经济应当服务于社会,市场也应当是体现社会需要的市场,是保障人的生存互通有无、促进流通的社会组织。但是,市场一旦获得它的自我意志,就会偏离服务于社会、服务于人的功能,成为一个不动声色、没有硝烟的战场。这个市场的自我意志就是永不满足的赢利冲动和所谓“自由交换”的谎言。在表面的“自由交换”背后,一方面是由产品塑造和诱导的欲望,所谓“生产决定消费”;另一方面是为生计所迫的无奈的消费,所谓“消费引导生产”,这种无选择的消费,并无“自由”可言。

3. 世界市场经济秩序的确立是一个遥远的期待

市场需要一定程度的自由,太多的管制必然扼杀市场的活力。对于市场自由而言,劳动力的自由流动是第一重要的因素,其次才是产品和资金、技术等方面的流通,对于全球化的经济共同体来说,没有劳动力的流通,它不过是一个放大的弱肉强食的资本主义市场。现在,绝大多数的西方发达国家,按照自身的需要,把全球化仅仅限制为一种商品和资金的全球市场,并可以颐指气使地指责其他国家的贸易政策,却坚决拒绝开放自己的劳动力市场。这种虚伪最典型地体现在其非法移民政策上。相比其他西方国家，美国的移民政策是最宽松的，即使如此，也足以让人看到所谓"自由"的经济学含义究竟是什么。大多数非法移民主要从事的都是美国人所不愿从事的事情，而这些事情又是社会生活绝对必需的，但就是这些人仍然随时会被逮捕、遣送。而这一切完全违背了市场经济的原则。

如果没有共同共生世界的理想，不能在公共社会的理念下寻求方略，以人类目前的经济格局、社会心态，是断然走不出这种恃强凌弱、欺行霸市的保护主义状况的。劳动力仍将长久存在于不平等的价格市场中，一部分贫穷国家的血汗劳动廉价地支撑着这个世界上另一部分发达国家的人享受的体面生活。同样是人，为什么一部分人的劳动就如此廉价，难道仅仅就是因为他们的国家身份？这个世界一方面高唱全球化颂歌，一方面却以国家的名义广泛地制造着"劳动力隔离"。这是以国家身份来制定人的价格和人的价值，是当代世界最普遍、最隐蔽的人格歧视，是人们最习以为常的人权危机，但是，人权专家们却几乎默认了人最基本的劳动权利的不平等。我们强调行政权力必须代表道德良心对市场进行干预调控，而行政权力和市场是在国家格局中相互作用的，一个国家的行政权力在理论上不能干预另一国家的市场。可是在全球化经济格局中，经济行为早已越出国家边界，市场已经成为世界性的市场，国家在这种条件下，经常和本国的经济集团结盟，成为以国家为单位的利益集团的保护者。世界市场的干预在理论上需要一个世界政府的存在，但是在人类目前阶段上，一个世界政府的出现几乎没有任何实现的可能，它或许可以成为我们遥远的期待。因此，对于世界市场经济的干预必须依赖于公共群体的价值关怀和伦理意志，这是人文公共理性的重要内容，也是全人类有识之士的重要使命。

(二)呼唤儒商：实现经济生产理念的人文型转变

黄万盛先生指出："在任何意义上，经济、市场都是人类展现自我意义的条件和手段，不能离开人的完善的根本目标，听由经济、市场自行其是，兴风作浪。我们就是要在发挥市场的功能的同时，坚决地把对人的责任加诸市场，以防止市场的发展偏离人的发展的方向。"①

1. 社会需要儒商

经济活动说到底是人的活动，要由人来推动，这些人被泛称为"商人"。在狭义上，商人主要指生意人，做买卖、通有无；在广义上，商人也包括企业家、银行家、营销商。

由于商业活动有明确的营利目的，因此，存在着到底是商业改造了人，还是人改造商业的问题，也就是说，是商业的逻辑把人改造成唯利是图的奸商，还是人把商业改造成为人类谋福祉的活动。我们需要一套意识形态——一套伦理价值观念来导引和制约商业活动。社会需要商人，社会尤其需要有道德责任的商人。因此，需要商人的同时意味着需要对商人的塑造和教育。一切的经济活动都是有文化意义的，都要通过人来体现，这个人就是有文化自觉的商人，有伦理意志的商人，就是儒商。这是从春秋时代就被广泛关注的问题。商人如果没有文化意义，商业就会成为吃人的行业。所谓儒商，就是要求商人无论从事什么行当，都要优先考虑它的人

① 转引自雅克·布道：《建构世界共同体》，万俊人、姜玲译，286页，南京，江苏教育出版社，2006。

文含义,把商业看做促进人的成长的手段,而不是只有营利的唯一目的。所谓儒商,不是说你从事了与文化有关的产业就是儒商,也不是你赚了钱拿出一部分回馈社会就是儒商,能够这样做,当然很好,但这不是儒商的最高要求。儒商是指有自觉的文化使命的商人,是主动地培养和增长经济活动的人文意义的商人。如果有他们存在,我们就可以不必忧虑寡头暴利、贫富对立、两极分化,可以不必担心假冒伪劣、以次充好;有了他们,我们才有希望创造一个风险与共、同舟共济、相互体谅、共同成长的生命家园。他们是一个共同共生社会的中坚分子的重要组成部分。

2. 中国的儒商及其现代意义

在这方面,中国关于儒商的宝贵思想,应当重见天日、发扬光大,因为西方现代性的典范出现,使它蒙上了太多的污点。长期以来,有一种关于中国现代性的主流的批判意见,认为中国所以不能发展出现代化,主要原因是中国是儒家式的自给自足的小农经济,所以不能发展出市场经济,因为没有市场需求需要满足,因此发展不出大规模生产,所以它没有现代性。这曾经是相当有影响力的观念,从这里推导中国社会因为自给自足,所以封闭、周期循环、长期稳定,从而得出结论:发展一个现代化的中国,必须打破这种稳定,必须改变它的传统经济,必须破除小农式自给自足的儒家意识形态。这套观念在"五四"前后出现,持续至今,成为中国的显学,成为当代中国"现代性心态"最主要的脉络。但是,现在一些国外的学者却得出了全然不同的结论。相比资本主义在佛罗伦萨、米兰、威尼斯等城市萌芽的同期,中国的城市规模比它们要大得多,开封、苏州、杭州这些近百万人口的城市在中国有近十座,而意大利的上述城市的人口规模不过10万人左右,其中佛罗伦萨最大也不过 14 万人。这些近百万人口的城市的生活是不可能依靠"自给自足的小农经济"开展与维系的。事实上,这些城市的市场规模相当之大,商业活动也非常活跃,其程度远在意大利那些城市之上。近现代对古代城市遗址的考古发现也提供了有力的证明。早在汉唐时期,甚至更为古远的时候,城市布局中便有近二分之一的区域是专门用于交易的市场,这是不能用"封闭的小生产"解释的。那为什么中国有充分发展的市场却没有现代资本主义那样的大工业生产?这是儒商理念的作用结果,中国古代的经济活动早就有人文精神孕育其内,因此,对市场的暴利和恶果始终保持着必要的警惕。中央政府把有可能获取暴利的行业如盐、铁、漕运,以及后来的织造等牢牢掌握在手,防止任何个人借其取利;民间市场有健全的行会组织和行会规章,如果个别商人企图以大吃小、鲸吞兼并、欺行霸市,会遭到来自行业内部的反对抵制;在观念世界中,因为儒家人文主义的充分发展,没有人文意义的商人在社会生活中没有什么价值,相反,如果发财的商人只是炫耀自己的财富而不能兼顾家人、乡里,会受到家族和村社的谴责,那是极不体面的。因为中央权力、行会行规、社会舆论这三重力量的约束,中国的市场从一开始就决定了自身不可能走向垄断,而垄断正是西方大规模生产出现的主要原因。我们知道,西方从 19 世纪后期开始,饱受垄断经济之苦,投入了巨大的力量来对付垄断资本主义,现在,几乎每一个发达资本主义国家都有反垄断法,以防止市场自身不可避免的非理性运作。可是,中国却因为儒商理念深刻影响了经济生活,在古代社会就有反垄断的文化资本和社会自觉。当然,由于历史的局限古代儒商仍有其不足,所以我们也不必给他们硬戴上当代人文公共理性的桂冠。

这里,我们似乎不能不得出这样的一个看法,这就是有人文意义的儒家经济理念显然比那种纯以效益为目的的西方近现代的经济生产理念更有人性或者说更符合人类的发展。由此,我们才能理解黄万盛先生何以如此景仰约翰·肯尼斯·加尔布雷思这一位哈佛大学的经济学教授,因为"他是被公认深刻影响和改变了美国当代历史进程的少数几位哈佛教授之一"。他的著名讲演《大企业的社会责任》,是最早也最有影响地在当代资本主义社会中强调经济、市场、企业必须为人为社会服务的振聋发聩之声,这个97岁的老人,到逝世前还在著书立说,指点着我们这个社会发展的方向。诺贝尔经济学奖得主保罗·萨缪尔森曾经说过:"将来,总有一天,在图书馆里,我们这类经济学家的著作会积满尘埃,它们过时了;可是加尔布雷思的著作会永远一尘不染,因为他关心的是人类社会永恒发展的问题,因此总会有人读它,总会需要它!是的,加尔布雷思以及其同道者,因为他们的存在,人类心灵的明灯才长夜闪亮,在金融浊流昏天黑地、消费享乐天经地义的时代,我们仍然可以有向往,仍然敢于追求高尚而不虚伪、不媚俗!他们始终坚守人的意义的信念,始终肩负人的成长的责任,始终警觉和抵抗着市场之恶。"①人们如此推崇加尔布雷思无疑因为他是一位伟大的人文公共理性的呼唤者和追求者。

三、对民主制度的反思与批判

全球化社会中另一个典范意义的指标就是民主选举的政治制度。今天,民主无疑是一种普适的政治成就而光耀天下,不仅以美

---

① 转引自雅克·布道:《建构世界共同体》,万俊人、姜玲译,287页,南京,江苏教育出版社,2006。

国为代表的西方国家要把民主推广到世界各地，就是原本“政教合一”的伊斯兰国家也有相当一部分实行了民主制度。中国更是从“五四”以来就把民主当做最基本的价值，孜孜以求，直至今日。毫无疑问，如果在专制集权和民主制度中做抉择，人们当然选择民主，因为民主代表着世界政治生活的发展方向，这是不容置疑的。但是，问题却永远不会像宣誓表态那样简单。西方在民主实践中的各种教训，西方政治学、社会学对民主的各种批评同样是不容忽视的。人们仍然在对民主制度的弊端进行深入思考，努力地改善民主制度，这个任务远没有完成。黄万盛先生指出了民主制度未解决的两大问题。

（一）民主会“放长假”，选票易被操纵

如何理解民主，它更重要的是一套选举制度，还是一种价值？因为各种各样“大民主”的教训，现在的人们似乎更强调突出民主作为工具理性的选举、程序政治。这就回到了熊彼得的“一人一票，多数决定”的选举民主的立场。当然，没有选票，实在是谈不上民主的。可是，恰恰是选票才是民主需要面对的大问题。

首先，选票不能天天投，这就形成了现代民主制度中，民主的真正落实如何解决的问题。在美国，四年中有一天是民主的庆典，大多数选民用选票说了算，其余的三年又三百六十四天，就是民主的长假，选民成了无足轻重的老百姓，怎么说都不算。比如伊拉克战争，近两年的民意调查结果几乎每一次都是压倒多数地要求美国撤军，可是，炮火连连无了终，旧坟累累有新冢，选民的意志因为“民主休长假”而无法体现在政府决策中。也许有人会说不是还有众议院、参议院吗？不错，可有谁说得清利益集团与他们的关系呢？他们的确可以制约总统，但是说到头，他们也是民主庆典那一天的产物,在这一点上,他们与总统是没有区别的。

其次,既然选票对民主执政是有决定意义的,如何赢得选票也就是竞选的法门。因此,操作选票就成了选举要务,虽然选举法规定了合法竞选,但是也不免出现选票纠纷。即使我们把这看做不可避免的互为存在,也仍然还有不择手段、影响选票、污染民主的大困难需要反思。从理论上说,选票是代表民意的,因此顺应民意才可能赢得选举,但是我们经常看到的是参选者挖空心思地操纵、影响民意。美国原则上是一个政教分离的国家,可是这绝不妨碍政客们把宗教问题卷入选举,以宗教情绪影响民意,这在近年的大选中表现得淋漓尽致。至于制造一些耸人听闻但与实际社会生活并无多大关系的话题——这些话题通常在选举结束后迅速被遗忘,以此来吸引选民的注意、骚扰选民意志、影响和改变选举结果的做法,更是被当做选战中当仁不让的策略,这样的选举到底体现了什么样的民意呢?如何理解民意,什么样的民意才是民主的基础,是困惑民主的大问题。

(二)民主必然具有凡俗化与媚众的取向

更尖锐的问题是,如果存在一个完全符合现代民主要求、充分顺从民意的选举方法,那么它是不是足以保证社会向健康的方向发展?由于民主的多数决定机制,因此必须迁就大众的意愿,导致民主必然具有凡俗化的取向。因为民主制度最深刻的基础是坚决捍卫个人财产神圣不可侵犯,许诺个人权利就成为赢得选民的必要条件,这个机制开辟了一条通向消费主义、享乐主义的道路。托克维尔非常清醒地看到了这种危险。他指出:"民主利于助长物质享受的欲望。这种欲望倘若没有节制,就会促使人们相信一切都只是物质;再由物质主义以煽动这一享受的狂热来完成对他们的引诱。民主国家就是在这个宿命之循环中生长起来。看到这一危险并坚守到底是有益的。”[1]可惜的是,这个数百年前的警告并没有引起足够的重视,假如托克维尔看到今天消费主义、享乐主义已经在民主制度的推动下膨胀到了如此地步,他一定会目瞪口呆、欷歔不已。但是,这种享乐主义、消费主义是要遭报应的,它不仅会遭到来自资源极限的报应,更重要的是来自被消费主义、享乐主义所腐化了的人的心灵的报应。所谓“自作自受”,便是因为享乐、消费的不公,使得贫富间的歧视、仇恨旷古空前;因为贪图消费享乐,使得贪赃枉法、杀人越货的犯罪活动日益猖獗;因为要保证消费享乐的持续发展,族群与族群、国家与国家之间对资源的掠夺和竞争越来越激烈、越来越血腥;因为追求消费享受的快感,人性、境界、高尚、神圣,一切精神理想的诉求被解构得支离破碎,凡俗社会已经习惯于把崇高、优雅、教养当做嘲弄取笑的对象,个人主义、利己主义名正言顺地成为这个世界最流通的意识形态。以布尔迪厄为代表的学者们对消费社会的批评,确实刺激了人们对消费、享乐主义的忧虑,但其主要的批评集中在防止市场经济成为市场社会上,我们只能说这是一个重要的认识角度,可是不够深刻。而像托克维尔那样把消费、享乐主义理解为民主制度衍生的一种必然的危险,则发人深省,应当达成共识、警钟长鸣!消费主义和享乐主义两百年穷凶极恶的发展,还不足以毁灭几千年人类文明所结晶的人的良知、信念、情操、理想,但是我们必须保持足够的警惕来对抗消费、享乐主义的污染。一方面改善民主制度,增加它的价值基础,把安全、公义、信赖当做比自由、平等更基础的价值,甚至民主本身

① 转引自雅克·布道:《建构世界共同体》,万俊人、姜玲译,294页,南京,江苏教育出版社,2006。

作为一个价值也远远比作为一种工具制度更为重要。另一方面，通过改变人的观念世界和价值原则，重新塑造一种懂得节制、注重均衡、追求精神境界的有机生活典范，从根本上消解享乐主义、消费主义对人类的危害，使得共同共生理想不只是一个诱人的乌托邦，而是真正可以感受并活在其中的现实的生活方式。这无疑应是我们呼唤的人文公共理性的核心内容。[①]

① 本小节主要是以黄万盛教授的一系列论述为依据，进而归纳、引申而成。

第三章　人类社会的传承与公共伦理

人类社会的传承从其内部讲，主要是人种的繁衍与文化的传承。一般来讲，把握一个民族（族群）的传承历史与现状，大体可以从人性、文化以及人性与文化的结合物——国民（族群）性入手。本章主要试图通过对人性——理性、文化传承与国民性的分析，考察作为人类理性行为——公共伦理规范遵奉意识的内生机制与外生条件，探寻现代公共伦理建设的道路。

第三章　人类社会的传承与公共伦理

第一节　人性假设与公共伦理规范

对公共伦理规范的遵奉其实是人类理性发展到一定阶段的产物，或者说是人类较高级理性的一种集体性体现。为此，我们就有必要弄清“人性”即人的本性、天性的问题，笔者对此已多有论述，这里仅就人的属性、人的理性行动的分类与层次性、人的理性行动形成的不同过程与类型，以及日常生活中、在不同层次理性的作用下人与社会互动所呈现的多种道德状态等进行多学科的归纳、分析与阐释。

一、人性假设之一：人的属性——在物性与理性之间

（一）人的属性

人的属性大致可分为四个层次：物性、生物性、动物性与人的特性。我们往往将前三个层次统称为“物性”，而第四个层次则往往以“理性”代表之。其中，最主要的是理性。这是一个类总体视角的解读。

人的"物性"可以说是与生俱来,凡人总有"物性",这种"物性"总是带有天生的扩张性、自利性,生物进化论的研究认为,没有这种"物性"的物种很可能就会灭绝。对于人的属性中的这种"物性"我们必须承认而不能否认,对于这种"物性"我们只能适当控制而不可能消灭。文化传承中的"存天理灭人欲"是反人性的,时尚恶习中的"存人欲灭天理"也是反人性的,只不过是一种极端认识与行为的两个侧面。

人的"理性",由文化、文明作为载体而传承。人的理性是人区别于其他"物"的特有属性,也是人能够调控"物性",弃恶从善、公私兼顾乃至先人后己的依凭。当然人的教化有优劣,人的理性也有高低,于是对"物性"的调控也有强弱。不过,人类的历史一再证明,对于大多数人来说,"物性"总是不可能完全被理性自觉控制,或者说,在特定的情境中,"物性"往往易被诱发。

(二)理性的层次性

尽管各学科可能因为分类依据的差异,在对理性的界定上也有差异,但一般都将理性分为工具理性与价值理性。工具理性主要是指知识技能和伦理规范的认知与行为,也包括生存、交往、契约等理性认知与行为,这些理性对于人类社会的运行与稳定都是必不可少的。价值理性主要包括道德品性与人文精神。这两种理性对于人类社会的推进与发展都是不可缺少的。工具理性的内核主要是求真,价值理性的内核是求善求美,但这并不是绝对的,往往是求真而趋善美,求善美以求真为基础。工具理性是基础,价值理性是导向,片面的工具理性离开了价值理性的导向,只求真不趋善美,那就可能给人类自身带来灾难,这已经为人类发展的历史所证实。

这里特别要强调的是:就族群乃至人类的立场而言,生存、技术、经济理性属于较低水平的个别理性，而交往、契约和价值理性才是高水平的公共理性。在全人类公共生活空前扩张，世界成为地球村、居民成为世界公民的今天，养成、提升人的公共理性的重要性，无疑也就决定了当代青少年德育的重心。

（三）人之属性的传承特点

从现代生物学的视角看，生物性（物性）与文化性（理性）构成了人的属性的两翼。个人从其降生的那一刻起，就具备了这两个属性。生物性（物性）来自于母体的基因遗传，文化性（理性）来自于家庭、社会（包括学校）的传承。生物学家指出“自私的基因”是生物性机体内的“程序”，这一程序为每一个体设定了行为方式。而人类独有的文化性（理性）的作用就在于控制生物的自我扩张性，发挥这种作用的最佳选择就是改装每个人的行为程序。实现这种选择的主要途径就是通过文化、文明的传承与熏陶，提升人的理性，通过由低到高的发展积累，使物性得到有效的控制，可见图3—1。鉴于本书已在前面有所论及，在此仅供参考。

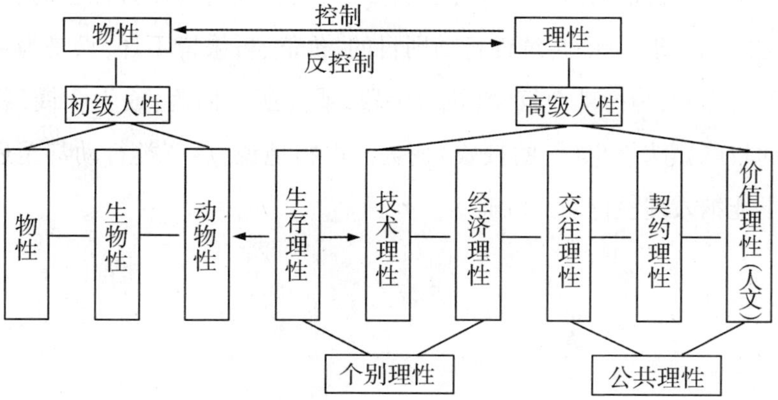

图 3—1　人性的结构

二、人性假设之二:人的理性行动类型与层次

人的理性行动的具体类型相当复杂,众多学科都进行了较深入的研究,本书主要吸纳马克斯·韦伯、伯森斯和哈贝马斯以及国内苏国勋教授的相关观点,并在此基础上,提出笔者的理论假设(见表3—1)。

从较微观的视角来看,笔者把作为个体的人的行动理性大致分为六个层次,依次为传统性、情感性、信念性、经济技术类工具理性、交往契约类工具理性和价值类人文理性。这六类行动理性的类型与特点可以从两个方面来把握,即行动的主观意念要素与行动之客观情境中的责任取向。

从表中可以看出,由于经济技术类工具理性、交往契约类工具理性和价值类人文理性的主观意念涵盖了手段、目的、价值、后果四项要素,而属于较高层次的理性,而这以下的三类行动的理性程度依次递减——信念性行动往往凭一时的激情不计行动的后果,其极端者为某些利益集团或族群利益,可以不顾一切;情感性行动更不顾及价值与后果,为家族、朋友的一己私利,可以置社会的、人类的利益于不顾;传统性行动则目的、价值、后果皆不计,只是为习俗所左右,为行动而行动,执著手段,或无所为而为,或为金钱(物的权威)、为愚忠(人的权威)而为。严格地说,后三类行动甚至还不能纳入理性行动的范畴。

表 3—1　　人类行动类型要素表

行动类型（依理性之程度由弱而强排列↑）	行动的主观意念各要素				行动的客观情境中的责任取向				
	手段	目的	价值	后果	人类的	族群的	家族的	权威的	非人的
价值理性行动	+	+	+	+	+				
工具（交往/契约）理性行动	+	+	+	+	+				
工具（技术/经济）理性行动	+	+	+	+					+
信念性行动	+	+	+			+			
情感性行动	+	+					+		
传统性行动	+							+	

当然，属于较高层次的三类理性行动必定也要在客观情境中的责任取向上、在对价值的定义的理解上分出高下：经济技术类理性往往是纯工具性的理性，其行动的客观情境往往是非社会的，不考虑人的价值，过度追求和强调物的价值，从而使理性萎缩，以致最终否定理性；交往契约类理性，属于工具理性，其实更是一种公民理性、社会理性，其关注的是人与人的平等交往和互相了解，通过契约与诚信的交往保证社会的良性运行，以此理性而行动自然就是一个合格的公民，一个富有理性者，一个真正的人，但不一定也不必是一个高尚的人；价值类人文理性行动无疑最为理性，因为其“客观情境中的责任取向”是面向人类、面向全球乃至面向宇宙，立足普适伦理，关注人类终极价值的逐步实现。

以上是对行动理性类型各层次的一般性分析，落实到某个具体行动者身上，因时空、情境与心绪的变化不定，则将出现多种复杂的情况，尚有待于进一步研究和更具体地分析。

三、人性假设之三：人的理性形成过程及模式

人的理性形成的过程大体上等同于社会学所提出的人的社会

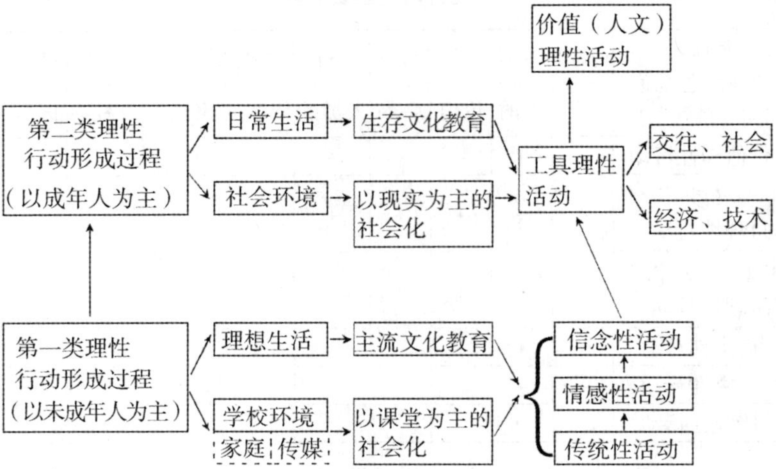

图 3—2　人的理性形成的两种模型

化过程。不过,这里不同于传统社会化理论的是:我们根据人类理性行动的动态形成过程,提出人的个体理性形成的两种假设模型(见图3—2)。根据图示,我们将未成年人的社会化进程理解为主要是人类理想生活的教育,这个教育主要是在学校的课堂里完成(当然也包括家庭、社会与传媒的正面教育与反面教育),这是作为个体的人的理性累积第一类或初步的进程。由于未成年人的不成熟特性,即生理发展、认知结构、思维方式的局限,他们中绝大多数人的理性水平主要停留在传统性、情感性与信念性的水平上。与此同时,在学校课堂之外,特别是当未成年人成年以后或进入社会以后,他们就进入了另一个与学校的理想生活大相径庭的日常生活世界,也就是跨入了社会化进程,在这个进程中他们更多接受的是日常生活的教育,完成的是生存现实的社会化。面对生存问题,他们较自然地养成了生存、技术和经济的工具理性,并在一定的社会习俗与规范的引导、约束下逐步生成交往理性。他们中的一些人在探索与追求中，可能达到系统的价值理性的信仰与行为的层面，但另一些人就可能永远止步于较低层次的理性层面上。

这里要指出：首先，第一类进程中的信念性行动与第二类进程中的系统性的价值信仰理性行动是处在不同层次上的行动，前者是被组织的、灌输的、原子式的价值取向和行动，后者则是内生的由系统的信仰生成的价值取向和行动。这两者的最主要区别在于：前者为一时的信念，后者为恒久的信仰；前者会受情绪、环境等内外因素的影响而变化，后者则几乎不受任何因素的影响。其次，这两类理性形成过程，第一类属于未成年人为主的初级阶段，第二类属于成年人为主的较高阶段。两者尽管有一定的先后之分，但在一定的时空中有部分交叉、重叠与过渡是完全可能的。有些未成年人因其成长环境与天资禀赋较早进入第二类进程，有些成年人出于另外的某些原因终身未能进入或完成第二类进程，也是可能的。人的两类理性形成过程的假设可能有助于我们更贴近实际地解释作为个体的人特别是青少年在成长与发展中出现的“问题”，更科学地分析与应对国民素质提升中出现的各种情况。

四、人性假设之四：日常生活中人与社会互动的不同人性呈现的道德（伦理）状态

日常生活中人与社会的互动，在不同人性水平的内在调控下，至少呈现三种道德（伦理）状态或境界：一是人遵奉社会规范；二是人追求道德品性；三是人无视社会规范，更不追求道德品性，而是自我膨胀，极端自私自利。极端的自私自利是人性中物性、物欲的恶性显现，其负面性明明白白。这里要阐释的是社会规范的遵奉与人类德性的追求，因其理性基础与利益取向的不同，而显示出明确的区分。正是这一区分，使得我们走出了传统社会中将伦理与

道德混为一谈的认识陷阱,并使我们有充分的认识与实践的张力,去构建现代社会的伦理道德体系,去对人的行为进行多维的立体的解读和设想多层次、分阶段的提升路径。

我们的理论假设如下:

人类为了保证人与人、人与社会、人与自然的和谐相处与可持续发展,总是要在一定的理性指引下,实现人与社会、个人与群体(小到家庭与社区、大到人类和宇宙)的协调统一。这种协调统一因其前提(利益取向)不同,而分出层次性:从理想的角度出发,无疑是要统一于道德品性的追求层面,以实现人类的价值理性,营造无私助人利他的社会风尚;从现实的角度出发,限于大多数人的生存状态与素质水平,在现阶段这种统一只能依托于人的工具理性,发生在公共伦理规范层面,通过“自律或他律的规范遵奉,即通过自我约束——利他”来利己,来获取个人的合法权利。这里特别要指出的是:无论是在德性追求层面还是在伦理规范遵奉层面,实现个人与社会的协调统一,其主要的区别在于利益指向的不同:前者是纯粹的助人利他,并无利己的诉求;后者是以“遵奉规范——约束自我——利他”最终实现利己(见图3—3)。这种利益的不同指向充分体现了理性追求的差异,即一为消极之工具理性,一为积极之价值理性。在现阶段对这种差异应予以承认和肯定,因为能够具有消极理性,就已经是现代社会的一个合格的公民了。如前文所述,这里的“消极”并无负面的含义。

由此可见,人类社会发展到现阶段,对于希望进入现代社会的“现代人”而言,公共伦理规范遵奉意识以及与其相对应的契约理性、交往理性的确立,是不可或缺的,反过来说,只有绝大多数的民众都确立了契约、交往的公共理性,都能自觉遵奉公共伦理规范之时,一个真正的现代社会才能够建立起来。

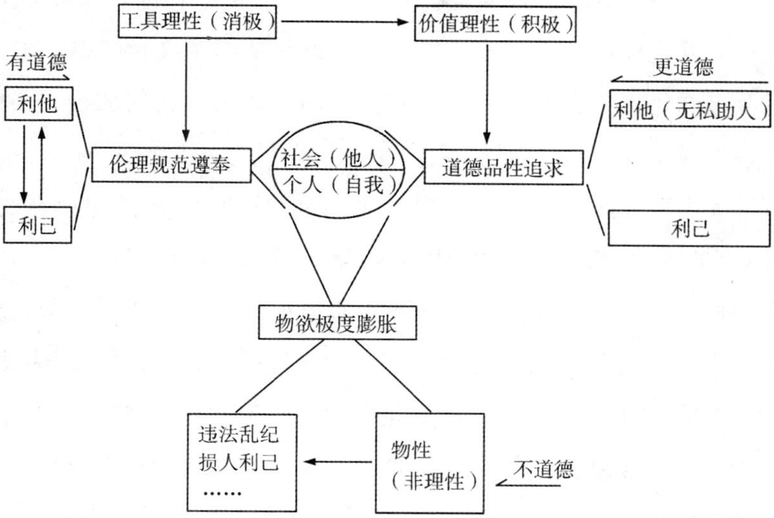

图 3—3　人与社会互动中不同人性呈现的道德（伦理）状态

第二节　不和谐文化与公共伦理建设

有史以来，由于长期的物资匮乏，生存问题一直困扰着人类。在物资匮乏的年代里，生存理性一直是人的信条，这往往使人处于半人半兽的状态之中。随着科学技术的发展，物资匮乏的问题得到了极大的缓解，然而人的生存理性的提升情况却并不令人乐观。人的生存——个别理性并未随着物质生活状况的改变而自觉地完成向交往——公共理性的整体性提升，现代社会的“春天”并未真正来到人类的“地球村”。究其原因自然很多，但有一个原因是十分明显的，这就是：日常生活中传承的与生存——个别理性相对应的不和谐文化，由于没有得到认真的梳理、深入的批判与必要的切割，甚至反而还得到大肆的吹捧宣扬，以致仍然影响、左右着人们的理念与行动。对此，我们研究文化传承与现代公共伦理的关系，最重要的一个方面就是要把握、分析非主流文化中的不和谐文化对于公共伦理规范建设的负面影响。只有清理了文化地基，公共的和谐文化才会有牢靠的生存、发育基础，和谐社会的建设、公共伦理的遵奉才能真正落到实处。

人类历史或者至少中国史揭示出文化的传承显然包括两部分：一是通过正统的、官方的主流传播渠道宣传的理想文化、主流意识形态；二是通过民间的、日常生活传承的生存文化、非主流意识形态。这两种文化的传承，前者是大张旗鼓的、公开的，后者则是潜在的、潜移默化的。两种文化内容有一定联系，但更多的是矛盾和对立。这种对立在相当程度上反映在主张理性还是非理性、是追求理想光明还是囿于生存斗争上。人们在公开的社会传播渠道里接受的基本上是理想文化的影响，在日常生活、家庭和私下的人际传播渠道里更多接受的是生存文化的影响。可以确切地说，这种情况一直绵延至今。这个问题已经在上节中作过阐释，这里不再赘述。

如何面对这一历史和现实，如何在历史和现实的可能中，直面生存现实，但又不放弃理想，不放弃对光明的追求，这是我们今天走出生存理性及其不和谐文化的历史阴影，以及构建现代社会及其与之相适应的和谐文化不可回避的问题，也是本节试图探讨的内容。

一、历史与现实：从宋襄公到“超限战”

生存现实与理想追求之间永远存在着矛盾，人们为了适应生存现实而放弃理想追求，常被称之为“聪明”，反之则被称之为“愚蠢”，而前者往往被赞为“识时务者”，后者则被贬为“不识时务者”。这一观念决定了人们面对现实而采取的普遍态度，并由此概括为一句俗语——“好汉不吃眼前亏”。

春秋战国时代有一位宋国的君主宋襄公是个不识时务的“蠢猪式人物”，他在金戈铁马、不讲游戏规则的战场上，面对正在渡河的敌军，一次又一次放弃了发动攻击的大好机会，这是因为他认为仁义之师是不应该在敌人立足未稳的情况下发动攻击的，于是为了行儒家的大义而犯了兵家的大忌，导致了战争的失败，并由此成为历史的笑柄。从今天的角度看，笔者却以为这位宋襄公颇具悲壮的色彩，因为就个人而言，他是为追求理想而忽略了生存现实，就这一点，宋襄公的选择岂不是与第二次世界大战中策马挥刀无畏地冲向德国法西斯坦克的波兰骑兵同样悲壮吗？

历史就是这样的无情。正是我们对宋襄公选择追求理想的全盘否定与蔑视，孕育了“好汉不吃眼前亏”的社会心态，进而扩展为“为了生存而获取利益可以不择手段”的反社会、反伦理的不和谐文化。这种文化理念的进一步扩展，就成了某些人为某个集团、某个目的，可以进行民族对民族、国家对国家、宗教对宗教之“超限战”的理由，以致使整个人类都处于动荡不安之中。

自从20世纪末两位中国军人作家写出了一本《超限战》后，“超限战”引起了全世界的瞩目。其实就人类战争历史而言，“超限战”早已存在，为了出奇制胜，任何战争参与者都可以超限——先发制人、不守常规、不讲原则甚至践踏人权，这就把人类的为战争服务的不和谐文化发展到了极致。这种不和谐文化扩散到人们的日常生活中，当某些人的物性膨胀之时，依霍布斯所言“人对人的战争”就爆发了。人类的社会生态环境于是被不和谐文化所控制，一切生物界的弱肉强食、尔虞我诈成为常态，和谐文化在很大程度上只能是人类理想的追求，而在很大程度上，不和谐文化才是人类面对的现实生活的主旋律。

今天,我们要构建现代社会,弘扬和谐文化,就要阻断不和谐文化的传承,就要改变其得以传播、传承的社会生态环境,就要在梳理的前提下加以批判和切割,使得传统社会中理想的和谐文化的主旋律得以在现代社会中奏响。

二、应然与实然:孔子、老子与《三国演义》《水浒传》

在中国的文化传承中,孔子、老子的学说就如同古希腊的柏拉图、亚里士多德的学说一样,是民族乃至人类历史的瑰宝;而《三国演义》《水浒传》是不是能代表中国乃至人类的文化瑰宝,却是有争议的。这两部作品可以称得上是中国古典小说的经典之作,但从其在文化传承中所起的作用而言,却是要加以深究的。笔者以为,孔子、老子的学说在很大程度上传播的是理想社会的价值文化,其中不乏和谐社会思想,而《三国演义》《水浒传》在很大程度上渲染了当时现实的社会生存文化,散布了大量的反伦理、反社会乃至反人性的不和谐思想,这在作品产生、传播的历史环境中自然有其存在的合理性,但是在走向现代化的当代中国,这两本书中的上述负面内容如果得不到清理和扬弃,那将贻害无穷。

在历史和现实中,孔子的儒家学说、老庄(黄老)学说都曾经成为过主流文化,而《三国演义》《水浒传》所反映的一直是受到主流社会所否定的非主流文化。然而在民间、坊间,孔孟、老庄学说始终是高不可攀的理想文化,而儒学在宋明以后更发展为一种僵化的意识形态、一种符号。而《三国演义》《水浒传》所体现的生存文化,不仅在民间而且流入到庙堂,成为不需要宣传而大行其道的“流行”文化,甚至成为了人们多方面生活的教科书。

以上这种文化现象的出现,是由中国社会里人们的生存状态所决定的,应引起我们深刻反思与检讨。这种现象大致可以从四个方面来分析：

首先,它是人类的物质生存状态。由于人类的生产力长期处于十分低下的状态,其发展明显不能与人的物质需求相匹配,物资的极度匮乏、贫富的极度不均和基本生存条件的极度恶化,从外部造成了“人与人之间的战争”,弱肉强食成为一种社会生存定律,用拳头、计谋来获取较好的生存条件成为一种社会常态。

其次,是不正常的政治生态。凡是社会总有政治生活,在长期的传统社会中,至高无上的皇权(有时是神权)为了维持自身的权威,总有自己的一套驭民术、驭臣术(如“外儒内法”之类),而习惯于生活在威权下的臣民更养成了依附性人格。上下对应,在扭曲的政治生态中,双重人格的“政治人”比比皆是,说假话、搞权谋、结帮派、说谎造谣、挑拨离间、文过饰非便成了必要的生存手段。这样的政治生态与不和谐文化相伴相生,互为因果。

再次,是人类自身的特性。物性与理性是相伴每个人一生的两种属性。人是有理性的动物,人的理性是有层次的,生存理性是最基本的个别理性,也是低级理性,为了生存,会思维的人,在其“适者生存”理性的指导下,有时候是无所不做的。正是在这种被有的学者称之为“幽暗意识”的引导下,有的人做事情就可能突破了度的限制。但在特定的生存环境下,却又成为一些个别理性者们的有效生存之道。这可以说是人类不和谐文化生成的内部原因。

最后,“罪感”与“耻感”的不同社会心态。长期的历史文化积淀,在不同信仰的东西方民族中对人类自身的弱点和缺点产生了不同的感觉。这就是所谓西方民族的“罪感”与东方民族的“耻感”。东方民族由于“面子”等原因,才会克服自己的缺点、弱点乃至克制自己的犯罪冲动,这种外在的压制在一个稳态的社会里还是相当有效的。但是,假使在一个转型的动态社会乃至发生动乱的非常态社会里,在许多规范都发生松动的情况下,这种压制也就显得十分无力了,违规、违法的问题就会大量出现,这又成为了不和谐文化的一个源头。

上述的种种人类生态状况与自身弱点,滋生、孕育了种种的不和谐文化,当然这些不和谐文化也可以分为不同层次,诸如游民文化、江湖文化、流民文化,可能还有些许生存理性的合理因素包含在内,而诸如黑社会文化、流氓文化、痞子文化之类则全是以物性的扩张与明显的反社会、反伦理的面目出现的。

中国要走向现代社会,要实现现代化,要提升国民的现代素质,特别是要构建"共生与共同"的和谐社会,那么摆脱种种不和谐文化的束缚,走出帮派或走出无谓的纷争以及人为的内讧,实现公共理性指导下的对话、协商与双赢,已是迫在眉睫了。

三、从理想到可能:交往理性与公共伦理

在中国特色的现代社会即和谐社会的建设进程中,如何走出历史与现实的不和谐文化阴影,继承和构建与和谐社会相伴相生的和谐文化,关键在于国民交往理性的养成、提升与对公共伦理的认同、践行。

交往理性,是当代德国著名思想家、社会哲学家哈贝马斯理论体系的核心概念之一,这里我们主要从公共理性的角度来加以理解。我们将其解释为是将人与人、团体与团体联系起来的共同精神和价值观,这种理性是人与人、团体与团体、民族与民族、国家与国家之间平等交往、公平双赢的思想基础。与生存理性不同的是:其显然属于人类理性的较高层次。

我们应当看到,社会是由人组成的,文化是由人传承的,社会

的转型、文化的演进总是与人的理性的提升联系在一起的。人的理性有一定的高低层次,不和谐文化、不和谐社会的建立基于人的生存理性、个别理性,而和谐文化、和谐社会的建立则基于人的交往理性、公共理性。所以,我们今天要告别不和谐的文化、不和谐的社会,重要的是提升国民的理性层次,而且这种提升必须是在社会精英群体示范下的整体性提升。当然更重要的是,这种提升必然也和一定范围的社会生态环境的改进与社会政策的调整相联系。由此,必须提升对践行公共伦理的认识。

首先,我们必须承认当今的社会生态环境在某种程度上,还存在着不和谐文化滋生、发育的土壤,这种土壤遍布于民间和庙堂。我们清除这些土壤的工作要从日常生活做起,要由有历史责任感的社会精英群体来带头做起,而这一工作的起点就是公共伦理的践行。这里应特别强调的是,和谐社会公共伦理的践行,应当是与公民个人的幸福诉求与“我为人人,人人为我”的意愿联系在一起,也就是要明确公共伦理的践行与“社会长治久安,个人家庭幸福”两者的有机联系。唯此,处身于现代世俗生活中的公民,才会以“我要”而不是“要我”的姿态来践行公共伦理。

其次,和谐社会必定是一个“多元共生”社会,在这样的社会里,对公共伦理规范的遵奉才能成为全体公民的自觉行为。要逐步转变“适者生存”的自然进化社会伦理观念,确立“共同善”的现代社会伦理观念。这一观念体现了对一切人的真切关怀,任何人的健康、生命在这一理念下都应得到切实保障。和谐社会的一切社会政策和社会行为都要符合“善”的目的,都要服务于“多元共生”。以历史的眼光看,善的内涵需要因时、事而变换,需要广泛的社会讨论,需要以公共生活中的广泛交往为基础环境。现代社会特别需要以此为内容的、以全体人民为对象的、广泛持久而深入的社会教育。

第三节　国民性的主要缺陷与公共伦理素质的提升

20 世纪以来,国民性问题一直是中国知识界的热门话题,也是中国革命家强烈关注的社会改造工程的核心内容。自从严复以来的一百多年间,有关著述已经过百,论文更有数千,而对国民性的解释至少也有几十种。笔者在此不能一一归纳评述。不过笔者最感兴趣的是:现代社会最基本的国民素质是什么?中国的国民是否已经具备了此等素质?如果未能具备此等素质原因何在?提升的路径又何在?这些问题正是本节要探讨的内容。

如前所述,现代社会公共领域的空前发展,公共生活空间的日益扩大,使公共意识、公共精神成为现代社会公共生活中须臾不可或缺的结构性要素。国民性作为人性与历史文化以及现实生存环境互动、激荡、积淀得较为稳定的结合物,其人性中的理性往往因历史文化与生存环境的影响而发生变异、扭曲。长期的小农经济与专制社会对中国国民性的影响极为严重却又常常让人习以为常。社会对独立意识、独立人格的尊重,个人对公共意识、公共精神的遵奉之缺失是绝大多数中国国民性研究者的基本共识。这两者的缺失,已经使得中国现代公共社会日常生活的运行付出极大的成本,并严重阻碍了公共秩序、公共生活的健康发展。关于这一问题的现象描述与数据展示的报告、著述近年来已经不少,在此不加赘述。本节关注的是原因的分析和改变路径的探索,而这两者又有着极为紧密的关联性,因为只有探明了原因,才能去探寻改变的路径。一百多年来,思想家严复、梁启超、陈独秀、鲁迅、潘光旦,革命家孙中山、毛泽东都对此作过大量的研究与分析，而近期重新发现的储安平以及当代的沙莲香、解思忠、黎鸣、景天魁、韩庆祥、伍国、张宏杰等学者、作家在前人的基础上作了更进一步的归纳与分析，他们的一系列论述从不同角度回答了笔者提出的上述问题。20 世纪 50 年代的“大右派”、今天的“出土文物”储安平无疑是他们当中最具代表性的人物之一。

笔者在上节的阐释中曾提到人与社会互动中的三种状态：在现代社会中，人与社会的良性互动最基本的常态应是在交往、契约理性基础上的互利。这种互利其实有一个重要的前提，那就是：社会（他人）、集体对个体独立意识、独立人格包括利益的承认与尊重，个人（自我）对社会（他人）、集体公共利益、公共精神的承认与尊重。这也就是通常所说的法律意义上的权利与义务问题。这两者互为依存、相辅相成。在传统农业经济下，在威权、家族社会里，人只是为了生存而生存，个人的理性处于很低的层次——生存理性阶段，因为很难确立较高层次的理性——交往、契约理性，当然也就会有相应的非理性行为。独立意识的产生、独立人格的确立以及相应的公共意识与公共精神的构建也几乎是不可能的。这样，国民素质中的这一缺陷的出现也几乎不可避免。

问题是：随着物质文明的发展，科学与民主现代社会的建设已经具备了可靠的基础，国民素质的这些缺陷已经成为现代社会建设的瓶颈。

解思忠先生曾经深刻地分析现代社会建设与现代人成长的互动关系，指出“形成着的现代人创造形成着的现代社会，这才是现代化进程的实质。”①

---

① 解思忠：《中国国民素质危机》，6 页，北京，中国长安出版社，2004。

笔者认为,无论从何处切入这个创造形成过程,就中国的国民素质现状而言,这个切入口都应就低不就高,要寻求必要性与可能性的最小公约数,以期坚持数年步步推进。这个必要性与可能性相结合的公约数就是前文所言的,对自我的独立意识与独立人格,和以此为基础的公共意识与公共理性。因为这是形成一个现代社会的必备条件,也是现代人应具有的基本理性。在这种人人平等、彼此尊重、宽容基础上的人际交往与契约理性就是现代社会良性运行、发展的依凭。一个个独立、自重、有责任心的个人,一个个处于公共理性下的有序运行的社会组织,必定能构建整合为一个和谐的具备雏形的现代社会。

对于中国国民性的上述缺陷及弥补路径,大凡研究者均有提及,但作专题或专项分析解读的似乎并不多,尽管如此,储安平的相关阐释却是相当深入,并给人启迪。

1949 年后直到 20 世纪 80 年代,由于政治气氛的原因,对国民性的分析和改造研究在很长时间内成为禁忌。由此,1948 年出版的储安平所著《英人 · 法人 · 中国人》一书,标志了反思国民性思潮在中国内地的一个终结,或者说是 20 世纪上半叶的最后绝唱。然而,正是留学于英国伦敦大学经济学院政治系的这位学者,从政治文化的角度对国民的独立意识、独立人格与公共意识、公共理性的缺乏进行了前无古人而鞭辟入里的解读与分析,并提出了相应的改造路径。

在该书的主干文章《中国人与英国人》中,作者讨论了中国国民性的上述缺陷问题,这对我们要探讨的问题极具启示意义。

一、国民合作理性之缺失的状况与成因

储安平是在中国人与英国人的比较中展开分析的,许多分析

在60年后的今天读来仍然令人警醒、感到震撼。

（一）国人不易合作，无公共意识的表现

公共生活中的事业要依赖人们的群策群力。在简单的原始社会中，以一两个人的力量即可举办一件公共事务，而独善其身的人也可“一箪食一瓢饮”地过他独善的生活。而今时代改变，近代社会的内容越来越复杂，人与人之间的组织及合作在公共生活以及公共幸福中所占的地位也就越来越重要。有组织能力、合作能力的社会，必定征服无组织能力、无合作能力的社会，近代的历史摆在我们面前，事实昭彰，不容否认。但“组织”与“合作”却又是中英两国之国民性的一大异点。重行的英国人有高度的合作能力及组织能力，而这主要应归功于英国人能自我约束（self - control）。公共事业不可避免地要经过集体的行动，而在集体生活与行动中，必须人人能自我约束。英国人大多都非常真诚实际、都能尽其本分、都有强烈的服务感，并有自省的习惯，所以他们在团体中都能成为“良好的分子”，各尽其职、各尽所能，他们不需要别人的监督，也不会有以个人为中心的自私意识。不重行的中国人组织和合作的能力都非常差。中国人缺乏合作能力的主要原因是他们每个人都有自己的想法，而每个人的想法又都是那样精细，以致在团体行动中，意见总不易一致。在公共事务的讨论中，总是辩论热烈，且有时不免发生剧烈的争执，人人都要贯彻自己的意见，人人都不愿牺牲或放弃自己全部或一部分意见。意见上的争执又常常影响到私人的情绪，以致在行动时不能获得和谐的精神和一致的步骤。在大多数情形下，争执的结果使一部分人消极退出，且退出的人会作出反对和消极的行为，而有时则讨论多时而一无结果，使讨论者最初的热情都烟消云散。不易合作的另一原因是妒忌心理的存在，人人不愿他人成功而乐见其失败，领导欲强烈的人更不甘心接受他人的指挥。因此在团体生活中不是明争就是暗斗，这些都易使公共事业受到致命的伤害而中途夭折。

中国人不能合作的另一个原因是中国人无论在做人做事各方面都缺乏一种基本的约定性、同一性。自由主义者认为：“一律是一件坏东西”(Uniformity is a bad thing)，实则英国人在做人做事的基本习惯上，差不多是全国一致的。工业社会中的英国人，人人都是积极的、前进的、现实的，说话诚实、做事负责、遵守时间、讲求效率、尊重他人的自由、生活富有规律等等做人做事的基本习惯是全国普遍的。当时的中国人则不是这种情形，比如做人方面，有些很认真，有些则很随便，即做人的精神根本不同，做事的方式自然大相径庭：有些人讲信义、守诺言、重效率、有热忱，又有些人则不守承诺、不守信义、约时不到、借钱不还，一切马马虎虎。所谓做人做事的根本精神没有最低限度的同一标准，要彼此合作共事，实极苦痛，而事业之不易顺利进行，亦势有必然。中国人的私人生活也极不一致。私人生活本来无须求其一致，假如人类在私人生活上尚不能自由自在，则人生更将缺少乐趣。但在英国则不然，第一，至少在工作、休息、睡眠、饮食等一般生活上有大体相同的习惯；第二，假如参加团体生活时，各人必能约束个人的私人习惯而适合团体的公共习惯。在中国，很少人在公共生活中能约束其个人的意见，约束其个人的感情，约束其个人的习惯与嗜好，想到自己以外的他人及团体。所以在中国一切关于公共生活的组合如公共食堂、公共宿舍，以及公共厕所等，最难管理。无论在私人生活还是公共生活中，他们都尽量放纵自己的意志和感情，而毫不知有所约束。很多人只知一己而不知他人，只知独行其是而不知与他人协力合作，所以只有一时的集合而不易有经久的组织，只有小规模的经营而不易树立大规模的企业，人民的能力总是分散而不易集中，不能发挥出巨大的威力。

在中英两国，都有几句谚语①，这几句可充分表示两国的国民性。

A. 英国人有谚	B. 国人有谚
一个英国人：一个呆子，	一个和尚挑水喝，
两个英国人：一场足球，	两个和尚抬水喝，
三个英国人：一个大不列颠帝国。	三个和尚没水喝。

本文之所以如此长篇地摘引储安平的论述分析，是因为在所有论述国民性之公共理性缺陷的著述中，储安平的见解可称是最全面、深入的，而时至今日，这些描述与分析似乎仍然是我们现实中某些公共问题的写照。

(二)国民公共理性缺失的原因

储安平认为，中英两国国民性之所以会出现以上差异，重要的原因之一就在于英国人民极力崇奉自由原则，“不求思想之一致，但在为人的基本精神上……有较为一致的传统。”②这一点分析颇为发人深省。首先，英国人较为实在，讲求基本行为规范的一致，而理想价值的追求则是个人的自由，并不强求一致，至少在世俗——社会层面上是如此。国人则较强调理想信仰的一致，求虚不求实，长期如此，必然引起言行的背离，说的是一套做的又是另一套，以致言行背离见怪不怪。其次，行为规范的遵奉，个人与社会互利、互动有助于个人生存理性朝向工具理性的提升。而理想

---

① 储安平：《英人·法人·中国人》，13～15页，沈阳，辽宁教育出版社，2007。

② 储安平：《英人·法人·中国人》，36页，沈阳，辽宁教育出版社，2007。

信仰属于价值理性，当生存需要时，对于一般并未真正确立信仰的芸芸众生而言，自然会逆向而行，弃理想而求生存，于是工具理性不扬、行为规范不守，其生存理性就只有向非理性、物性而去。再次，由于相当一个时期以来，我们只讲理想信仰，只强调思想一致，并不注重“为人基本精神中的大体相同”。重做“革命人”，不重“为人”。以至于非但做不成“革命人”，连“为人”也不成了。最后，也是相当一个时期以来，我们将宗教问题一概视为与“唯物”相对立的“唯心”的问题，无视宗教对人的基本行为、基本精神的规约作用。这样，当国人在世俗社会与市场经济中失却理想信念之时，就变得茫然失措，不少国人直接跌入了“丛林时代”。

二、国民公共合作理性的提升路径

在如何有效地确立“为人基本精神”的路径这一问题上，储安平的见地在今天仍然有相当的参考价值。他是从英国人何以成功、国人何以未成功两方面来展开分析的，并从两相比较中提出改变的路径。

（一）英国人的成功原因分析

储安平认为，使得英国人在为人精神、品性上保持基本一致的原因，是英国人的日常教育。他指出：“教育的主要目的即在养成一个人的优良的性格和优良的风度。英国的教育极重视品性的培养、意志的锻炼，以及对于诚实、可靠、服务、负责等等观念的养成。造成今日那种‘英吉利典型’的性格的主要力量是：一、游戏；二、宗教；三、在有规律的生活中所包含的种种传统。三者相辅相成，殊途同归。”①

---

① 储安平：《英人·法人·中国人》，36～37页，沈阳，辽宁教育出版社，2007。

对储安平的这一分析，笔者以为：第一，储安平这里提到的游戏，主要是指体育运动，而且是指团体性的需要合作的体育运动。他特别指出："英人对于运动的观念不像希腊人那样以达到体格均匀的人体美即为满足，他们复进一步以为运动实为锻炼性格的最好的方法。游戏（game）的目的在争取胜利（成功），但要达到胜利，必须能够合作；无论足球、赛舟或桥牌，活动的方式虽异，其须合作则无二致。英人生活中有所谓 team work 者，即言全队队员（团体中的每一分子）均须融洽合作，以争取全队（团体）的胜利（成功）为最高目的；人人均应放弃其一己的得失而争取全体的得失。在这种需要全体合作的游戏中人们开始认识何谓'坚定的友谊'，并发现这种'坚定的友谊'乃为取得胜利所不可或缺的条件。同时，游戏的目的虽在争取胜利，但所争取的胜利必须是一种荣誉的胜利，甚至即使是失败，也须是一种荣誉的失败。所以我们实大可说：在英国，游戏的目的虽在争取胜利，但胜利或失败只是游戏的结果，而非游戏的精神，游戏的精神乃在保持一种崇高的荣誉，而荣誉则从正直中产生。"①

储安平进一步指出："在英国的公学里，殆无一不建有广大葱郁的运动场（playing field），运动场在英国教育上所占的地位，即使不超过教室及实验室而上之，至少亦与教室及实验室相等。英人盖欲在运动场上培养国民的性格，造就领袖的人才。在英国的公学里，最能代表学校精神的就是运动，最受人崇拜的英雄人物就是各种运动队的队长。一个运动队队长所应具备的特质就是公正、勇敢、有决断、能自持；公正、勇敢、决断、自持等能力，从运动中锻炼出来，从运动中表现出来。同时，运动队的队长亦必成为学校中

---

① 储安平：《英人·法人·中国人》，13～15页，沈阳，辽宁教育出版社，2007。

的英雄人物，因为在英国，无论学校或社会，公正、勇敢、决断、自持就是成为一个领袖的主要条件。”①

储安平在这里强调的是：第一，英国人的教育极其重视性格——基本精神的培养。其次，英国人是从实际生活（包括体育运动）而不是从抽象的理论去养成青少年的性格，中小学的教育都反对书本主义。所以他深刻地指出：“以空洞的理论为出发的品格训练，常有此耳入彼耳出的缺点，唯有从现实生活、从行动中锻炼出来的习惯，始能深入性格而成定型。同时，正因从运动及游戏中所训练出来的性格，能深刻永久而成定型，所以已成定型的性格，遂得表现于他的全部生命、生活及事业之中。当一个学生走出学校的校门而跨入社会参加公共生活时，他仍能发挥他在运动场上所保持的精神与原则……英人种种特殊性格，殆大都和他们在运动场上所得的训练有关。”②第二，对于宗教对英国人性格培养的作用，储安平也作了高度的肯定。储安平自称非宗教信仰人士，他的分析总体上是冷静而客观的。他认为：“若离开了宗教而言英国的教育，只了解了英国教育的一半。1870 年以前，教育在英国完全是一种私人的事业。1870 年以后，国家的手开始伸入教育事业的园地，但自 1870 年迄现在，在英国，国家对于教育的管理，较之并世任何一国均为微弱。依照英人的思想，认为国家无力担负教育事业中最主要的一个责任——培养青年道德的责任。英人将培养青年道德的责任交予教会而不交予国家。著者固为一个无宗教信仰之人，他对于基督教的教义也所知甚少，但他觉得基督教终不失为一种伟大的宗教。基督教之所以伟大，乃因这种宗教的目的在对人类的良知传出一种圣洁而恳挚的呼吁，使人们在物欲的生活中，

① 储安平：《英人·法人·中国人》，36～37 页，沈阳，辽宁教育出版社，2007。
② 储安平：《英人·法人·中国人》，38～39 页，沈阳，辽宁教育出版社，2007。

因它(基督教)的启示而仍能时时清醒,不至于完全湮没一个人的真正的灵性。即便离开教义,仅以教会的环境而言,它也能唤起人们一种崇高的情绪。比如:哥特式(Gothic)的教堂建筑那直入凌霄的塔尖,《圣经》所代表的第一流的文学,大风琴(organ)及圣诗班(choir)所代表的高尚的音乐,教堂内和玻璃窗上的染色图画、橡木的雕刻、祭坛的陈设、牧师的道袍等等所代表的优美的艺术,以及礼拜时的那种庄严的仪式和肃穆的空气,使身处其中者,无一不在冥冥中得到一种神圣的启示,一种伟大的力量,而因此种神灵的启示和高尚的力量,使他得以抵抗物欲的诱惑,点醒自己的灵性,发生一种圣洁无比的感应。在英国,就是那些教堂及小礼拜堂,使英人在每一个星期内至少有一次机会检视自己的过失,洗刷自己的内心,并督促自己努力为善,要做一个伟大的(在人格上)人物。今日英人之怀有高度的自省能力及自省习惯,实悉受赐于宗教的熏陶。"①

第三,储安平所言"在有规律的生活中所包含的种种传统"应该主要是指家庭、学校、社会三者一致的、连贯的、相互为用的对于青少年的公共生活教育,而绝不是相互矛盾的、让人困惑迷乱的理想与现实、公共与私人生活相脱节的双重标准教育。

储安平认为,尽管罗素曾经断言"尝有大多数父母均无足够的能力教育他们的孩子之言,但就英国而论,我们若出以常人的标准言之,则英国一般父母对于教养子女的能力固较他国的父母为高,此盖由于身为英国公民之一的父母,即使他们并未受到任何高深的教育,但是至少他们对于卫生知识、公民道德、人生观念、做事精神,以及一般的日常生活中所有的种种常识、习惯及传统,其水准

① 储安平:《英人 · 法人 · 中国人》,41 ~ 42 页,沈阳,辽宁教育出版社,2007。

要较之他国为高。所以在这样一种‘在有规律的生活中所包含的种种传统’中生活教养的孩子,他在无形中即为种种传统所熏陶所育化。马达来加说,英人性格之造成固得力于英国之公学及大学,但其中若干基本的性格如坚忍不拔、始终不懈、与人合作等,则为每一个家庭内所通有者。性格的典型实开始铸制于家庭,学校就家庭所铸制的性格,再加锻炼,遂成定型。所以在英国,无论人们在思想上、事业上、兴趣上如何不同,但大多数人在做人做事以及一般生活上所具有的基本习惯是大体相同的。这种‘英吉利典型’的性格已成为一种全国性的性格。社会教育和学校教育在英国也是和谐一致的。灌输于学生的教育训练与社会上的实际生活并不脱节,为学校教育中所追求的、崇拜的、轻视的、厌恶的种种性格和行为,也正是一般社会上所追求、崇拜、轻视及厌恶者。正因学校与社会不脱节,所以凡具有种种优性的素质而能在学校中成为学生的领袖人物之人,当他跨入社会后,亦必能成为社会上一般人民的领袖。他在学校中所怀有的理想及长处,实际的社会亦容许他充分发挥,而不致使他感到失望与悲愤。经过优性的学校教育所育化出来的人物,跨入社会后,可以更充实社会的优性的程度。假设一个人在学校中未能完成其性格上的优性的熏陶,公共生活中的传统也能给以有益并有希望的弥补。这种公共生活中的传统乃是多年多人所共同缔造成功的,它成为了一般人生活行为的标准。在英国,王室固有王室的成训,贵族家庭也有贵族家庭的成训,但他们的特殊的成训较之一般社会的成训只有更高的更严格的而不会不及。英人之甘心于保持贵族制度、崇拜贵族,至少有一半的原因,乃因为英国的贵族确能保有一种高尚的心灵和高尚的人品,他们的言行举止确能为庶民的表率。贵族、宗教、舆论、传统,都是社会生活中指导一般人民的性格行为的有力的指南针。英人经过家庭、学校、社会三重不忽视性格的重要的生活，遂使英人永远保有种种传统的优性的性格。这些性格的内容即为生活严肃、工作认真、务实重行、不尚空谈、诚实可靠、勇敢、自持、坚韧、能严守本分、自我约束、习于自省、长于合作、不趋极端、不感情用事、能遵守法律、判别是非、崇仰公道、容忍异己、有尊重他人的习惯、能重视公共的利益……这些基本的品格，在各阶层各事业各方面发挥，而同归于人人有自尊心、社会有公道、政治清明、安定而繁荣，而终成为今日之英国及今日之英国社会。"[①]这里，储安平的分析有两点引人深思：首先，一个良性运行的现代社会，其家庭、学校与社会对于基本为人准则与精神应有一致的态度，在最基本的人际交往中不允许"潜规则"盛行和江湖文化的涌动，而只应有公开的、公正的公共规范，否则，社会的运行极易发生错位，国民的性格也会发生扭曲。其次，社会精英——真正的贵族对于社会的责任与垂范作用极大，在现代社会中这不仅仅是几个领袖人物而是一整个群体，这样的社会精英群体在相当程度上决定了社会风气以及国民性格的走向，也决定了整个社会的可持续发展程度。

（二）中国人不成功的原因

在对英国人的基本精神进行评判、描述时，储安平也以其犀利的目光及深刻的洞见分析了中国国民性缺陷产生的原因。60 年过去了，社会历史背景和国民经济已经发生了重大的变化，他指出的问题如卫生知识的不普及、青少年父母教育程度特别是当年储安平曾经痛加批判的主流意识形态都已经有了明显改变。但是我们仍不得不承认在历史的长河中，60 年只是一瞬间，由于建国以后我们的改造国民性的设想过于理想化、政治化，而且没有讨论进言的

① 储安平：《英人·法人·中国人》，40～42 页，沈阳，辽宁教育出版社，2007。

余地，这就反而使国民性的改进严重受挫。60年前储安平指出的不少问题不仅未见改变，有的反而有更严重的反弹，这既令人痛心，也再次提醒我们：人的改变绝不是“弹指一挥间”的浪漫主义做法所能完成的，而是需要长期坚持努力才能求得扎实的进展。

为此，储安平60年前的分析在今天仍然有着现实的意义。以下略作引述与分析。

1. 总体的思路问题

作为有着深厚政治文化修养的储安平曾经极为深刻地抨击当时的国民党政府的教育思路“在思想上倾向管制，在性格上容忍放任”①。随着国民党政府的败退，这一教育思路基本终结。不过，可能是受中国传统大一统思想的影响，我们长期以来十分注重“理想的统一性教育”而不重视“为人基本精神的一致性教育”，由于这一教育思路漠视了人性与人之成长的特点，以至于我们在相当一个时期里陷于“小学生进行共产主义教育，中学生进行社会主义教育，而大学生进行‘七不’的为人基本精神教育”的困境。社会的公共生活、公共秩序长期没有得到有效的改善，人们的公共意识、公共理性长期没有得到有效的确立。以致在改革深入发展的今天，我们的社会运行成本始终居高不下，公共秩序问题成为深入改革的瓶颈之一。今天，站在现代化的门槛前，在和谐社会的构建过程中，一方面在思想和理想上应当允许“和而不同”，但是另一方面作为做人的基本精神还是应有基本底线的一致性，公共伦理规范应得到人人的遵奉。

2. 家庭问题

储安平认为：“罗素所发大多数父母均无资格教养其子女之

① 储安平：《英人·法人·中国人》，41～42页，沈阳，辽宁教育出版社，2007。

论，对于中国实不失为最合适并最真实的批评。绝大多数的中国父母，未受教育、缺乏常识，他们难有能力给他们子女以适当的教养，大多数中国父母对于他们子女的教育，连健康教育都谈不上，更遑论品格教育！他们虽爱其子女但不知如何爱，他们只知投孩子之所好，给他各种不卫生的、不清洁的、不适宜不合时的小吃，满足他不合理的感情，养成他种种放纵而不知检点的性格，而不知对孩子给以正当而适度的管教和开导。绝大多数的中国父母实不知品性为何物，他们所带领出来的孩子，大都缺乏正常的品性、良好的习惯、文雅的礼貌、公正的观念，以及自治自省的能力。”①

60 年过去了，储安平所抨击的家教弊病有了一定程度的改正，不过，其中有不少问题依然存在，变化的只是部分的内容与形式，比如智育至上、知识至上、分数至上，品格、德性教育缺位，过度保护以至于溺爱使得当代许多青少年缺少乃至缺失自理能力，从而出现了大批“高分低能”者，成年后成为“啃老族”等。

3. 学校问题

储安平早就看到了家庭、学校、社会三者教育的一致连贯对于青少年成长的重要性。国人性格、品行教育的不成功原因之一就是这三者教育的差异与脱节乃至背离。

当年他对某些学校教育存在问题的抨击，在今天仍有启示意义。

首先，体育的作用没有完全发挥。他认为：多年以来，新教育的目的在中国为德智体三育的平均发展，但考之事实，今日中国的学校教育大都仅偏重知识一项。就大多数情形言之，各级学校每周都有体操课，都有或大或小的操场，并每年举行运动会，然如此

① 储安平：《英人·法人·中国人》，42～43 页，沈阳，辽宁教育出版社，2007。

即算提倡体育,固大足笑话。今日国人固大都不明生理原理,缺乏卫生常识,没有良好的生活习惯,不知空气与日光的价值,忽略营养的重要,缺乏摄生及保健的观念,对于遗传及优生毫无所知……凡此种种,才是体育中真正的主要的内容。①

在今天的学校教育中(包括体育)储安平所指出的问题,除了生理——青春期——性教育还不太正常外,大部分都得到了改善。不过,按世界上对体育的教育目的,对团队精神培养、领袖作风养成、民主品格造就等则在我们的体育中明显缺位,而这是现代社会教育的重要内容,这是任何其他知识性传授教育都无法替代的,同时也是学校的体育教学应包含的内容。

其次,品格教育的错位。这个问题主要表现在以下几个方面:第一,学校的教育主要是知识教育,道德教育成为了知识教育的一部分,而与实际生活完全脱节,不能使学生在实际的生活中自发地培养出一种优良的品格和风度。第二,思想品德教育,重思想、理想的统一和高标准要求,忽略为人之品格、道德的陶冶,这就使理想与知识都失去了坚实而健全的基础。就学问、理想与品格、道德的关系而言,前者只是建筑,后者才是土地。没有品格、道德的人去从政,必然违法乱纪;给没有品格、道德的人以知识,等于给狼蛇以爪牙;让没有品格道德的人讲理想等于亵渎理想,树立两面派的恶劣的社会形象,进而败坏社会风气。第三,注重分数评价与听话教育而漠视现代观念教育。在今天,一个所谓重点中学的校长可以片面号召学生为高分成绩而奋斗,却无视现代社会之公共意识、公共理性与公共精神这些现代观念的教育。60 年前的储安平就曾喟叹道:"观念决定一个人的道德标准(即好或不好的标准),道德

① 储安平:《英人·法人·中国人》,42 页,沈阳,辽宁教育出版社,2007。

标准支配着一个人的行为，而行为则为一种性格的表现。要使一个人有正常的现代的性格，须使他先有一个正常的现代的头脑（观念），而观念则完全得之于后天的教育而非先天的遗传。然而在今日中国的学校教育中，有多少人在注意这个问题？能有多少人明白给学生以各种关于做人态度、做事方法以及生活习惯等等科学的训练，这一切较之做一百篇作文等的价值要高出万倍？"①

60 年过去了，储安平当年的忧虑似乎仍然是当代人面临的现实问题。

4. 社会问题

储安平认为注重品格的培养还有一个"公共传统"的问题，即我们讲的社会风气问题，这个公共传统有极大的力量影响到一个人的性格的定型。这应是以上诸问题中最深层次的，这其实就是一个国民性格生成与改变的条件问题。

储安平当年是这样认为的，上述的公共的传统或者说是有利于青少年品格培养的有利条件"在中国是完全缺乏的。不仅如此，英国社会的公共传统对于人民品格的影响是优性的，而中国一般社会风气对于人民品性则发生一种反优性的作用。有许多青年在未入社会前，大都志行纯洁，并有远大的抱负，但一入社会，性格与志趣均起变化。这种变化的时间的骤缓和程度的深浅，自须视这个人原来的教育根基及所处的社会环境而定，但无论如何，社会在无形中总多少在改变他原有的品德，使他在长久的、多种现实的打击下，产生一种新的适应这种社会的自然的生存能力。在最坏的情形之下，那些未能受到良好教育的人，初入社会，便立刻与人同流合污。这种可怕的社会风气，同时威胁着优良的家庭教育和学

① 储安平：《英人 · 法人 · 中国人》，45 页，沈阳，辽宁教育出版社，2007。

校教育。当父母自身的道德水准下降时,他们给子女的教育自然也随着下降。学校的团体力量虽较家庭为大,但若认为师道可以决定学风,则不免成为太理想的看法。学校并非远离社会的孤立者,学生亦不能离社会而孤立,学生无论在身心的哪一方面,并不能完全被包围在学校的围墙之内,教员对于学生的教诲,其力量实不敌一般社会所给予学生的影响。而且就教员本身论,教员的言行举止,有时亦常受社会上一般风气的影响。然而我们在此正可回返本题,正因现实社会有许多不良风气,故在家庭及学校的两个阶段中,对于青少年健全的、优良的性格培养便越见重要,因为唯有具备成熟的、优良的品格,当他跨入社会后,始能抗拒社会种种龌龊的狂澜,始能在求适应中始终坚持内心的方正。一个社会的进步须历时甚久而进行迂缓,我们依赖这种量小而质强的优性性格,在缓慢的时间中,或能渐渐地改变我们社会上各种公共生活中的缺点和风气。"①

对于储安平60年前的看法,笔者认为:首先,对于社会风气的评价在今天应乐观看待,那个可怕的年代毕竟已经过去。"三个文明"与"和谐社会"的建设已经成为全民的共识,人文精神对于科技知识与市场经济的统摄作用亦正在被人认同。国民性的改变与提升正迎来最佳时机。其次,由于相当长一个时期的社会政策与制度的缺位,深受生存理性及片面的经济理性之困惑的普通民众,以及深受片面追分数、追升学率的教育制度、社会心态之苦的广大青少年,其品格得不到提升也是不争的事实。再次,尽管我们的主流意识形态强调三个文明的建设,全力宣传和谐文化,然而,在日常生活中潜移默化地起作用的非主流、非理性的社会心态与不和谐

---

① 储安平:《英人·法人·中国人》,47~48页,沈阳,辽宁教育出版社,2007。

文化仍然在文化传承中发挥着作用。最后，面对喜忧参半的社会现实与国民现状，社会教育以及相应的学校与家庭教育的现代定位已经是当代青少年未来国民品格、道德素质提升的当务之急。这个定位，本书已用几个章节加以论述，归结为一句话：用现代的公民教育，切实而有效地提升全体国民的、建立在公共意识、公共理性与公共精神基础上的个人利益诉求。

储安平在他的文章的最后这样说道："著者对于教育问题素乏讨论的兴趣，然而我们既在讨论国家的前途，我们自不得不纵论到为国家生活中最基本的这一部分。著者既认为今日一般国人性格上的弱点大多应归因于他们所受的教育，故他相信经过了合理的改革的教育，仍有希望改造国人的性格，而使之合乎一个新的现代国家的需要。这种性格上的改造或须超过半个世纪以上，始能渐见成效，但只要确在进步亦即不能嫌怨其迂缓。我们固希望有一个富强繁荣康乐的中国，但一个富强繁荣康乐的中国固不能得之于幻想，而须出之于中国人民的实事求是的努力。唯有务实重行、能辨别是非、主张公道、急公忘私的人民，才能造成一个富强康乐的国家，亦才配有一个富强康乐的国家。只空谈而不行，任何事业都不会建树起来；只知一己而不知合作，公共生活是不会持久的；只诉诸感情而不诉诸理性，社会是不会合理的；只知'政治'而不知其他，社会是不会平均发展的；只知扩张一人、一派的势力，而不知普遍地改进人民的生活的、知识的、道德的水准，国家社会是不会进步繁荣、生气勃勃的。"①

笔者以为，今天在"一个令人欣慰鼓舞之事多于令人失望之事"之世，在人本、民生问题已成为全党与全社会关注的根本问题

---

① 储安平：《英人·法人·中国人》，48～49页，沈阳，辽宁教育出版社，2007。

之时,"树人、树好人、建好社会、建好生活"的愿望是有望实现的了。在这种良性互动的社会氛围之中,国人性格的改变则将是水到渠成之事了。当然,作为"超过半个世纪"的大事,自然还需几代人的一致努力。经受了多种考验的中国人民,如能把在战胜自然灾害时所表现出来的公共理性、公共精神进一步发扬光大,那么储安平先生所言之"大事"的成就则指日可待。

第四章　当代青少年公共伦理素质现状与成因分析

本书用大量篇幅讨论了公共意识、公共伦理、公共理性与公共精神，其核心问题是要从理论上明确现代社会中对青少年进行一系列公共问题的教育，以提升其对公共意识的认同和践行公共伦理规范的自觉性。不过，要使这样的教育更有针对性与实效性，还有一个更重要的前提，那就是准确把握当代青少年的公共伦理意识与行为的现状，特别是把握这些现状产生的原因。为此，本章将通过近年沪地三个大型调查提供的数据展开解读与分析。

第四章　当代青少年公共伦理素质现状与成因分析

第一节　当代青少年公共伦理素质的现状

对于公共伦理问题存在着多种解释,笔者也曾在几年前的著述中归纳了近年来的统计数据,对于一般领域的公共伦理和专门领域的公共伦理的状况作过较为全面的归纳与分析,这里不再赘述。本节引用吾敬东教授在他的著述(《理论研究:伦理可能性的社会学考察》)中对公共伦理的分类,从公共秩序伦理、公共环境伦理、公共场所伦理、公共财物伦理、公共交往伦理和公共关怀伦理六个方面,对当代大城市未成年人的公共伦理素质状况作了初步的分析。可以说,这在相当程度上也是成人社会的折射。

一、公共秩序伦理

公共秩序的伦理,主要是指在公共空间里自己的行为对他人的正常生活的影响程度以及对这种影响的态度取向,如购物插队、开车插队、乘车乱挤、过马路不走人行道或闯红灯等全无公共空间秩序的意识,一切以自己为中心,其中最具代表性的就是“乱穿马路”和“闯红灯”。这里有两种情况值得关注和分析。

(一)从纵向上看:比以往增强

2006年与2004年的同项调查比较:对"乱穿马路"行为表示"完全可接受"和"可接受"的比例,从两年前的11%下降至8.2%;"说不清"的比例从18.3%下降至15%;表示"不可接受"和"完全不接受"的比例,从70.8%上升至76.8%,特别是表示"完全不接受"的比例,从25.5%上升至43.5%。

(二)从横向上看:增强趋势与年龄成反比

调查数据显示,对"乱穿马路"行为表示"不接受"和"说不清"的比例是与未成年人的年龄成反比的。也就是说,年龄越大,不认可这一无视公共秩序行为的比例就越低(见表4—1)。

表4—1 中小学生对"乱穿马路"表示"不接受"与"说不清"比例的比较(%)

态度 \ 年龄	小学生	初中生	高中生
不接受	89.1	81.1	75
说不清	6.9	10.7	17.3

根据未成年人的成长特点来看,小学生、初中生的公共秩序伦理意识基本上是他律的、模仿的——属传统性、权威性和情感性的行为取向,所以在社会舆论和学校教育的双重影响下,他们对公共秩序的认同与遵奉虽然比例很高,但理性的水平是有限的。高中生大多自我意识突显、工具理性渐强,但往往是处于较低的个人功利层次而未达到契约性的公共交往理性层面,所以出现了一时的困惑与迷乱。这属常态,但加以理性提升也是不可忽视的。

二、公共环境伦理

对于公共环境的伦理意识与行为,大体上有两个层次,一个是浅层次的对环境清洁的保持,一个现代市民应该把对公共环境清洁的保持与自己家庭环境清洁的保持同样看待；一个是较深层次的环境保护意识，这种保护意识是自觉自律的，是在深刻而清醒地认识环境保护的真正内涵意义上的行为取向，体现出的是我自己要想各种办法保护环境的主动性，是无条件的。

作为较浅层次的环境清洁的保持意识，经过多年的宣传与贯彻，广大社会成员包括青少年大都能遵守维护，而且对于诸如“在墙上乱涂滥画”“乱扔杂物”等行为持不认同态度的比例逐年上升（见表4—2）。

表4—2　不同年度对有违公共环境伦理行为的认同比较（%）

程度／年份／选项	完全可接受		可接受		说不清		不可接受		完全不可接受	
	2004	2006	2004	2006	2004	2006	2004	2006	2004	2006
乱涂滥画	1.3	2.4	3.0	2.8	10.3	12.3	42.7	33.0	42.7	49.6
乱扔杂物	1.1	2.2	3.4	2.9	12.9	11.8	49.4	37.5	33.2	45.6

对于“乱扔杂物”持反对态度的比例两年中上升了，特别是“完全不认可”的比例上升了12.4%，不过对“乱涂滥画”“完全不接受”的比例尽管上升了6.9%，但“不接受”与“完全不接受”相加的比例反而低于前两年。这可能是在人们看来“乱扔杂物”对公共环境与他人的影响明显且直接，而“乱涂滥画”的影响则较为间接，因此不认可的态度就不那么坚决。这大概也可算是国人讲究实际而不那么执著原则的心态在维护公共环境意识上的反映，这也显示出人们对现代公共意识的传统性解读。

这里值得分析的是，对这些最基本的公共环境伦理意识与行为的认同，仍然表现出年龄与正确态度呈现反比的态势（见表4—3）。

表4—3 不同年龄未成年人对有违环境伦理行为的认同情况比较(%)

行为	态度＼年龄	小学生	初中生	高中生
乱涂滥画	不接受	90	84.3	82.7
	说不清	6.2	10.7	12.3
乱扔杂物	不接受	89.1	83.3	84.2
	说不清	6.5	10.1	11.5

数据显示,对以上两种有违公共环境伦理的行为,基本上呈现出"不认同"的比例随着年龄增长而下降,"说不清"的比例随年龄上升而呈现上升的态势。这种态势一定程度上反映了青少年伦理道德教育的重心乃至当前许多学校、家庭包括社会教育重心的偏离。而在前一章中,笔者所引60年前储安平先生的一系列论述也更值得我们反复思量。

对于浅层次的公共环境的伦理取向来说,其在总体上还是令人乐观的,但在深层次的公共环境伦理取向上存在的问题则一方面不令人乐观,另一方面也尚未引起社会的广泛关注。

据上海市精神文明办公室的一份调查报告显示,有43.8%的人认为"要做到不随意乱扔废物垃圾,就应该到处都看得见垃圾桶。"[①]其中有53.8%的硕士及以上高学历者也赞同这一较传统的环境伦理意识,这似乎说明,我们的学历教育并未提升受教育者的现代的以自觉为主的环保意识。另有42.9%的人赞成"因为交了物业管理费,小区里就应该有人随时负责保持环境卫生,包括清扫宠物的大小便。"把环境保护仅仅视为是付费才有的作为或仅仅体

① 此部分内容参见上海市精神文明办公室、上海师范大学所作的《上海市和谐社会思想道德专题调研报告》。

现为由专人负责打扫的行为，这显然也不是现代的环保意识，这样一些传统而陈旧的环境保护意识的广泛存在，更说明了现代公共伦理教育的迫切性与重要性。

三、公共场所伦理

在对未成年人的调查中，笔者发现对于公共场所伦理规范的遵奉意识，大体与前述的公共环境伦理规范遵奉意识情况一样，一方面对“在公共场所大声喧哗”的不认同率继续小幅上升，从2004年的75.4%上升到2006年的79.5%；另一方面是不认同的比例随年龄的上升而下降，“说不清”的比例则随着年龄上升而上升（见表4—4）。这充分显示了未成年人在从学校、课堂的理想教育走向日常生活的社会现实影响过程中所产生的困惑，尽管这是一种成长中的困惑，但其对未成年人的干扰将维持相当长的一个阶段。

表4—4　不同年龄的未成年人对公共场所伦理的认同比较（%）

行为	态度　　年龄	小学生	初中生	高中生
在公共场所大声喧哗	说不清	6.9	11.9	15.2
	不接受	88.7	81.9	78.8

据上海市精神文明办公室对18岁以上成人的公共场所伦理规范的调查发现，有两个群体对有违公共场所伦理规范的行为是“不接受”的认同度较低。一个是农民群体，认同率为45%；还有一个是18～30岁年龄段的群体，其对有违公共场所伦理规范行为的不认同率居然低于总体水平，尤其是对于“在公共场所大声聊天”和“在公共汽车和地铁里大声打手机”的行为表示“可以理解”的比例分别为27.3%和25.9%。

另外，精神文明办公室的该项调查还发现，对于“清晨在小区里牵着不断狂吠的狗散步”的行为表示“可以理解”的比例居然高达82.2%。这些调查数据大体说明：

第一，对于"在公共场所大声喧哗"的内涵显然存在着不同的理解，不少市民（包括未成年人）对"公共场所"与"喧哗"的定义理解可能比较狭隘、传统。

第二，这些年来，我们对青少年进行的底线性公共伦理规范教育还不到位，这个不到位主要是指"内化"不到位，"内需"不到位，即没有让市民真正理解安静的生活环境是现代人生活质量的重要内容，不影响他人是现代社会为人的一个标准。

这些问题说明了社会的方方面面对一些最基本社会公共伦理的新内容进行必要的梳理，并进行广泛的传播与教育是非常有必要的。

四、公共财物伦理

在对侵犯公共财物的不认同方面，我们的调查数据显示出与其他公共伦理意识的差异，这就是：

第一，近两年对于"坐车不买票"这种有损公共利益的行为的认同率基本维持在10%以内，"说不清"的比例在12%～13%之间，表示"不可接受"的比例在76%～78%之间。

第二，对于"在公共汽车上不买票"的不认同比例与未成年人的年龄成正比，也就是随着年龄的增大，不认同的比例有所提升，从小学时的79.1%上升到高中时的82%。

同时，当我们将侵犯公共财物的行为与侵犯私人财物的认同态度进行比较时，我们还发现：对于私人财物侵犯的不认同度明显高于对公共财物侵犯的不认同度。

这些调查说明了两个问题：

首先，有超过1/5的未成年人对公共财物的伦理意识模糊、淡漠甚至错误，这与现代社会对国民素质的要求有着很大的差距，也说明我们的相应教育的不足与薄弱。

其次，同为他人之物，公共财物作为看似间接的他人之物，私人财物作为直接的他人之物，都是不可侵犯的，这应是现代社会的公共理性与伦理规范的重要内涵。然而，我们的未成年人对此的理解却仍停留在传统性的理解上，无视公共财物的不可侵犯性，不是从自己是公共的一分子的角度出发来看待公共财物，而是仅仅从传统的不偷盗的角度看待他人之物。这说明了现代公民社会教育发展进程的明显滞后。

五、公共交往伦理

公共交往伦理涉及范围较广，从分类上看，至少包括熟人交往与陌生人交往；从知行程度上看，包括从抽象原则认同到具体行为取向以及从认同了解到实际操作。鉴于未成年人尚未正式进入社会，与陌生人打交道的机会有限，致使有关的调查数据不可能完全显示出未成年人在这一伦理关系处理上的客观情况，因此在分析上就有一定的缺憾。不过，作为公共伦理意识与行为的最核心内容，对公共交往情况的描述与分析无疑是本节的重心。

（一）对诚实、守信的抽象认同与具体地把握之差异

诚实、守信是公共交往伦理的基础性原则，对于这一原则我们可以从抽象认同、个人取向和具体操作三个层面来把握。

首先，经调查不难发现：对于“诚信是做人的原则”，未成年人的认同率是93.7%，不认同的比例仅为1.6%。其次，对于“对人诚实守信对我很重要”方面，当从抽象认同进入个人的具体认同时，认同率发生了微妙的变化，同是认同诚信，极其认同的比例由抽象认同的76%下降为个人具体认同的64.3%。再次，当面对

“与人交往最好是讲对方想听的话”这样具体的场景性的问题时，抽象的原则似乎已经不太具有约束力，出于不同的功利目的，被调查者的认同比例与前面的认同比例相比发生了翻转，很认同、一般认同与不认同之比为4.18∶3.05∶2.77。对这一被称为是不诚实或虚伪的行为取向，其背后的动因完全是趋利避害的生存理性，是基于明显的实际利害关系的考虑。

这些调查数据的关联性的对比分析或许揭示了一个困扰我们多年的问题的产生原因。这就是，一个明显的、善的理念、原则，在其实际的落实、操作过程中，往往受到个人主观意向、客观情境需要等众多因素的综合性影响。因此一个好的原则理念在具体的实施过程中往往会大打折扣，以至于收效与预期相比大相径庭。这也提醒我们：公共意识、公共伦理的确立与制订都应考虑到这种过程性变异，尽可能从遵守者、操作者的实际情况出发，尽可能地接近实际并略高于实际，防止理想化及主观性的一厢情愿。

（二）公共交往伦理的基础性认识

对公共交往伦理及其规范的遵奉，从根本上说离不开个体对人性之善恶的认识，这一认识在一定意义上又影响了个体善恶的取向，这个影响不仅是理念上的，更是行为导向上的。如上所述，在特定的环境压力与从众的心态下，出于生存理性的趋利避害的个体必然存在着趋恶的可能性。

首先，对于人性善恶的认识。通过调查数据（见表4—5）显示，认为“大多数人的本质是善良的”其比例达到71.4%，基本不认同者为7.7%，两者相差近10倍。这说明中国传统文化中“人之初，性本善”的理念对未成年人的影响仍然占统治地位。

调查数据显示，对于“所有人都有邪恶之念，而且只要有机会就会显露出来”这一观点表示认同的比例达到51.5%，基本不同意的为23%。这一组数据显示,当代未成年人对人之善恶的认识是比较客观的,而且无论是对前一理念的认同,还是对后一观念的赞成,其比例均与未成年人年龄成正比,这也说明了当代青少年对人的认识的成熟度。

表4—5　　　　未成年人对人之善恶问题的认识(%)

选项＼比例＼态度	同意较多	同意较少	中等	不同意较少	不同意较多
大多数人的本质是善良的	51.7	19.7	20.9	4.8	2.9
所有人都有邪恶之念,而且只要有机会就会显露出来	32.6	18.9	25.5	9.9	13.1

其次,对自我的人性要求。从认识上看,对于"做个好人、对人友善和助人为乐对我很重要"这一观点的认同率高达90.3%,而持不认同的比例为5%。这表明求善或希望与人为善是当代绝大多数未成年人的愿望。不过,愿望、希望都带有抽象的主观性,是远离了实际生活的一种理想取向。

由此,当我们从理想回归现实以后,趋利避害的生存理性又使人们面对实际的选择显示出另一种情况。

调查数据(见表4—6)显示,对于"无保留地相信他人都会陷入困境"这一观点很认同的比例近半数,一般认同的近1/3,不认同的为1/5。如果说,出于对他人的某些不信任、不放心,即对人性中某些恶的担心,人们出于自我保护而认同了这一观点,那么这便是一种自我保护的行为取向。然而,人们对于"生活不走捷径就很难超过别人"这一类有些"越位操作"的行为取向的认同比例如此之高,则可以断定其极可能危及公共交往伦理的正常运行。

表4—6的数据显示,认同"走捷径"的比例近四成,一般认同

的近三成，不认同的仅为三成。这种行为取向无疑将使"走捷径""搭便车"行为变得颇为常见，导致公共伦理规范形同虚设，使公共理性荡然无存，其对现代社会的建设以及现代化的实现贻害无穷。

表 4—6　　未成年人对"为人"的自我实际要求(%)

选项＼比例＼态度	同意较多	同意较少	中等	不同意较少	不同意较多
无保留地相信他人都会陷入困境	26.7	20.9	32.3	9.9	10.2
生活不走捷径就很难超过别人	20.6	19.0	29.3	13.5	17.5

（三）对人际交往的自我评定和认识

鉴于对人际交往的重要性的认识已经成为未成年人的普遍共识，我们的调查主要侧重于未成年人对自身交往状况的评估，特别是对公共社会交往的重要内容即"和陌生人交往的重要性"的认识。

首先，对于"你认为自己的人际关系、社会交往如何"的问题，近80%的未成年人认为自己非常好或比较好，只有10.8%的被调查者认为较差。

但是交叉分析发现，有一种情况值得关注。这就是人际交往情况差的未成年人中，高中生所占比例高于初中生与职校生比例，人际交往情况差的比例最低的是职校生。与此相反，人际交往情况好的未成年人中则以高中生的比例最低。是恶性的学习竞争毒化了高中生的人际关系，还是沉重的学习负担使得高中生无暇去多顾及人际交往，这是需要进一步深入研究的。如果以熟人交往为主的人际关系状况都随着年龄增长而趋差，那么，又何谈提升其公共伦理规范意识与公共理性。

其次，对以陌生人为主的公共交往重要性的认识。

与陌生人交往是公共交往的重要内涵。对于与陌生人交往的重要性的认同调查，从总体上看，有超过半数的被调查者认为比较重要和极其重要，但也有近 1/3 的调查者认为比较不重要和不重要（见表 4—7）。

表 4—7　　认为和陌生人打交道很重要的比例（%）

比例　态度 年龄	不重要	比较不重要	一般	比较重要	极其重要
高中	6.8	16.5	15.9	43.8	17.0
初中	8.2	12.6	13.3	39.7	26.1
职校	8.0	13.1	20.5	42.2	16.2
小学	25.7	29.3	11.4	21.5	12.1

交叉分析发现，有两种情况值得关注：第一，对这一交往重要性的认同比例与年龄成正比。也就是说，从小学生到中学生的认同率明显上升。第二，仔细分析则会发现，无论是认同还是不认同，从小学到初中再到高中、职校都显现“U”或倒“U”字形的变化发展，即认为“重要”的比例从小学的 33. 6% 上升到初中的 65. 8%，然后又回落到高中的 60. 8%、职校的 58. 4%；而认为“不重要”的比例，从小学的 55% 下降到初中的 20. 8%，又上升到高中的 23. 3%、职校的 21. 1%。个中原因是需要深入分析的，其体现为这样几个方面：学校相关教育的不均衡以及社会与家庭等诸多因素的负面影响。这也说明了公共伦理教育的反复性与持续性以及日常生活对于公共意识、公共理性存在着某种消解性影响因素。这些都是我们对青少年进行公共伦理教育不可忽视的问题，急需进一步深入调查、研究与思考。

六、公共关怀伦理

公共关怀主要包括敬老爱幼、关心老弱和参加公益活动，以及主持公道、抵制不道德行为等方面。

首先，赡养老人、关心弱者。尽管成人社会中时有子女不愿赡养老人的情况出现，但在素有敬老爱幼传统的社会大家庭中，这种情况毕竟还是极少数。数据显示，在未成年人中：第一，认同"下一代赡养上一代是必要的"的比例达到 80.8%，不同意的比例为 5.3%。第二，交叉分析发现，对此理念的认同比例与未成年人的年龄成正比，从小学到高中，认同比例也由 69.5% 上升至 89%；不认同的比例则由 8.9% 下降至 2.8%；说不清的比率也由 12.7% 下降至 8.2%。

表 4—8　对"非常同情弱小者"认同率的比较(%)

年龄＼比例＼态度	总是	经常	偶尔	从不
高中	27.9	43.6	24.9	3.6
初中	33.0	36.2	26.0	4.7
职校	26.7	32.1	35.2	6.0
小学	40.4	32.8	20.3	6.5

对于弱小者的同情，数据显示(见表 4—8)：第一，无论是小学生还是高中生"总是""经常"同情弱小者的比例均保持在 70% 左右；第二，交叉分析发现，在未成年人群体中，职校生是"同情弱小者"认同比例较低的一个群体，"总是""经常"的比例只有 58.8%，偶尔的高达 35.2%，"从不"的比例也有 6%，均远远低于平均值。我们对职校生的教育与关爱缺失了什么，以至于他们中的不少人失去了公共关怀之心，这也是我们在今后的研究中要深入展开的

一个方面。

与前面的分析一样,当一个理念由抽象认同走向具体操作时,其认同的比例则会出现变化。所以当调查中问到"在公共汽车上不让座"时,表示对此不认同的比例与年龄成反比——小学生为76.5%,初中生为64.9%,高中生为57.3%;说不清的比例则与年龄成正比——小学生为14%,初中生为23.3%,高中生为29.2%。这就是说,当在公交车上遇到老弱病残者时,我们的高中生有近1/3的人坐在座位上不知如何是好,有近1/6的人将稳稳地坐在座位上只当什么都没有看见,坚决地将公共关怀之心抛在一边。而这时,坐在一边的小学生则更可能立即作出让座的反应,尽管他们对于大哥哥、大姐姐视而不见的行为甚感困惑。

相关的理论告诉我们,随着年龄的增长,未成年人的工具理性渐趋觉醒,功利之心凸显,公共关怀之心受到抑制。对于这种情况我们既要以平常心对待之,同时又要进一步强化人文关怀的社会教育,以成人社会的示范性行为去影响与引导之,让他们从功利性的、低水平的工具理性乃至生存理性的阴影中走出来,弘扬具有人文性的公共理性、交往理性。

其次,帮助他人的公益行为、公共关怀之心,其核心内涵就是无私的助人行为,这是一种人文关怀或人文价值理性的体现。这种关怀之心的发育、发展是渐进的。统计资料中有一组问题,从有心、有意、有为三个层面来了解未成年人的助人取向。俗话说:"恻隐之心,人皆有之"。"同情弱小者"及"讨厌以大欺小"是未成年人的普遍心态,通过调查数据得知"总是"或"经常"有的比例分别达到了70%(均值)和80%以上;"总是"或"经常"想帮助贫困地区的同龄人、"经常有意识地帮助他人"的比例也分别在60%~

70%和55%～65%之间,不过有意思的是,在小学生中"经常"与"总是"的选择比例最高,在初中生与高中生中选择"偶尔"的比例最高(见表4—9、4—10)。

表4—9　　想帮助贫困地区心态的差异比较(%)

对象 \ 比例程度	总是	经常	偶尔	从不
高中	23.7	35.1	36.6	4.6
初中	30.8	29.6	33.0	6.6
小学	39.6	30.8	25.0	4.5

表4—10　　经常有意识地帮助他人之行为取向的差异比较(%)

对象 \ 比例程度	总是	经常	偶尔	从不
高中	17.8	37.7	41.6	2.9
初中	25.5	32.6	36.6	5.3
小学	27.0	35.6	33.3	4.2

这就见证了笔者在第三章的理论假设:小学生较多诉诸情感性理性行动,而高中生则处于第二类理性化的发端点,更趋于务实的工具理性行动——这在现阶段有其合理性。在对于助人的具体行为的选择中,诸如对"我会将零用钱捐给需要帮助的人"以及"我积极参加学校社区组织的志愿者活动"的助人行动,都是偶尔为之的比例最高,而且"总是""经常"的比例与年龄成反比,"偶尔"的比例与年龄成正比(见表4—11、4—12)。

表 4—11　　愿将零用钱捐给需要帮助的人的比例比较（%）

对象＼比例＼程度	总是	经常	偶尔	从不
高中	10.9	20.2	59.0	9.9
初中	17.6	21.5	48.1	12.8
小学	23.2	26.2	40.1	10.5

表 4—12　愿积极参加学校社区组织的志愿者活动的比例比较（%）

对象＼比例＼程度	总是	经常	偶尔	从不
高中	15.8	29.8	46.6	7.8
初中	22.7	23.2	42.0	12.1
小学	23.2	28.0	36.9	11.9

志愿性或自愿性的助人行为是个体人文关怀之心的体现，但是对于未成年人来说，由于其理性的水平还处在发展变化阶段，所以我们既要承认其发展的阶段性，又要引导其向更高的水平发展。

再次，伸张正义，抵制不道德行为。

主持公道，伸张正义，抵制不道德的行为，应该是人文关怀的重要内涵，因为只有当社会的大多数人对不道德行为都能够动心、动情地作出客观评价和情绪反应并且积极参与投入，以至于有所作为或者说加以抵制时，一个社会的正气才能得到弘扬，好人才不会吃亏，人与社会的生态环境才能处于良性运行之中。这样才有利于形成良好的现代社会的人文基础与伦理保障。当代青少年在这方面表现出以下反应状态：

第一，对不道德行为的情感反应情况是对于身边出现的不道德德行为，“总是”和“经常”作出难过反应的未成年人超过半数（见表 4—13）。数据显示，纯真的小学生作出难过反应的比例最高，而整个年龄段则呈U字形,即小学生高,初中生低,高中生又高,特别是"经常"的高中生比例超过了小学生的比例,分别为36.8%与30.3%。此外,高中生"从不"难过的比例也最低。这显示当代未成年人特别是高中生有相当高的正义感。这种"愤青"现象是社会之幸,也是要加以保护、引导的。

表4—13　我会为发生在我身边的不道德行为难过之比例(%)

频率 比例 年龄	总是	经常	偶尔	从不
高中	17.1	36.8	41.7	4.4
初中	16.6	28.8	47.0	7.6
职校	15.2	25.3	53.5	6.0
小学	24.8	30.3	37.8	7.1

第二,对不道德行为的批评性反应情况是:较之情感性的反应,对不道德行为的直接批评可能会影响自身的利益,所以作出这一反应的比例肯定会有所下降,统计数据也印证了这一点。

数据显示,从总体上看,"总是"和"经常"敢于直接批评者人数比例为36.9%,明显低于情感性"愤怒"反应的50.9%;"从不"批评者人数比例达到13.1%,是"从不愤怒"者数量的两倍多。从各群体看,纯真的小学生无疑是最勇敢的群体,敢于批评者人数比例达到41.7%;"从不"敢批评者中高中生群体所占比例最少,仅为10.7%。但是,高中生的"总是""经常"的比例也最低,仅为30.7%,再一次体现出明哲保身的功利取向。总之,这一"敢怒不敢言"状况的普遍存在正是社会正气与社会理性弘扬的瓶颈所在。

第二节　当代青少年公共伦理素质现状的成因

上一节我们从六个方面分析了当代青少年公共伦理素质的现状，从伦理意识到行为，当代青少年一方面比之上一辈更具现代性，亦即基本的公共理性与精神，但是也存在明显的不足，把握形成问题的原因是我们寻找提升青少年公共伦理素质的相应路径、开展有效教育与社会实践的关键所在。在本节中，笔者将依据收集到的数据探究其成因所在，限于资料，我们的分析的广度和深度可能会受到一定的限制。

一、意愿与认知的差距

生活在全球化时代的当代青少年，特别是生活在国际化大都市的年轻一代，在现代传媒的影响下，"公民"的概念与公民的意识都是有的，但是对于"公民"及其公民意识的确切内涵的把握却十分有限，对公共问题的认知中传统的痕迹还占有相当的比重。

（一）有强烈的做个好公民的意愿

统计数据显示，91.7%的青少年都认为"做个遵纪守法、有责任感的公民对我很重要"，仅有2.9%的青少年认为不重要（见表4—14）。

表 4—14　　对做个好公民的认同比例(%)

年龄＼比例程度	比较不重要	一般	比较重要	极其重要
高中	2.6	6.0	39.9	51.4
初中	2.5	4.4	31.7	61.4
职校	0.9	9.7	39.9	49.4
小学	4.0	4.6	27.6	63.8
总体	2.9	5.5	33.9	57.8

尽管认同率高,但是交叉和动态分析却发现:

第一,认同"极其重要"的比例与年龄成反比。这就是小学生、初中生、高中生认同的比例从63.8%下降到61.4%再下降到51.4%,这也印证了高中生的公共伦理素质在多方面反而低于初中生、小学生的情况。

第二,认同"极其重要"的比例以职校生群体最低。作为考学失利的职校生群体,在一定程度上会产生对公共秩序与现实社会的抵触情绪,这是极其应当引起关注的问题。正确对待和引导职校生群体融入社会,重视公共秩序实在是一个重要的社会系统工程。当然,这一现象可能主要出现在大城市的特定发展阶段。

第三,小学生群体是认同"极其重要"的高比例群体。但也是认同"不重要"的最高比例群体。尽管人数不多,但却是不可忽视的人群,如果这个高比例主要是来自外来务工人员的子女,那么就更应当引起关注了。

(二)公民认知的缺失

根据笔者掌握的数据,当代青少年对于公民认知的缺失主要反映在如下两个方面。

1. 知之有限

调查数据显示,对于“公民的权利与义务”有52.5%的青少年是了解的,而且这种认知与年龄成正比。从小学的36.3%,到初中的55.4%,再到高中的67.3%。这里有三点似乎应引起关注:

第一,即使高中生也有1/3的人对公民的权利与义务不甚了解,对于已经进行了成人宣誓仪式的年轻人来说,这个公民权利与义务之教育缺失的原因只能从我们日常的教育中去寻找,更多的责任应该由社会来承担。

第二,如果说,对“公民的权利与义务”的认知程度的提升和年龄的增长成正比是常态,部分青少年(主要是高中生)对“做个遵纪守法、有责任感的公民”的重要性的认同却下降了,这就是非常态。这说明公民意识与公民行为并不仅仅是一个认知问题,而且是一个更为复杂的社会现实的问题。

第三,数据显示,表示愿意“做个遵纪守法、有责任感的公民”的比例远高于了解公民的权利与义务者的比例。这说明不少青少年做好公民的热情是在对公民的权利与义务不甚了解的情况下表现出来的。这种热情很可能是出自于将好公民理解为传统意义上的好人。这无疑是片面的,无益于现代公共理性与精神的萌生。这就引出了下面要讨论的问题。

2. 知之有误

笔者在调查中曾经设计这样一个判断性问题,即“爱国就是做个老老实实的老百姓”,因为该理念的一个重要内核就是传统的臣民心态。对于这样一个问题,表示“不同意”“说不清”和“同意”的各占1/3。

第一,今天的青少年中,大致有1/4的人对于“公民”的概念认知模糊,有误将"臣民"当"公民"认识的倾向,有1/4多的人分不清道不明何为臣民,何为公民。这可以与有半数的青少年对"公民的权利与义务"不甚了解的数据互相印证。

第二,从交叉分析来看,对于这个判断表示不同意的比例与年龄成正比,表示同意的比例与年龄成反比,但是"说不清"的比例也与年龄成正比,而且职校生的比例近四成,而中学生特别是高中生"说不清"的比例也近三成。这说明公民意识教育特别是较深层次的理性的公共意识、现代意识的教育的缺失。

遵守公共秩序,关键在于这会给生活在公共社会的每个人带来好处与便利,这个道理几乎是不存在疑义的,但是调查显示对于"我之所以遵守公共秩序是因为这给每个人包括我自己都会带来便利"表示"完全同意"的仅占48.9%,不到一半。另有1/4的人表示保留性的"同意",更有近1/4的人表示"说不清"或"不同意"。之所以出现这样的认同情况,大概有两个原因:首先,由于教育的不到位,大家对这一公理的真正内涵不甚明了;其次,因公理被推行多年而现实的社会生态环境反而日趋恶化,进而使人对这条公理的可行性表示怀疑,以致持保留态度。就中国的社会生态现状而言,可能这两方面原因都有,只不过在不同地区还可能有不同的比重。

二、内在动力的欠缺与社会心态的误导

对于公共伦理规范的遵奉以及公共理性与公共精神的高扬,从更深的层次讲,必须有一种内在的驱动力和良好的社会心态基础。然而,从笔者的调查数据来看,现实社会给予青少年的遵奉公共伦理的驱动力主要还是外在的,而社会上那种"搭便车""走捷

径”的超限行为，更影响乃至误导着青少年对公共理性与公共精神的理解与发扬。

（一）公共伦理的遵奉以他律为主

公共伦理的遵奉是社会规范遵奉的一部分，人们能否持久地遵奉这些规范，最核心的问题是一个他律与自律的问题，只有出于自律的遵奉意识与行为才能少受干扰并持久地自觉执行。当然自律也有不同的基础，有的是基于利益的考虑，有的是基于价值的追求，但是对于现代社会的大多数人来说，出于工具理性的自律是正常的，应当予以肯定。不过也应当看到，当利益成为一个他变量的时候，情况也会发生变化。笔者根据以下的调查数据，试图对青少年遵奉社会规范之他律与自律的情况作一个比较（见表4—15）。

表4—15　　社会规范遵奉之他律与自律性认同的比较（%）

认同原因 / 认同程度	怕受法律制裁	为受大家尊敬	会给自己带来便利	会得到他人认同	为不受处罚	因为有奖励
完全同意	56.8	36.6	48.9	25.4	21.7	14.7
排序号	①	③	②	④	⑤	⑥
同意	24.4	3.6	27.4	24.9	22.9	12.5
排序号	③	⑥	①	②	④	⑤

如果将表中的六种情况加以区分，那么大致可分为两类：第一类是他律性的，因为动力源或施动源均在他方，因此无论是出于“面子”还是“利害关系”的考量，主动权都不在自己手里，其包括了五个内容，即法律制裁、受人尊敬、他人认同、不被处罚、有奖励。第二类是自律性的，即“会给自己带来好处”，这是通过“利他——遵守规范——利己”实现的，这一选择的主动权在自己。当然，这种选择也是出于间接利害关系考虑的工具理性。

在上述区分的基础上，遵奉社会规范之驱动力中居第一位即“完全同意”与“同意”都是他律性的，“怕受法律制裁”占56.8%，“为受大家尊敬”占3.6%。当然，作为自律性的“会给自己带来便利”在“完全同意”和“同意”中居第二位，但由于这是一个出于工具理性的自律，极易因为受到社会风气与社会生态小环境乃至个人情绪的影响而发生变异。

另一组交叉分析（见表4—16）即通过对不同年龄段——主要是高中生与小学生的对比发现：第一，对于遵奉规范希望得到他人认同、尊敬的比例与年龄成反比，比如希望“得到他人认同、尊敬”的肯定比例，高中生要比小学生低五个百分点；高度希望“受人尊敬”的比例，高中生仅为28.1%，小学生则为38.1%，两者相差十个百分点。第二，对于遵奉规范出于直接的利害关系考虑的认同率则与年龄成正比。比如，为了“不受法律制裁”，高中生高达86.5%，而小学生仅为72.2%；为了不受处罚的则相差更明显，高中生为54.8%，小学生仅为31.1%；而为了“受奖励”的比例中，高中生为28%，小学生为18.4%。

表4—16　　不同年龄青少年社会规范遵奉态度的比较（%）

认同原因 / 程度 / 年龄	怕受法律制裁		为受大家尊敬		会给自己带来便利		会得到他人认同		为不受处罚		因为有奖励	
	完全同意	同意	完全同意	同意	完全同意	同意	完全同意	同意	完全同意	同意	完全同意	同意
高中生	55.5	31.0	28.1	37.2	45.3	34.7	19.2	26.5	22.3	32.5	13.5	14.5
小学生	50.7	21.5	38.1	25.0	49.7	21.1	25.0	24.9	15.6	15.5	8.8	9.6

这就说明，随着年龄的增长，青少年的行为正由传统的学习、情感性的模仿走向自我判断性的工具理性的选择，他们对社会规

范包括公共伦理规范的遵奉取向正趋于利益取向，我们的教育目标首先是将他律性的直接利害取向导向自律性的间接利益取向，并在帮助他们认识工具理性的利益取向的局限性、功利性特点的基础上，将其引向更高理性层次的价值取向。

（二）“走捷径”“搭便车”获利心态的负面效应

无论从理论还是社会实践角度来说，“走捷径”“搭便车”的获利行为，都是对他人利益的侵犯，而且首先侵犯的多数是公共利益，因为相对而言，万一被人发现，这种侵犯的成本较低，所以说这种行为的发生将侵蚀人的公共意识与公共理性，一再发生则将严重消解公共伦理的一系列规范，并可能使一切公共领域、公共规范形同虚设。由此，以下数据反映的情况，亟待社会各界高度关注，同时这些数据也从深层次上体现了当代国民包括青少年公共伦理素质缺陷的成因。

1. 对走捷径“原则”的高认同度

调查显示，第一，对“如果生活不时常走捷径，就很难超过别人”表示同意、两可（实为说不清）和不同意的比例大致是4∶3∶3，这实为一项颇为惊人的数据。第二，对上述观点表示同意的比例，与年龄成正比，高中生要比初中生、小学生高出五到六个百分点；表示不同意的比例则与年龄成反比，高中生要比小学生、初中生低二至五个百分点。

2. 对明显违规行为的认同率与年龄成正比

对出于工具理性之功利性的过度追求，必然导致从“原则”到行为的严重反伦理、反规范倾向，以下的数据显示无论在大事还是小事上，青少年对明显违规行为的认同率与年龄成正比。社会教育、公共伦理教育的捉襟见肘和软弱无力在这些数据面前暴露无遗。

(1)在无人管理的场景下乱闯红灯

在回答"在没有电子眼的路口遇到红灯,前方无车辆就可直接通过"的问题时,表示"非常不同意"的比例从小学生、初中生到高中生依次为63.1%、51.8%、42.4%,说不清的比例则依次为12.6%、14.3%、16.1%,职校生则达到28.7%。

(2)对违规发财的谅解

如果说上述的"闯红灯"实属小事、小节,那么对于"只要能发财致富,做点违反制度和规章的事情也可以谅解"这样的大事、大节,表示坚决地"非常不同意"的比例也是与年龄成反比的,即小学生为62.5%,初中生为56.1%,高中生就只有43.7%,"说不清"的比例也平均达到15%,而职校生比例最高,为27.8%,高中生其次,比例为14.4%。

以上关于青少年公共伦理素质状况及其成因的分析,充分说明在现代社会中随着社会公共伦理生活空间的日益扩大,我们日常社会生活教育与学校德育中相应公共伦理教育包括公民意识教育缺失,所造成的问题正日趋暴露出来。只有尽早弥补这些缺失,我们的现代化进程与和谐社会建设才能有可靠的保障。当然,对缺失的弥补,还有不少问题要进一步思考,实现的路径也需进一步探讨,这将在以后各章中逐步展开。

第五章 现代社会发展与国民素质准备

按照现代化的理论，社会的现代化归根到底是人的现代化，是人类文化传承与相应人格的现代转型问题。具体到一个国家、一个民族，实际上也就是国民素质的现代化问题。而国民素质的现代化当然就要从青少年抓起，通过一代又一代的现代素质的培育养成，实现国民素质的现代化，从而有可能完成一个国家、一个民族乃至人类的现代化进程。

第五章　现代社会发展与国民素质准备

第一节　社会发展:以人为基础的整体视角

两个人以上才能构成一个小社会,整个人类则构成大社会。由此可以说,人的存在决定了社会的存在,人的发展决定了社会的发展。当然,人性包含着物性与理性,人的发展在相当程度上受制于自身的基因与文化传承,同时,人的发展在相当程度上也受制于物质生态环境与文化生态环境。鉴于人性的发展与提升,除了自身的相对十分稳定的物质因素(如基因)外,主要是其理性的发展与提升。由此,笔者以为,人类整体理性的发展与提升决定着社会的发展,不过人性的理性发展与提升又要受制于物质文明与文化生态环境。这样,以人的发展为基础,物质发展、文化生态、人的素质与社会的发展呈现出一种多维互动的相关性,这种相关性结构可用图 5—1 来表述,以下略作阐释。

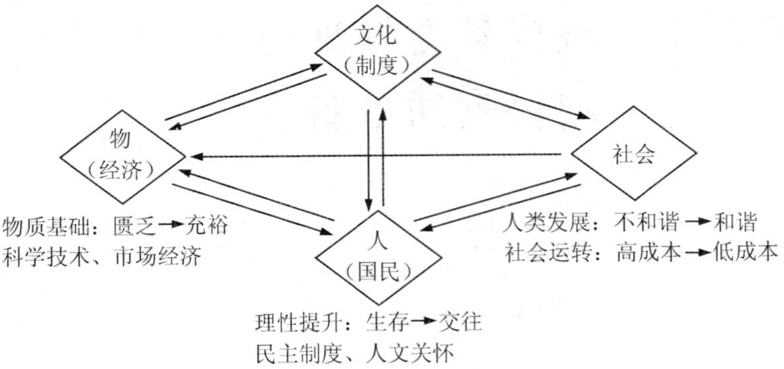

图 5—1　人类发展：物、人、文化与社会的多维互动

一、社会发展与物质基础

（一）物质生产水平与社会发展阶段

按照日本学者尾关周二的观点，人类社会要经历权威社会、竞争社会和共生社会三个发展阶段①，其实这三个社会也是人类物质生产水平完全不同的三个阶段。从根本上说，是不同的物质生活水平决定了社会发展的不同阶段。

权威社会是与农耕的物质生产水平相适应的社会。这实际上是由于物质的增长与人口的增长不时脱节，为了使有限的物资得到较为公平的分配——当然这是有等级的自上而下的分配，必须有一个绝对的权威来主持这种分配。但是由于人性和制度的局限，往往这种极其有限的、明显不平等的等级性分配也不能维持，特别是由于生产力低下、认知水平有限，人类抵御天灾人祸（包括决策错误）的能力极为有限，以致人与人、利益集团与利益集团之间的争斗难以平息。人类为了生存，却又将自己一次又一次地推

① 尾关周二：《共生的理想》，卞崇道、刘荣、周秀静译，115～137 页，北京，中央编译出版社，1996。

入争斗之中，每一个人、每一个家族、每一个民族都在一场场的浩劫中苦苦求生。人们祈盼着神明的威权统治，然而又一次次地由于人性与制度的缺陷，由于物质基础的脆弱，梦想、希望一次次地破灭，人类挣扎在自身缺陷的深渊之中。人们往往只能在宗教性的理想家园中寻求安慰与归宿。

竞争社会是一个与现代工业社会的物质生产水平相适应的社会。尽管现代社会的三大支柱——科学技术、市场经济和民主政治支撑起了一个与农业社会相比迥然不同的社会。在这个社会里科学技术的发展使人类的物质生产水平达到了前所未有的高度，市场经济作为一种能够充分开发自然资源的制度，使得物质资源的合理配置和利用也达到了一个新的高度，而民主制度也在一定程度上使传统的权威统治向民主治理发展，使社会经济制度的决策有可能实现从自上而下转为自下而上或两者的优化组合，以提高决策的科学性，保证决策更有利于广大民众。但是，正如哈贝马斯和埃德加·莫兰等学者指出的那样，工业现代化只是准现代化或是未完成的现代化，其中存在着很大的弊端。因此，黄万盛先生更全面地分析、批判了三大支柱的非人文倾向，即由于人性的缺陷与制度的有限合理性，科学主义、物质主义与极端个人主义极可能在人类社会物质基础高度发展的情况下，将人类社会引至万劫不复的自我毁灭的陷阱。[①] 如何摆脱危机，走出误区，许多研究者的答案是：建设一个共生共荣的社会。在中国的语境中大致也可以说就是建设一个和谐社会。

所谓共生社会，就是控制科学技术，使人与自然共生共荣；完善市场经济制度，使人与人、民族与民族、国家与国家共生共赢；推进民主政治制度，使社会经济利益真正公正地得到分配，能真正惠

---

① 黄万盛：《建构世界共同体·编者手记》，282 页，南京，江苏教育出版社，2006。

及人类的所有群体，从而使人类真正进入一个“人的科学的时代”①。

由这一立场出发，笔者以为工业社会或竞争社会的物质生产水平是以量为评估标准的，而后工业社会或共生社会的物质生产水平注重的是质的评估标准，这个标准的主要内涵或内核是人文的标准，是以人为本的标准。

(二)物质生产水平影响社会发展的特点

这里特别要指出的是，物质基础——人类物质生产水平对于社会发展作用的特点大致呈现出基础性与间接性两个方面。

所谓基础性，是指人类物质生产水平的提升在相当程度上决定着或提供着人类社会发展的可能性，没有物质基础的社会，其发展只能是一种乌托邦式的幻想，只能是画饼充饥式的空想主义。

所谓间接性，是指人类的物质生产水平所起的社会发展的基础性作用，总是要通过人——国民及其素质水平，并通过与人的素质水平相适应的文化制度来影响社会发展的进程。特别是当人或对自我人性的认识失当，或在物质主义引诱下物性失控，那么这个物质基础对社会发展的影响可能走向反面。可以说，这时的物质生产已经走向了社会发展的反面或者说走向了人类愿望的反面。

二、社会发展与人的素质

人类的历史已经或正在说明：人类社会的发展往往决定于人自身，决定于人的理性水平；同样，一个国家、一个民族的生存发展，也往往取决于国民的素质与国民的理性水平。在现代化的进程中，素质与理性水平主要倚重于整体性的水平，这是因为现代化

① 埃德加·莫兰：《迷失的范式：人性研究》，陈一壮译，2页，北京，北京大学出版社，1999。

的进程，使人类的公共空间空前拓展，一个国家、一个民族乃至全人类的素质与理性唯有整体性的提升，一个全球村的社会公共规范与社会公共秩序的建立才有可能，现代化的实现才有可能。

人的理性分为生存理性、工具理性与人文价值理性三大部分，这是一个与人类物质生产水平与生存方式呈互动状态的、不同层次与水平的理性。这些不同层次的理性水平往往影响或制约着人类社会的发展。更具体地说，在人类社会的某个国家或民族中，具有以上三类理性的人口比例的不同往往影响、制约着人类或某个国家、民族之社会发展的水平。

就国家与民族的范围来看，由于物资的匮乏，绝大多数人在律法的威权治理下，社会秩序可以得到相对的稳定，社会风气表面上也会较好。但在这种以他律为主的生存状态下，一遇天灾人祸，这种稳定和秩序就极易发生变故。其实，这种一潭死水式的稳定和秩序极易养成人的依附性性格，使民族极其缺乏创造与创新能力，从一段历史发展时期来看，对于社会经济和科学技术的发展并无积极的推动力。

由于人类工具理性的发育和提升，至少从两个方面推动了社会的发展。首先是技术和经济理性的发育和提升，极大地促进、激发了人的潜力和创造性，出于功利的目的，科学技术空前发展，物质资源得到最优化的配置。其次，契约、交往理性的发育与提升，人们往往通过协商、退让、互利、共赢的途径来获取自己应得的利益，维护应有的权利，社会的运转成本大为降低，进而使社会能够稳定、有序、高效地运行，使社会资源得到更充分、更公正的运用。

在这样的社会生存状态下，人们的独立人格得以发育和确立，从而使人的创造力进一步得到开发，进而产生更强劲的生产力。

不过，由于工具理性的基本立足点是功利性的，人的物性往往在功利的诱惑下极度膨胀,这就极可能在人类物质生产水平与技术能力得到极大提高的同时,由于缺乏人本的立足点而使人走进误区乃至走上歧路,从而给人类造成极大的危害。

幸亏人类在每一个历史时期,总有那么一些占总人口比例不多但能代表社会良知、具有较高理性的智者、贤者坚持人文价值,孜孜不倦地传播人类文明的结晶,提升生存理性,警惕工具理性,不忘人本追求和人文关怀。尽管人类社会之中的这些智者与贤者在一定程度上代表了人类社会的发展方向,但是对于人类的大多数物性未脱者来说,不仅不可能立马都成为智者和贤者,甚至还不能成为一个独立自治的公民。由此,人类大同世界与理想社会的实现,在目前还只能是一个方向,尚不可能成为普遍的现实。这也应是社会主义初级阶段长期性的重要原因所在。

由于不同国家、不同地区、不同人群的物质基础发展的不同,我们目前最多提倡的应当是现代公共伦理生活中的人文公共理性的发育和提升。从立足功利的、他律的公共理性向立足人本的、自律的公共理性的发展,以建立一个以人为本的、以自治协商为制度追求的和谐社会,或者说建设一个社会经济利益得到公正公平分配、人人有幸福感的小康社会。

三、社会发展与文化自觉

社会的发展与文化有着密切的关联,具体来说,这些关联表现在文化自身的绵延性、文化与社会的互动性以及文化自觉对社会持续发展的决定性意义上。把握文化准备对于现代社会发展的关系,主要是在认识绵延性、互动性的基础上,提升文化自觉性,从而为培育、养成21世纪的新公民认清方向与准确定位。

(一)社会发展与文化绵延

文化绵延性是许多哲学家和社会学家如帕格森、布罗代尔、海德格尔等十分关注的问题。这个绵延性主要源自于一个特定的时间概念，即“文化——心态”时间，这是不同于自然意义上的客观时间的、政治文化意义上的主观时间，这一“时间”具有长期绵延的特性，是人类社会内在的、心灵的时间，包含着人的心态结构，并同文化传承、文化经验的承袭密切相关，也和人性的基因遗传、文化遗传与实际社会经验不断结合、积淀。正是这种文化绵延性使得朝代可以更替，国家可以分合，但社会却可以维持、运转乃至持续发展。

（二）社会与文化的互动

社会与文化的互动往往存在着两种状态，一是先进文化与进步、可持续发展社会的互动，一是落后文化与黑暗、愚昧社会的互动。当然，进步社会中也会有落后文化的存在，黑暗社会中也会有进步文化的存在，关键之处在于不占主流、主导地位。

先进文化主导下的可持续发展社会，与其高度的物质生产水平相映生辉，使社会低成本运转，使人的理性水平得到提升，使人的生活质量不断提高，反之，落后、腐朽文化主导下的黑暗社会，即使有较高的物质水平，也将使人们生活在享乐主义之中，使人物欲膨胀、道德沦丧，乃至社会崩溃，最终会使人们回归“丛林”，遭受灭顶之灾。

人类历史的发展轨迹似乎一次次地印证着以上的假设，文化的堕落、理性的衰退，导致了人类文明的衰败，人们被一次次地推进深渊。

（三）文化自觉与社会发展

为保证社会的持续发展，即为现代社会完善建设做文化准备，其最核心的内容应是实现文化自觉。

文化自觉是著名社会学家、人类学家费孝通先生于20世纪末提出的重要学术命题，他这样解释这一命题：文化自觉只是指生活在一定文化中的人对其文化有“自知之明”，明白它的来历、形成过程所具有的特色和它发展的趋向，不带任何“文化回归”的意思，不是要复旧，同时也不主张“全盘西化”或“坚守传统”。自知之明是为了加强对文化转型的自主能力，取得决定适应新环境、新时代文化选择时的自主地位。[①]

笔者认为，费孝通先生提出文化自觉命题的重要目的之一，就是在对多元文化进行自觉的梳理和把握的基础上，站在21世纪的世界性的高度上，造就“在21世纪的世界里生活的人”，为新一代“准备一个能适应21世纪人类生活的脑筋”[②]。

费孝通先生的理论无疑指明了我们为建设现代社会造就新一代进行文化准备的方向。

笔者认为，文化自觉应当包括继承与吸纳，而且继承与吸纳也是有选择的：一方面要继承和吸纳中西文化的精华，另一方面则要梳理、批判、剔除中西文化中的糟粕。具体到社会发展上就要剔除不利于社会和谐的落后文化，如臣民文化、流氓文化、痞子文化、黑社会文化等体现人性中物性与低层次的个人生存理性的落后文化，就要继承和吸纳有利于社会和谐的先进文化，如契约文化、法治文化等体现了人性中交往理性与公共理性的先进文化。

就人类个体而言，其成长的历程具有零和性与可塑性。所谓零和性是指当人生下来的时候，其实是一个胚胎，从出生到发育成熟要近二十个年头。就文化的传承而言，每一个胚胎的降生都要从零开始。正是因为人的这一成长特性也就决定了其可塑性，先进文化抑或落后文化能否对新一代产生影响，孩子无法选择，但成

① 费孝通：《费孝通论文化与文化自觉》，178页，北京，群言出版社，2007。
② 费孝通：《费孝通论文化与文化自觉》，81页，北京，群言出版社，2007。

人社会——家长、老师、传媒、社区却可以选择。有了文化自觉，承担着养育孩子这一重大责任的成人社会理当做出正确的选择与尽责的努力。

著名生物哲学家理查德·利基曾指出：文化是人类对共生共荣的一种适应，幼儿及青少年期的不寻常的成长形式使这种适应成为可能。[①]

"共生共荣"也就是公共理性，如何使公共理性的养成从可能变为现实，这是成人社会不可推卸的责任，更应是当代青少年教育的明确定位。

第二节　现代国民素质：个人准备和社会应对

解思忠先生曾经指出："形成着的现代人创造形成着的现代社会，这才是现代文化进程的实质。"[②]这就是说现代社会的发展与现代人格的培育两者应是一种互动关系。当然这种良性互动有两个重要前提，这就是基本物质条件的具备与社会政治诉求的明确，在这两个前提条件真正具备的情况下，良性互动才是可能的。不过，这种良性互动，也不是自然而然地产生发展的，这种互动应当和社会养成教育与个人自我教育相伴相生。社会政治诉求与人格教育取向的互动关系大致可见图 5—2，本节主要围绕该图展开阐释与分析。

---

① 理查德·利基：《人类的起因》，吴汝康译，35 页，上海，上海科技出版社，1995。
② 解思忠：《中国国民素质危机》，5～6 页，北京，中国长安出版，2004。

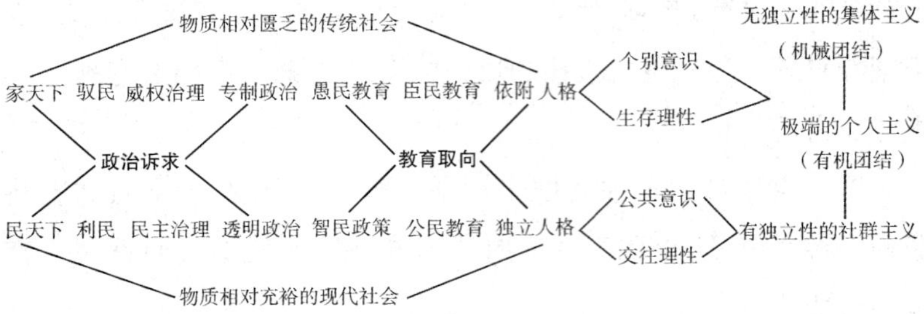

图 5—2　不同社会政治诉求与相应的国民教育取向

一、社会政治诉求决定人格教育取向

传统社会与现代社会由于受物质生产水平、生产方式的限制，社会政治的诉求有着很大的差异。随着物质生活水平与生产方式的演进，人类文明也有了长足的进步，物质文明、政治文明与精神文明相互良性互动，社会的发展与人的发展相辅相成，将人类社会不断推向更高的文明形态。

中国的传统社会是一个"普天之下，莫非王土"的专制社会，国土是皇土，臣民是皇帝的仆人，皇帝是这个大家园的至高无上的家长，效忠于皇帝就是效忠于国家，家、国是一回事，一切权力、一切物质的支配归天子。这种专制制度下的威权治理，普通的民众只可"使由之，不可使知之"，皇上（包括代表皇权的地方官吏）说什么便是什么。对老百姓的"教育"就是服从于威权统治，对多级官吏的教育就是"精忠报国"，皇帝便是"国"，替皇帝效力的核心是如何更好地驭民、防民。这种专制制度不提倡培养人的独立人格，只希望通过各种手段培养出只具依附人格的臣民，使得这些臣民只懂得唯有依附于皇权及其代表者，才能获得恩赐，以图个人基本生存与有限发展。这种依附性人格也保证了皇权的绝对统治，以及等级分明的社会稳定与运转。由此可见，传统社会出于"家天下"的驭民政治诉求注重培养的是人的“臣民素质”，在这样的诉求下现代国民素质与人格的培养根本无从谈起。如果这种诉求成为一种经数千年传统社会积淀下来的“臣民文化”的话，那么，我们对其在当今社会文化如电视剧、电影以及种种娱乐电子游戏中时不时地得到展现也就不奇怪了，也更能了解我们进行公民意识教育与国民独立人格培养的重要性和艰巨性。

辛亥革命一声炮响，宣告了统治中国几千年的君主专制制度的结束。中国打开了现代社会的大门，从理论上说，也应该开始了培育现代人的社会工程，这在中华民族的发展史上是一项空前绝后的系统工程。民众既然是国家的主人，社会的政治诉求无疑就应是利民——为全体民众谋利，这就决定了治理方式的民主性和治理政策的透明性，对国民的教育重点则理应是如何有序参与治理，如何实现有效的对国家管理者的监督，对各项管理工作绩效的考核，对多级管理人员工作的评判。这里最核心的国民人格绝非个人主义或那种自顾自、特立独行的意识与行为。现代社会的独立人格的主要品质是公共意识与交往理性，这就要从现代社会中人与人的关系说起：在现代社会，公共空间极大地发展，在这个公共空间中，承认每一个人都是一个独立的、有自身利益的个体，他们的相互关系只能是互利互惠的关系，在互利互惠的关系中每个人的自身利益才有可能实现，否则就可能是一种互损互害的恶性关系，因为对公共利益的损害也就是对个人利益的损害，人人都去损害公共利益，于是“皮之不存，毛将焉附”，个人利益也就无所附着了。正是在这个意义上，现代社会的独立人格的养成，其主要内容是社会公共意识的明确和人际交往理性的提升。正是在这个基础上，共生共荣、互利共赢的良性社会运行才是可能的，现代社会的可持续发展才有保障。可惜的是，近百年来，由于国内外各种政治、经济因素的干扰,国民素质的教育和提升时断时续,时进时退,这个培养现代人的社会大工程,还有很多艰苦的工作要做。

二、现代人格转型:个人的准备

现代国民素质提升的核心内容无疑应是公民素质,这在经历数千年传统社会的中国更应是重中之重,也是难中之难。笔者认为,现阶段的公民素质提升的教育或曰公民教育,除了一些知识性的教育外,最为关键的当属独立人格的培养,这是一种品性的养成,也可以说是一种理性的提升。要实现这种品性的养成和理性的提升,首先应该将依附性人格与独立性人格从人性的角度作些许区别与分析(见图5—3)。

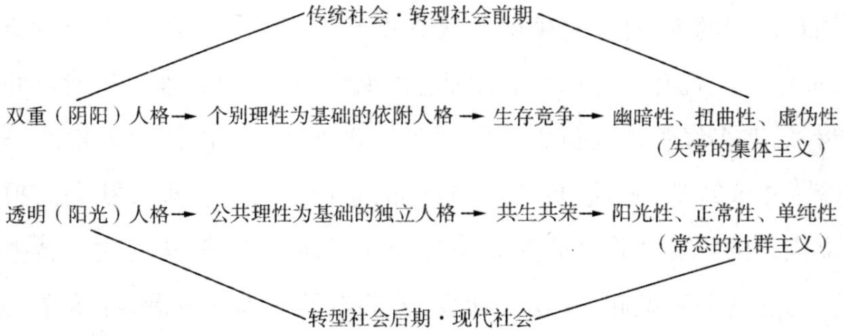

图5—3 不同人格的区分与生成背景

社会的转型意味着人格的转型,传统社会与工业社会(相对于现代社会也称转型社会前期)是一个以竞争生存为标志的社会阶段,这往往易于造就依附性人格,而这种依附性人格其实极易转变为双重人格。这就是为了谋取私利,又不便于明说,于是往往说一套做一套,或是在威权统治下,总是言不由衷,以求自保。由此,双重人格成为了不少社会成员生存的必要性格,进而影响到社会风气,重则说假话以隐藏自己的私心物欲,轻则表现为虚与委蛇、见风使舵,苟且偷生。人性的幽暗、理性的遮蔽和为人行事的虚伪性,成为此类性格者的必然表现。

现代社会共生共荣、互利双赢的共同生存方式,催生着独立性人格。由于利益的透明性、政治的公开性,言论自由、思想解放等社会民主风气渐浓,民众可以在平等的基础上获取应得的利益并承担自己的义务。同时,任何的观点都可以坦陈,思想无禁区,行为有规范。这里的独立人格必然与透明人格相联系,一切皆在阳光下,人们不再需要遮遮掩掩,文过饰非。正是在这个意义上,从个人准备的角度讲,独立人格——阳光人格的养成是最重要的。如果这样的人格成为公民素质的结构性要素的话,那么,社会运转、政策执行的成本将大大降低,自然也大大有利于社会的可持续发展。

三、现代人格转型:当代青少年教育的定位

广义的社会养成教育和我们现在所说的大教育在含义上几乎无异,是指有意识地培养人,开展各种有益于人的身心发展的活动(包括知识与能力学习),组织各种有益于人了解社会、了解他人的社会交往,营造有益于人身心健康的社会环境(包括自然环境)。在这些教育者精心安排的活动、交往以及营造的各种环境中,让受教育者(以青少年为主体)逐步养成现代社会所需要的国民人格素质,承担起保证现代社会可持续发展的各种责任,在“我为人人,人人为我”的良好社会氛围中,追求个人幸福,在自我提升理性的过程中,提升个人的幸福水平。

就当代社会的发展和现实教育的不足方面来看,现阶段青少年教育的重心大致应定位在以下相互联系的三个方面。

(一)风险社会与社会教育

许多科学家、社会学家都预言人类今天已经进入了“风险社

会",社会教育的积极回应就是要对新一代的国民及时作出相应素质的培养,为人类应对风险社会做好准备。这可以说是现代社会养成教育的一个重要定位。

何谓风险社会?当今世界正处在一个迅速发展变化的过程中,而且变化的脚步越来越快,如飞机变得更大、更快、更安全;计算机从能占据整个屋子的"恐龙"变成了案头工具,功能还比原先增强了10亿倍;遗传学从对遗传的基本理解发展到能够创造新的生物体等。伴随着这些变化出现的不仅是利益,还有风险,甚至是潜在的灾难。

从理论上来说,我们无法预见高科技进步带来的负面影响。因此,新科技有其固有的风险,社会学家称之为风险社会。

生活在风险里,我们要不断地面对知识的扩充和对所得信息的好坏与否的不确定性。每作一个决定,我们都要考虑这个问题的各种不同的,甚至是相互矛盾的表现形式。在作出这个决定的过程中,我们可能会很矛盾但必须作出选择。我们不能去消除矛盾,风险社会里的公民只能去适应这种矛盾。

风险社会一词暗示了当前的一些社会问题不仅会变得很严重,而且会变化很快,我们甚至都无法预测其变化的方式。未来的国民就要在这样的社会里生活,他们需要改变这个日益复杂的世界。通过相应的养成教育,提高人们参与社会决策的能力。只有积极投入到对问题的争论中来,才能发现解决问题的方案。家庭、学校、社区都应该为青少年提供机会,使他们养成相应的素质。

一般认为,应对风险社会要具有的素质,主要是指三种能力的培养,这三种能力决定了未来的国民参与社会决策的水平,以及最终能否真正解决各类风险社会发展中出现的问题。

具体来说,三种"能力"可以通过三种认知来表示,即"是什么"

“怎么样”“为什么”。其中,后两者不仅包括说出来的知识,还包括没说出来的与价值观相联系的知识。

“是什么”,即知识本身,包含了社会发展的过程和结果。这意味着国民在适应社会的过程中也会用到一些知识的非专业方面。传统的教育体系被知识本身所统治,知识本身被认为比知识的应用更重要。知识是专家证明其科学假说的手段,也是与外行辩论的手段。但这是有局限性的,这种局限性应当被充分认识。

“怎么样”,即达到目标的手段和对事物的理解。虽然对事物的理解随着实践的增多而加深,但是对行动的反省也能够推动这种认知的发展。所以,实践与反省对于认知的发展是十分重要的。

“为什么”,即实践智慧(指在确定目标及达到目标的手段中的智慧)具有民族和政治背景,因此既不中立也不客观。实践智慧暗示了行动的选择要经过深思熟虑。实践智慧的发展要求有社会经验,这就要求让青少年参与到家庭和学校之外的社会实践中去。

以上三种能力的养成可以让每个人在风险社会里作出正确的选择并能够适应社会所发生的种种变化。但是,有能力作出个人的决定仅是国民素质养成教育的一个要求和在社会里生活的一部分要求。作为处于风险社会里的国民,我们不仅要有积极参与社会决策的能力,还要能够互相帮助,团结一致。这些能力在充满“铜臭味”的工商社会里远没有得到充分发展,只因为这个社会过分强调个人主义,而忽视了大众的需求。而在现代公共社会里,接受了社会养成教育的民众不仅能够在精神上团结起来,更能够在行动中团结起来。这也涉及公共生活与社会养成教育的关系,我们将在下文进一步阐述。

(二)公共生活与社会教育

现代公共生活的兴起与持续发展,往往依赖于国民日常生活习性的诸多变革，这种变革在很大程度上要通过相应的教育来养成、推展与实现，这就决定了当今社会教育的又一定位。

一般认为，在公共生活日益拓展的今天，国民日常生活习性的变革主要应在三个方面展开。首先，是相应社会习气的养成。从历史变迁的角度来看，无论一个共同体有没有公共传统，只要试图建立并维持共同体的历史延续性，在现代的背景条件下，就必须解决共同体的公共性问题。为此，共同体成员与共同体组织结构都必须在社会生活的演进中，练习并熟稔现代公共生活的一系列基本原则与操作概念，从而逐渐养成按照公共的方式处理共同体事务与共同体成员关系的社会习气。这些基本原则、操作概念与处理技巧的练习掌握自然离不开社会教育。

其次，相应社会心理的培育、养成。这就是说，公共生活的运转与维持还仰赖共同体成员愿意相互妥协、理性协商、互利互惠的社会心理。因此，共同体成员必须在处理成员间关系、成员与共同体的关系，以及共同体相互间关系的具体事务的漫长而琐细的过程中，逐步自觉地培育以妥协代替敌对、以理性代替冲动、以互利代替自利的心理倾向。养成这种平和妥协的社会心理就会促进共同体成员间对于"公共"的正确认知，从而造就一个有利于公共生活稳定而健康发展的社会氛围。这里的一系列理论认识与实践技能都离不开社会教育的支撑。

再次，相应国民心智的提高。一个共同体只有造就了促使共同体成员心智水平提高的社会大气候，共同体成员对于共同体的公共性才会有自觉的、理性的认识，也才足以将公共问题提升到公共理性的水平。缺乏心智上自觉的认识与普遍的主动维护，共同体的公共性就十分脆弱，就极易被共同体成员尤其是共同体领袖依据各种自利的理由摧毁。这种心智的提高在相当程度上有赖于社会教育反复的强化与有计划地推进,可以说,在以上三者中国民心智的提高是基础性的。

（三）网络生活与社会教育

在风险社会的公共生活中,对于青少年成长影响最大的莫过于网络。如何发挥网络生活在青少年养成教育中的积极作用已经成为社会的重大课题,也是笔者在本节中要重点探讨的问题。

随着网络技术的开发,世界著名学者曼纽尔·卡斯特就宣称,人类已经进入了网络社会。网络技术与信息将对经济、政治与文化发生全方位的深刻影响,这是从宏观的社会层面而言。而从微观的人的日常生活来看,随着电脑的普及,快捷的网络正成为人们现代生活的依赖工具,人们将从网上获取从物质生活到精神生活的各类信息,在网上处理从专业工作到家庭生活安排的一切事务,在网上与人聊天、讨论,在网上娱乐、游戏、看电影……几乎是无所不能。

可以说,网络技术与网络信息彻底改变了人类的生存与生活方式,这其中最大的一个变化则是人与人的交往方式的变化、人的自我认同的变化。对于青少年的成长与教育而言,“人类第一次面对一个前所未有的课题,新一代人脱离了继往开来的代际传承,脱离了观念、伦理、责任的相袭相续,他们在网络的交互影响中自我成长。”[①]由此,如果网络能提供新一代人感兴趣并有助于其健康成长的信息,那么人们就不必担忧,但如果提供的是不利于新一代人健康成长或是新一代人不感兴趣的信息,那么优良传统的绵延、文化的积累与传承就将面临严峻的考验。让网络成为人类文明传承的主渠道,应是办网人和用网人的共识,也是网络存在的理由。然

① 黄万盛:《建构世界共同体·编者手记》,282页,南京,江苏教育出版社,2006。

而,众所周知,社会是复杂的,人性是多层次的,即便是一个基本正常的网络,也有可能被不正常地使用——包括办网与用网,而在这种非常态的使用中受伤害最大的就是正在成长中的新一代人。

要使网络的运转与使用从非常态进入常态,从根本上说,要认清网络较之于其他传媒与交流工具的不同特性,这就是:

(1)日常性。今天网络已经完全融入了社会生活特别是青少年的日常生活,正在成为青少年生活的一部分。上海社会科学院2006年关于上海未成年人使用网络现状的调查发现,上海地区的中小学生里从不上网的只有3%。网络的快捷便利,必将随着电脑的进一步普及而覆盖全部人群。有朝一日,人们可能会发现没有电脑与网络,将无法工作乃至生活。这股时代的大潮任谁也改变不了。

(2)参与互动性。网络的使用可以是单向的,更可以是双向的,这就决定了网络使用的参与互动性。现今,无论家庭琐事还是国家大事,人们都可在网上发表自己的见解,见智见仁,争执、探讨,各抒己见,或抨击或褒扬,体现了相当的民主自由。只要说得在理,就能获得一片喝彩声,反之,则遭贬斥。这也就在一定程度上,推动上网人的理性思考与理性水平的提高。当然,也有可能在某些特定的情况下,由于情绪激昂导致走向极端,出现"民主暴政"。

(3)自我认识与自我教育性。在网上交流可以匿名,亦无人监管,在出现交流对话乃至行为时,往往通过他人的评价来认识自我,通过自我的评价来对自己的认识与行为进行纠正与改善,这也就是所谓的自我教育。从积极的方面看,这是一种内生的自律性较强的自我约束与完善;从消极的方面看,这种自我完善缺少必要的硬性的监督与奖惩,其成效令人担忧。但是网络毕竟为我们提供了一个培养现代公民极其需要的进行自下而上的自我教育的通道，如果我们努力优化网络使用的环境，则其积极性的发挥还是可能的。

(4)公共性。网络是一个巨大的交流平台，可以说几乎没有时空的限制，任何人、任何时空，只要掌握上网的技术和必要的语言运用能力，就可以超越国界、种族、阶层，不分时段地与任何交流者讨论任何问题。在这样的公共交流平台上，你能真正地体会到什么是地球村，可谓真正的“天涯若比邻”。不过，正因为其明显的公共性，因而要求人们有公共意识、公共理性与公共精神，而不应也不能违背作为人的基本理性、规范乃至对真善美的追求，否则，将招致他人乃至全体网民的谴责，并从此销声匿迹。正是这一点，大致可以弥补我们对于自我评价、自我教育之局限的忧虑。

由此，我们可以看到网络带有明显的双刃性，其消极性往往连着人的非理性，而积极性却连着人的理性，要发挥其积极性，抵制其消极性，显然在于提高上网者的素质和理性水平。

当我们认识了网络作为一种新的传媒交流工具所具有的其他传媒无法比拟的特性之后，那么，我们就必须转变一些观念以适应之。就使网络成为青少年养成教育的工具而言，至少有两个方面值得注意：

其一，让网络成为主流文化传承的通衢要道。受传统社会文化心态的束缚，我们总是将网络信息的传递视为旁门左道，以防堵为习惯性立场，以至于让网络为某些有经济与政治目的的集团或个人所用，将网络的文化传承权拱手让人，使网络的不良信息大行其道。为此，转变观念，就应将网络构建成为人类文明传播的通衢要道，特别是要适应网络传播的特性，肯花大气力，全面研究国内外的成功经验，进行内容与形式的大变革，使网络信息从内容到形式都适应参与者特别是青少年的兴趣与需求。当然,适应并非是无原则地迎合。

其二,正确认识日常性与理想性文化传承的统一关系。传统的教育往往侧重理想性教育而漠视日常性问题,这完全不适合网络信息传递的特性,你一味强调理想性,人家完全可以不理睬你,所以,我们要转变观念,"不求思想的统一,但求行为规范的一致",在网上不可能强求网民都有一个共同的理想或思想,但作为网络平台、网络社会,人人都应有大致相同的行为规范,这样的平台才能成为公共文化教育讨论、交流的平台。同样,日常生活中,人人都可以有七情六欲,但"己所不欲,勿施于人"则是必须遵奉的,而"存天理、灭人欲"则是伪善的。所以,做到日常性与理想性的统一,就网络而言,主要的就是将低水平的个人生存理性引向一般水平的公共生活理性而已。在这一点上,可以说,网络社会与公民社会有着共同之处,通过网络的使用与信息的交流,或许正可以弥补国民之公共理性不足,这对中国现代化目标的实现与现代国民素质的养成则是幸事。

综上所述,我们完全不必将网络视为洪水猛兽,也不要叶公好龙,错失通过网络引导当代青少年来提升国民素质的机会。关键在于,社会各界包括党政部门要狠下工夫弄清情况,把握时机,善于引导,将网络建构为真正的人类现代文明的传播渠道,而不是简单地排斥与放弃。

第六章　现代社会中公共伦理教育的依据与定位

如果说，现代社会的发展与人的现代化进程是互动的，那么中国社会的现代化进程与国民素质的现代化就是相辅相成的。而在现阶段，面对国民素质的历史缺陷，公共意识、公共伦理与公共理性的教育与提升更是当务之急。当然，这是不可能一蹴而就的，而是要通过几代人的努力才可能完成。由此，笔者将在本书的最后三章中，就公共伦理教育的现实生活基础与社会发展需求以及相应的取向展开探讨，并在梳理公共伦理教育与公民教育关系的同时，从内容与方法上归纳国内外相关教育的经验，提出开展当代中国青少年公共伦理教育的建议。

第六章　现代社会中公共伦理教育的依据与定位

第一节　公共伦理教育的依据

现实生活的演进与当代社会的发展，正呼唤着我们从传统的伦理生活走向现代的伦理生活，从革命时期的集体主义走向后革命时期的社群主义。公共生活伦理的构建与社群主义的传播将成为现代社会生活的支柱，当然也是当下社会教育的重心所在。在这一系列的传播、教育、构建中，我们当然也就不应照搬照抄不同文化背景中的知识与理论，而是应努力在中国的"地方性知识"下寻求本土化的谋划与实现路径。

一、历史长期发展的结果：独立与互依的融合

我们在前几章中已经讨论了独立人格和互依互存的人伦关系是现代公共伦理得以构建的重要基础之一，或者说是起点。其实独立的人格和互依互存的人伦关系是近现代社会长期发展的历史结果，也是现代伦理学的重要研究成果。

对此,国内外学者均有一定的分析,笔者依据詹世友先生的观点,[①]略加阐释于下。

世界近现代化的过程表现为社会与两种传统力量的分离,一是家庭逐渐失去了其扩展为社会结构的功能,同时小型社会共同体也逐渐失去其约束人们的外向关系的力量,从而促使人们的外在关系发展成为社会性的关系;二是摆脱政治国家统治力量的控制,而是要求社会的自治。在这个过程中,逐渐生发了一种独立、平等、自由的要求,认为社会自身就有一种自我组织、扩展自身秩序的功能,因而对国家的强制性统治提出了抗议。它产生了其相对于旧时代而言的具有潜在的无限扩展性的新型人伦结构秩序。

近代社会的人们变成了能够认识到自己的责任,独自决定自己的行为,有着能自我控制的自主人格的个人。正是由于从总体上说,人们基本上都成了这种独立的个体,近代市民社会才产生了。由于他们是独立的个体,他们所奉行的行为准则都是利己主义。然而,又正是因为所有人都成为这种独立的个人,所以,在他们奉行利己主义时,必须尊重他人的利己之心,否则就成为了彻底否认他人的绝对利己主义者。这种社会结构首先把所有人都还原为一个原子式的个体,实现了一种高度的抽象,使得个体有了一个独立的原点,个人站在这一原点上,充满了外向进取的意向。在由这样的个体所组成的社会中,人们之间当然有着相互依赖性和相互需要。可以想到,这种抽象的人伦结构所导致的经济形态必定是以广泛的、可以扩大到世界范围的社会分工和合作以及交换的原则为基础的经济,要把这种经济形态建立在完全排他的个人奋斗之上,那是不可想象的。

独立和相互依赖看上去是矛盾的,但确实是市民社会的现实。独立,是为了获得个人的道德主体资格,获得自由地表达自己意

---

① 詹世友:《公义与公器》,129~139页,北京,人民出版社,2006。

愿、发挥自己的创造力、争取到自己的成功的一个立足点。个体独立的目的必须在社会中才能去追求并力图得到实现。独立的个体从社会政治上说并没有等级之分，所以，每个人都是平等的（从理论上看），有同等的人格尊严。从抽象的角度言之，市民社会中的个人都是同质者。但是，个人在追求自己的目标时，靠孤立的个人奋斗显然达不到目标，他们必须共同利用社会合作的体系，这就是要相互尊重，相互依赖。这是一种社会性的相互依赖，而不只是某种小型共同体的依赖，它是以个人独立为前提的。正是这种相互依赖使得市民社会具有公共领域的特点。其主要标志就是所有人都获得了某种基本权利。权利的普遍分享性和使之得以实现的制度可能性，就是市民社会公共领域的根本特征。正如日本学者川岛武宜所指出的：在一个应该相互承认的世界，“利己心的主体把他人也作为利己心的主体，即作为与自己同样的人格而相互交涉”①，虽然只是为了自己，但是这种利己心必须以尊重他人的利己心为前提才能得到满足，他的眼界已经不是局限于自己，而是获得了一种他人意识，从他人身上发现自己，“在这里，已经不是原始的本能的单纯自我保护，即不是否认除自己以外的所有人的主体性，而是把他人也作为与自己同样的存在而加以承认，由此而意识到自己的存在，这已是一个伦理的世界。”②这个伦理世界就是公共伦理的世界，这是人类社会经济历史发展的必然结果。作为人类文明结晶的现代伦理学，在社会转型的当代中国理应成为青少年的必修课。

二、现实的迫切需要：从伦理生活到生活伦理

从传统社会的伦理生活发展到现代社会的生活伦理，这是历

①② 川岛武宜：《现代化与法》，王志安、申政武、梁涛、李旺译，35～36页，北京，中国政法大学出版社，1994。

史的必然，更是现实社会生活的迫切需要。

中国的传统社会是二分的，伦理生活其实是社会上层的道德生活，下层的平民百姓并无这样的道德生活，他们是生活在血缘、业缘的生活习俗或者至多是行业、家族的行规、家规之中。由于社会生活发展的局限性，因而造成了他们真正意义上的社会（全社会）生活伦理的缺失。中国古代的儒家伦理学说是一个典型的例证。从孔子开始，事实上就严格划分了君子与小人的界限，进而把伦理生活设定为君子的领地。孔子说：“君子务本，本立道而生。”（《论语·学而》）“君子怀德，小人怀土；君子怀刑，小人怀惠。”“君子喻于义，小人喻于利。”（《论语·说仁》）这些说法最清楚不过地表明，以孔子为始祖的儒家理论根本不具有普遍性，充其量也只是士人（读书人）以上阶层的价值理想和行为准则。孔子后学一再试图把儒家伦理传授给平民百姓，虽然依赖封建皇权的作用，确实也收到一定的成效，但是，大多数平民毕竟无法真正进入儒家伦理生活的典型境界，因为他们的生活条件在根本上就是与儒家伦理不相一致的。以致后来，儒家伦理演变到“存天理，灭人欲”的极端形式时，平民百姓也就如鲁迅所说的只会落到被吃的境地了。

当中国国民在这种状态下进入现代化进程，特别是进入全球化背景中的市场经济和网络社会后，由于现代生活伦理的价值观念和规范体系的缺乏与不足，公共伦理生活中出现的困惑与迷乱就可想而知，当代社会生活中各种“失范”——某种意义上是“无范”的存在，就是最好的注解。

为此，现代社会生活伦理之价值观念与规范体系的构建与完善就显得极为迫切。这样的生活伦理要求把人类社会生活全部纳入到伦理关系中去，并坚持以对话的形式、协商的方式来解决各种生活问题和矛盾冲突。因此，整个人类社会生活也就具备了伦理教育的性质,笔者以为这正是 21 世纪公共伦理教育的基本特征。

按照马克思的观点,人类社会生活可以归结为交往实践过程,包括人与自然的交往、人与人的交往、人与自我的交往。一切社会性的交往活动都会形成一定的交往规则,最初以习惯、风俗为形式,继而以道德、法律为形式,总之会形成一定的制度和文化。人类的交往实践活动创造了制度和文化,制度和文化又规定着人类的交往实践活动。这是一个从自发到自觉再到自由的进化过程,因此生活伦理必然包括他律、自律、自由三种样态,从而实现了制度伦理和实践伦理的统一。公共伦理教育应该是组织公民参与社会交往实践,学习并接受制度和文化规范的过程,这个过程自然包括制度强制、意志自律、精神自由这样三个层次。

随着科学技术的不断进步,人类社会的交往范围日益广泛、日益普遍、日益频繁,几乎没有什么人可以置身于这种社会互动关系之外,由此决定了人类社会的交往规则必须日趋规范和简化,即能够为越来越多的人所共同接受和遵循,于是"相互尊重""求同存异"便有可能成为生活伦理的最一般准则。这一准则的核心是在社会交往中肯定并保障每一个人的权利和价值,通过合理的社会互动促成社会生活的进步。这一准则超越了传统伦理生活中个体主义与整体主义的对立,力求达到个人利益与社会利益的统一。诚如社会学家所言:我们既不以利己主义去反对自我牺牲,也不以自我牺牲来反对利己主义。因此公共伦理教育就是要组织公民在社会交往实践过程中学会互相尊重,通过对话和协商解决各种纠纷和矛盾,以达到求同存异、取长补短、共同发展的目的。

21 世纪的生活伦理绝不会停留于一般伦理准则的泛化,而必将追求伦理精神的提升,全球性的普遍交往,无疑将会以空前的规模促进人类社会的分化和整合,从而在根本上推动人类自身的完善过程。在全球性的交往实践中,人们不仅会在文化的异质性中观照自我的价值地位,而且会在文化的一体化过程中解构和扬弃不合时宜的传统陋习,并在这种失落自我和寻觅自我的双向震荡中构建全新的伦理关系和精神品格。这亦即费孝通先生所言之"文化自觉"。因此,21 世纪的生活伦理本质上是人类生活的更新的伦理,是不断进行自我解构和自我建构的规范和准则。这样,21 世纪的公共伦理教育就是要推动人们在参与全球性交往实践的过程中,不断认识自我、改造自我、完善自我。

由此,正如有的学者指出的,"21 世纪的生活伦理要求彻底改变传统的伦理教育方式,代之以与生活伦理相适应的全新教育方式,即采用交往互动、对话协商、求同存异、自我完善的方式,换言之,21 世纪的公共伦理教育将是公民的自我教育,教育者和受教育者都将是公民自己,而不再是片面归之为上帝、领袖、导师和其他尊长的启示和教诲。"①今天,网络微博交往的出现,"80 后"一代的成长经历,似乎正在显示着这样的全新教育时代已经到来。

三、社会发展的呼唤:从集体主义到社群主义

任剑涛先生在他为《后革命时代的公共政治文化》一书所写的序言中深刻地说道:"从 20 世纪 70 年代向前后各推进 30 年,中国人的社会政治感受可以说是全然不同的。1976 年以前,中国是一个典型的、处于社会政治革命绝对正当化境地之中的国家。整个国家弥漫着理想主义、英雄主义、浪漫主义与整体主义气息……1978 年以后,中国逐渐告别了革命时代的政治狂热,进入了一个务实的现代化建设时期。革命的绝对正确被建设的需要所代替。国

---

① 窦炎国:《从生活伦理到伦理生活》,载《苏州铁道师范学院学报》,2001(3),34 页。

家的社会政治氛围渐渐由现实主义、平民主义、务实哲学与分析思维所塑造。中国进入了一个正正然的后革命时代。后革命时代的兴起，促使与后革命吻合的公共政治文化的兴起……”①

集体主义无疑就是任先生所说的革命时代的整体主义，这是一种不承认个人独立性，以集体主义代替个人性的革命理想主义。这种理想主义的价值号召在“文革”中被发挥到极致，亦即“大公无私”及“斗私批修”等等，这种道德上的虚热，往往为政治野心家用来假公济私，却难以得到个体的真正关注。当人们告别了革命时代的狂热，进入到现代化建设时期后，那种抹杀个人的集体主义也逐渐淡出了历史舞台，于是很多学者与有识之士认为，根据发达国家的教训和中国现代化建设的需要，那种极端个人主义肯定不能成为后革命时代的社会伦理取向，而只有以公共理性为核心，以“个人自由加公共利益”为精神实质的社群主义，才能适应中国现代化之需，才应成为当代中国社会的公共伦理取向。② 也就是说，用后革命时代的社群主义取代革命时代的集体主义，将成为中国公共伦理建设的新走向，并为当代社会发展提供相应的价值导向。

严格来说，社群主义是发端于西方的一种伦理精神。俞可平先生指出：社群主义的英文为 communitarianism，它的衍生词是 community，其词源是希腊语 koinonia。Community 通常翻译为“社区”“共同体”，所以有人也把 communitarianism 译为“社区主义”或“共同体主义”。又因为 communitarianism 和 communism（共产主义）的衍生词 community 和 communue 有类似的含义，所以偶尔也有人把此译为“共产主义”，还有人把它译为“社团主义”“合作主

① 任剑涛：《后革命与公共文化的兴起》，载《开放时代》，2007（2），56 页。

② 罗伯特·D·普特南、杨蓉：《繁荣的社群》，载《马克思主义与现实》，1999（3），60 页；曾盛聪：《中国现代化进程中的公民伦理》，载《浙江社会科学》，2005（2），124 页。

义"等。我们认为所有这些译法都欠妥当,较为合适的译名应是"社群主义"。[1]

社群主义是一种以共同体的公共生活为基准点,强调践行公共约束性准则的,以公共理性为核心的伦理精神,这种伦理精神正在成为世界伦理发展的新趋势。社群主义的伦理精神说到底也是一种集体主义精神,当然,这不是强调"一律""一致""一统""一令"式的"大一统"集体主义,而是一种强调"自主""自愿""自为""自律"式的"多样化"集体主义。在中国,"社群主义"是传统的"国家主义"在现代条件下的历史转型,也是以往的"集体主义"在现代条件下的人性回归与跃迁。

所谓"必须用社群主义的观点处理我们这一时代所有重大的、社会的、道德的和法律的问题"[2]正日益成为人类的共识。社群主义关注社群、社区共同体的价值联系与结合,它有着多种理想化的特征,如以个人尊严为前提的个性化特征,以人人相互关心为感情纽带的共同性特征,以友爱互助为共识的自愿性特征,以地位、权力非特殊化为原则的平等性特征,等等。可见,社群主义的伦理精神具有很大的包容性,它包含了人与人之间的感情、信仰和政治归属等关系,它力求把强调个体本位的个人主义向群体利益高于个人利益、群体利益体现个人利益的社群、社区主义提升;力求以"普遍伦理"的建立,去涵盖公共伦理的各个领域;力求摒弃把人作为一个封闭的孤立主体去理解的立场,而代之以把人作为一个具有"主体间性"的同周围世界相互关联的现实责任主体。既然社群、社区的实质在于人的集合,在于人的互动,在于人的共同生活与共同价值认同,那么社群、社区成员在共同的社会生活之中,在相互作用和相互影响之下,必会形成共同的心理趋向及行为模式,进而

---

①② 俞可平:《社群主义》,导言2页,北京,中国社会科学出版社,2005。

铸就共同的价值观念与生活方式，铸就共同的利益分享与情感体验，铸就共同的文化选择和政治参与。一句话：社群是其成员自我认同的核心，社群的关系、义务、习俗、规范和准则对成员有着决定性的意义。“个人自由加公共利益”终将成为“社群主义”伦理价值的精神实质。

“社群主义”的伦理价值在当今中国的社会发展中有着不可替代的历史作用，它在培育当代社会的文明意识中是不可或缺的。社会经济的高速发展映衬出社会文明意识的滞后，人们期盼着新的社会文明意识的增生，社群、社区除了作为人们日常生活的平台和场所以外，正逐步成为人们思想、观念、意识交流、活动、聚合的重要舞台，而社群、社区公共伦理所倡导的公共意识、平等意识、友爱意识、团结意识、互助意识、慈善意识和政府的为民意识都是社会文明意识的重要内容。

从伦理学的视域审视，“社群主义”在个人的尊严与权益遭到压制时能为其进行伦理辩护，而当个人主义趋向自私扩张性行为时又能对其进行伦理批判。“社群主义”从公共理性出发，把维护公共利益和共同体伦理秩序视为价值评判尺度，力求从公共理性的角度来说明伦理规则之源。“社群主义”伦理价值的内涵是丰富的，一方面它比传统所说的社会公德内容丰富，涵盖了当代市场经济社会“公共生活”中的一切伦理关系（如公民伦理关系，政治、经济、文化伦理关系等）；另一方面它涵盖了包括家庭伦理、邻里伦理、职业伦理等方面的“私人生活”伦理关系。“社群主义”以维护个人尊严和价值为出发点，由此采取共同行动来维护集体利益，超越了传统狭隘的以血缘、亲缘为主要内容的人际关系，推动人们走向以自愿、自主、自为为基础的更大范围的人际互动文化圈。

总之，“社群主义”必将或正在成为当代中国公共伦理建设的取向,当然也应是我们进行青少年公共伦理教育的核心内涵。

第二节　公共伦理教育的定位与落实

本节要讨论的是:在公共伦理生活充分扩展的当代中国社会里,公共伦理教育如何定位其内容?如何有效地结合本国实际加以落实?

一、公共伦理教育与公民教育

(一)两个教育的区别与关联

笔者在本书中提出的公共伦理教育与一般的公民教育的区别与相通之处在于:

其一,两者的主要区别在于其哲学立场的不同。公民教育注重的是主体性立场,公共伦理教育则更为侧重于主体间性的立场,也就是在充分肯定主体性的基础上,更强调进一步的主体间性问题,强调主体与主体之间的平等对话、协商合作、共生共荣、互动双赢。对于曾经被称为"一盘散沙"的中国社会与国民心态而言,关注主体间性的现代契约理性和交往理性及其培育,无疑更具针对性与现实性。

其二,就两者的依据而言,公民教育是从公民与公民社会的应然出发,与社会发展的实际有一定的呼应而展开进行的,总的说来是一种对理想状态的追求和一般性、普遍性的安排;公共伦理教育则侧重于日常生活的实然,从公域生活扩展的实际状况出发,针对现实问题,从经验到理论,更体现本土化与注重区域性的教育与实践。

其三,就两者的内容和目的而言,公共伦理教育是关于公共伦理生活准则、规范的认知、认同与践行，强调的是内容的重点性、对象性；公民教育是关于公民一般性知识、能力和实践的教育、训练，强调的是内容的全面性、普遍性。然而，就目的而言，这两者都是要解决国民适应现代社会公共领域生活的知识准备、伦理原则与行为取向问题，所以这两者都是相同的、相互契合补充的。

最后，特别要说明的是，本书之所以提出公共伦理教育以区别于公民教育，只是为了使人们不仅注意主体的公民素质的个别性提高，更强调现代社会主体间伦理关系的关注与协调，更注意日常生活中交往与合作理性的整体性提升。这实在是中国现代化进程中国民素质的重中之重。

（二）前者是后者的起点与基础

一般认为，公民教育包括伦理教育和权责教育两大部分。鉴于中国社会发展的现实背景，当代中国的公民教育无疑应以公共伦理教育为起点，因为对于当代中国与国民而言，要实现胡锦涛总书记在“十七”大上提出的“从各个层次、各个领域扩大公民有序政治参与”的局面，无疑要以确立公共意识、提升公共理性、构建公共精神和遵奉公共伦理为基础，并在夯实基础的前提下，不失时机地进行公民权责教育与实践，从而建设和谐的公民社会。而对于未来和谐社会的新公民——当代青少年而言，这一基础性的公共伦理教育更应及早展开，而不应再停留在部分学校的试验阶段。今天，要将公民教育——当下主要是将公共伦理教育放在基础教育、道德教育、继续教育同等甚至更重要的地位，否则我们的社会教育将进一步滞后于社会发展的需求，并将有碍于“十七”大提出的各项民主新政的落实。当然，为了教育的实效，出于公共伦理教育的实然性，恐怕也要加强调查研究，注意从本地区公共伦理生活的实际与需求出发来展开相应的教育实践。

二、公共伦理教育的三维定位

(一)对公共伦理教育的三维定位的基本认识

以下笔者综合、归纳和阐发方明刚、李治德、胡艳蓓、詹世友等学者的观点,提出对公共伦理教育空间的大致定位(见图6—1),这一定位是为了明确教育的目的,并通过对相应对象的知行教养而实现目的。

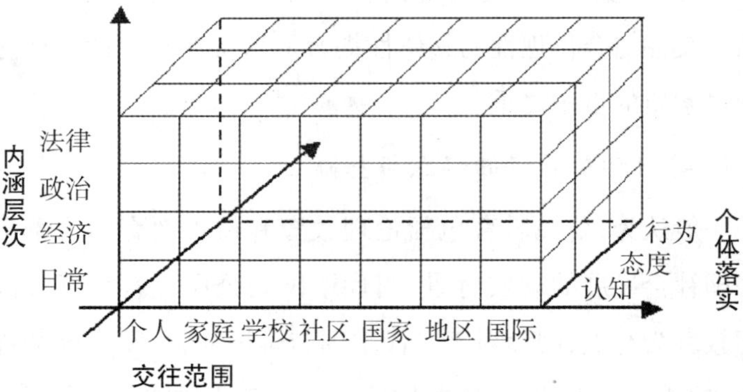

图6—1 公共伦理教育的三维空间

第一,公共伦理教育的内涵层次。

作为个体与一般"复数他者"发生联系的公共伦理生活大体可分为两类或者两个层次。首先是最一般的日常公共生活;其次是专门领域的公共生活,一般分为经济、政治与法律等层面的公共生活。

这里的一般公共生活伦理,主要是指通常所说的社会伦理与职业伦理,这是公共伦理生活和教育的基础性内容,也是保证社会稳定有序发展的根本要求。

作为专门领域的公共生活伦理则是中国现代化进程中必然出现的新领域。

现代社会的公共生活的空间越来越大,内容越来越丰富,已经成为一些需通过社会成员的积极参与而发展的专门领域。在这些生活领域中,经济、政治、法律是最重要的公共生活领域。这些生活领域的伦理准则往往用规则、守则、法则等制度的形式表达出来,在现代社会伦理规范的体系内被界定为制度伦理。

经济生活作为公共生活领域,不是指个人的或家庭的具体经济行为,比如购买与消费等等,而是指人们相互的交换活动,从事这类活动的方式和从事这类活动中发生的生活关系,概括地说,指社会中人们相互间的经济活动关系样式。这种样式关系到社会财富与福利在其成员之间的分配与转移的方式,这种利益关系往往以契约等制度的形式固定下来进而作为经济活动的规则。

政治生活是人们作为社会成员形成、确定他们的社会生活制度,并通过这种制度管理他们的社会生活的有关活动。一种社会生活制度可以是社区的、地方的或国家的,因而实际的政治生活有范围上的差别,社会生活的管理总要借助一定形式的政府组织来实现,因而政府的主旨与行为通常是政治生活中的重要内容。

法律生活是人们通过一定的组织形式以成文形式表达社会生活制度的根据与目的,表达在这种社会生活制度之下社会成员的个人权利与义务,并以一定方式保障这些成文规则的有关活动。与经济、政治生活相同,法律生活关系到每个社会成员的利益与意志,只是它以间接的成体系的、成规则的方式来体现。

第二,公共伦理教育的人际范围。

这个范围是一个由近而远、由小而大的空间范围,大致有七个层面:

一是个人层面。由于人是在社会中以个体的形式而存在的,所以在公共社会中,个人的独立性往往以个体对自身权利与义务的明确而显示,这是公共伦理生活的原点,也是相应教育的起点。

二是家庭层面。家庭既有其私密性但也有其公共的面孔或功能。作为公共伦理教育的启蒙,家庭要提高孩子的人际交往能力和民主平等意识,并通过相互尊重的家庭交往实践,培养孩子自我主体意识和自我教育能力,打好其理性提升的基础。

三是学校层面。这是孩子一生中进入的第一个公共领域,个体将在这里进行公共社会生活的亲身体验,参与多种公共社会生活和人际的交流合作,学习相应的知识和规范,确立自己的态度,培养理性分析的能力,养成自己面对各种公共生活的行为反应。同时也要学习一些将在更高层面上(如社区、地区)经常使用的公共活动的方式方法,如对话、协商等等。

四是社会层面。作为公共领域的最基层的社群层次,人们应当在此环境中以公民的身份参与公共生活,诸如参政议政、公众事务辩论、社区服务与义务履行、权利维护,个体将在这个层面的实践活动中,学习协商、对话、合作、妥协等公共行为,成为合格的现代公民。

五是地区层面。这一层面是高于社区的公共领域,是地区层面的公共活动向区、县、市和省一级的扩展,公共活动的内容与范围会发生变化,不过公共伦理规范的意识、理性与精神以及方式方法并无大的变化。

六是国家层面。这是地区层面的进一步提升,这一层面的参政议政方式和公众辩论、对话乃至竞选等方式有较大变化并且更为规范与程序化。公共伦理教育的侧重点应该是让公众掌握相应的知识和正确的态度,以及理性的行为和分析能力。

七是全球层面。这是公共伦理活动的最高层面,主要是正确认识和态度的教育问题,诸如:如何从某个国家的公民立场去认识世界上发生的各类事件,以及自身及所在家庭、学校、社区(包括社团)、地区、国家的关系,并从人类的视角进行理性的评判,认识到如何通过自己所在的公共领域层面采取行动与积极影响全球层面的事务,等等。

第三,公共伦理教育的个体落实。

公共伦理教育目标的实现,最终要落实到个体,才能在相应的社会实践中,真正培养符合要求并能与公共社会良性互动的现代国民。从认知理论的视角,这一维度至少包括认知、态度与行为能力三个层面。这里的认知、态度与行为主要就是对以上两种维度即公共伦理的内涵与范围的认知、主观接受态度和实际践行能力。根据当代中国社会的公共领域的现状,认知应无碍,但接受态度特别是践行能力则会有一定的影响。但公共伦理教育作为一种必然的现代化进程,则是无碍且无疑的。

(二)公共伦理教育的基本对策

1. 对于公共伦理的认知教育

根据笔者对大量实证研究的分析①,当代青少年对公共伦理内涵的把握存在很大的缺陷,“知之有限,知之有误”局面的扭转刻不容缓,家庭、学校、社区特别是国家的重视以及相应知识的传授、社会实践机会的提供应从蜻蜓点水乃至表面文章的层面走向更全面、更实际的长远规划与系统培育。从国家利益的层面看,这已经是涉及我们的社会能否可持续发展、长治久安,我们的国民能否立足于世界之林的问题了。

2. 对于公共伦理的正确态度的培养

公共伦理的教育不仅在于知,更在于行,知行之间还有一个重要而关键的结合点或中介点,这就是知者对已知的公共伦理的主

---

① 参阅本书第四章相关内容。

观认同态度，这种态度当然也是分层次的，比如，他人灌输与自身需求、被动接受与主动接受、环境迫使与自觉自愿，等等，这些差距是人的理性的差异和社会环境气氛的不同所造成的，所以培养正确态度的核心问题是个体的理性的提升与相应环境气氛的营造及两者的良性互动。

3. 公共伦理践行精神的培育

有了明确的认知和对所知的正确态度，就是为了加以科学的践行，作为一个过程这是需要精心培育的，从交际范围来看，公共伦理的践行，应该从家庭开始，在学校逐步展开，通过社团、社区的各种活动逐步培养相应的能力。这样的培育过程应当避免凌乱分散和随意性，应当有计划、有步骤地进行，并注重行为培养的整体性、系统性，由此才能真正培育出一代又一代新国民的现代公共伦理的践行能力。面对风险社会，我们应当像在传统社会中培养青少年的考试能力、升学能力那样去培养他们的现代公共伦理的践行能力。唯此，我们的社会才能长治久安，人类才能得以持续地发展。

第七章　公共伦理教育的国际视野与借鉴思路

公共伦理教育作为公民教育的价值性、基础性工程，与作为公民教育的目标性、归宿性追求的公民权责教育，是现代公民塑造与公民社会形成的核心内涵。近现代以来世界公民教育思想的发展、公民教育实践的演进轨迹、公民教育的发展态势以及这一教育发展的背景性因素，都体现出公民教育的这两个组成部分的紧密联系与相互衔接性，也显示出这两部分教育内容与相应社会实践的渐进性、过程性与不可替代性。

第七章　公共伦理教育的国际视野与借鉴思路

第一节　思想的形成过程与整合趋向

公民教育(当然包括公共伦理教育)的思想,在西方最早可追溯到古希腊罗马时期,不过真正意义上的公民教育只能始于近代。现今研究界一般将近现代的公民教育思潮主要区分为较有代表性的三种,即自由主义(Liberalism)的公民教育思想、共和主义(Republicanism)的公民教育思想、社群主义(Communitarianism)的公民教育思想。

一、自由主义的公民教育思想

自由主义的基本理念是:肯定个人的自主性、自由权利的优先性,重视人的平等性和政治中立,承认价值的多元性。自由主义提倡尊重人性,将个人视为道德行动的主体,认为自由是建立在人类的主体性之上的一个概念,而且它展现出个体在思索、选择、有意识的行动等能力中的独特性与重要性,而不单纯地强调个人能够不受限制地活动的程度。此外,他们还指出,基于人是一个不得被任何集体目的所任意牺牲的道德主体,在一个由正义原则引导的社会中,权利独立于任何美好的价值而存在,个人的权利不能为了普遍利益的理由而被牺牲,个人的权利具有绝对优先性,优先于任何社会责任感或促进公共利益的要求。从这一背景出发,自由主义逐步形成了有关公民教育的基本思想。从政治哲学观出发,自由主义论者认为,所有国家的教育体系,都是在向未来公民灌输政治秩序的基本概念与价值观,所以促进未来公民养成一种国家政治价值观,就是公民教育的内涵。公民教育的任务就在于使未来公民能够产生维护政治秩序与社会现状的意识,使其所作所为能够适应政治社会的行动法则,并有效支持该政治社会的稳定与持续。

自由主义的公民教育强调教育的目的是使公民能参与塑造乃至再造社会的过程,这一目标展示的是公民自治思想,其对于公民所要求的只是培育出民主社会所需的公民性格,而非指示公民什么才是正确的意见,也不是告诉公民哪一个途径才是最佳的选择。实际上,这种公民教育观的目的在于培育参与自由社会运作的公民能力,这些能力纯粹是形式上的,并不具有实质的内涵。

自由主义公民教育强调的重点在于公民意识的培养,而不仅仅是社会科学知识的传递。因为公民能否认同政治社群,能否对政治社群的核心原则忠诚,能否遵守政治社群所要求的规范,能否对其他公民保持尊重等等,这些才是维系政治社群存在与发展的重心。他们认为只具备知识,无法培育出公民对于整个政治社群的认同与情感,那么,这个政治社群的维系就值得忧虑。自由主义肯定每个人都有成为社会基本成员的能力,相信通过公民教育的普及,可使得每一个未来公民都准备好,有能力参与公共生活。因此,自由主义公民教育观强调国家不能以强制的教育灌输某种特殊的价值观,而强调通过公民教育的培养,使公民有能力自我管理维持社会的和平与秩序，实现自己理想的生活方式。

总之，这种公民教育观强调，公民教育并非要传递美好人生的价值，其目的在于将维系自由社会的整套公共价值、政治道德以及相关的批判能力与民主性格，教导给未来公民。换句话说，公民教育所教会学生的是如何成为自由社会的公民。

二、共和主义的公民教育思想

共和主义的政治思想建立于有共享意义和共同目标的公益政治上，为了实现公益政治，个人必须以公共利益为其行为的最高依据标准，并尽量避免和公共利益相冲突的行为发生，故个人自由需要受到限制，公众的福祉也应优先于个人私利。但这并不意味共和主义不重视个人自由，相反，共和主义不但重视个人政治的自由和自主，而且更努力地促使这种公民的自由和自主得以真正实现。共和主义的基本假设是：一个好人有足够的能力成为一个好公民，而使得一个好人成为一个好公民的先决条件是具有公民德行。公民德行及公共的精神，是每个公民都需要具备的潜在能力，这种潜力使得公民愿意服从于公益，并支持维护社群的自由，因而个人的自由才可以得到保障。共和主义认为公民的道德人格并非天生，参与的基本能力也非与生俱来，故需加以教育和训练。因此，从小就要教育其子女认识作为一个公民的意义，促使其实践公民的责任和义务，并将公利置于私利之上，以促进政治社群的公益。传统共和主义的公民教育的目的即在于此。由此，共和主义论者尤其强调公民的实践能力。公民教育应让学生能够亲自去体验、体认共同生活所需建立的规则，并让学生了解遵守规范的原因，使其产生主动遵守的动机而非依赖外力的逼迫。公民具备实践公民资格的动机和公民能力后，应主动地参与公共事务，并促进社群的公益,因此,一个社会如果想实现公众利益,便要促进其成员公民意识的养成。由此可知,共和主义不但重视公益,也特别强调达成公益所需的公民德行。因此,共和主义的公民教育是一种非常重视实践的公民观,共和主义和自由主义所强调的公民观的不同在于:对自由主义者而言,公民资格是以"地位"的观念来界定的,这种公民教育观过于强调公民的权利部分,而忽略了公民身份所蕴涵的责任,故个人可以选择完全不参与公共事务实践其公民责任的身份。对于共和主义的公民教育而言,公民权利的实践比公民权利本身更具有意义。故主动积极地参与公共领域的事务是公民资格的必要条件,若不能实践,作为一个公民身份的人便不能算是公民。因而共和主义所强调的是公民的责任,公民停止履行作为一个公民的责任的同时,其公民的身份也就停止了。总而言之,共和主义的公民教育所培养的公民,是一种通过公民德行以实践社群公益的公民。

三、社群主义的公民教育思想

社群主义论者认为,自由主义的公民教育观忽略了社群的公共生活对公民追求美好生活的意义,贬低了公民间的共同关系对个人的自我认同的重要性。自由主义所强调的中立性原则不但促使公民无视参与公共生活对个人的意义,而且忽视了社群的基本价值和内容。社群主义论者认为,公民除了是一个社群的成员,具有成员资格所赋予的权利和义务外,公民的认同和公民的德行才是公民资格所具备的最核心的意义,因为具有公民认同才使得公民的身份有意义,具有公民德行才能使公民身份得以具体实现。

社群主义的公民教育观最重要的目的在于培养对其所属政治社群能产生认同感的公民,通过公民主动的参与和实践,培育社群意识,并促进或达成政治社群的公益实现。也就是说,社群主义公民教育的意义即在于重建一种重视社群公益的公民德行。这种教育观认为,当代自由主义社会的个人就是因为缺乏这种社群所需的德行,才使得公民的社群意识渐渐消失,且让社群的公共利益沦为个人私利的附庸。所以社群主义的公民教育除了要让公民对其所属的社群产生认同感和归属感外,最重要的任务便是培养社群生活所需的公民德行——这种德行应是以公共伦理意识为基础,以期恢复日趋衰弱的社群意识及公民对责任和义务的重视。

由此观之,社群主义的公民教育观强调两个重要方面:一是一种以社群成员共同生活的环境背景为基础,以整个政治社群的公益为目标的公民教育;二是一种强调以实践为主的公民教育理念。社群主义的公民教育观,就是这种有既定的价值和目的,并且以社群公益为依据标准的公民教育,这种社群公益的意义在于强调一种重视公共伦理规范与公共精神的公民德行,即一种使公民愿意将公利置于私利之上,愿意负责守纪以维持整个政治社群公益的精神。概言之,社群主义论者认为现代公民教育应该是培养具有完整德行人格之公民的教育,使公民成为一个具有自我认同、良好社群意识的健全自律的社会成员。

四、三种公民教育思想发展的历史性与互补性

正如一切思想的发展一样,历史地分析这三种教育思想的发展的过程,我们大致可以把握其“正反合”的演进轨迹,以及其合理的历史继承性、衔接性和现实的相辅相成性,对这两个特性的分析,笔者以为俞可平与胡艳蓓的见解十分到位,其他如洪明等人也有不少灼见,这里略加阐释。

(一)鲜明的历史继承性

历史上一种思想或主义的兴起通常是针对当时社会政治经济

现状所作的反省，西方公民教育思想的形成与发展也不例外。自由主义公民教育思想的兴起就是为摆脱封建传统对人性的压抑与束缚，而倡导个人的独立与尊严。它注重每个人自我决定的能力，反对国家运用强制力限制个人心灵的自由，这是对每一个人平等尊重的表现。在政治社会变迁过程中，在民主理念、公民文化尚未成熟之际，这种思想有助于建立一个民主自由的社会。从这一点上讲，自由主义的公民教育观具有一定的进步意义。但是，自由主义的公民教育观过分强调公民的权利而忽视了公民的义务，否认维系社会共同体的公共价值观，从而造成个人主义的泛滥，成为社会失序、道德混乱的根源。共和主义的公民教育思想则是看到自由主义公民教育思想的缺陷、力图回归传统的一种表现。它强调公民的权利和责任的统一，强调公众利益高于个人私利，并注重养成公民德行以维护社群公益。这些观点在一定程度上对自由主义的公民教育观进行了修正，并提出了一些有价值的观点，为社群主义公民教育思想的兴起打下了基础。但该理论也有明显的不足之处。如果说自由主义的公民教育观过于重视个人的权利，从某些方面看，共和主义的公民教育观则过于忽略个人权利的重要性。而且，该理论所指的公共领域的范围局限于政治事务，实际上公民资格的实践范围还应包含文化、教育等相当广阔的社会生活领域。社群主义的公民教育思想是在深刻反省和批判自由主义理论，并传承共和主义某些理论的基础上而形成的。该理论强调社群的关系及社群成员认同感、归属感对个人存在的重要意义，强调公民的主动参与和实践能力，重视维护社群公益的公民德行，并以培养具有完整德行人格的公民为目标。

从现当代世界关于公民教育思想的历史性、发展性的争论中，我们不难发现，尽管在不同的历史时期，由于一定的历史条件与时代背景不同，三种公民教育思想的内涵与取向也不尽相同，但其中的尊重人的主体性，注重个人参与国家、社会政治生活的理念，为国家、为民主社会培养好的公民却是一以贯之的精神宗旨。这些教育思想以倡导人性的解放为主旋律，以尊重公民在民主社会中的自由、平等为前提条件，反对奴役人、培养盲从臣民的教育观念和教育行为，并在实施中不断对自身的理论缺陷和偏差作出修正，显示出强烈的批判性和鲜明的时代感。

（二）现实的相辅相成性

我们在前述部分中已经指出，从表面上看，社群主义是作为20世纪70年代新自由主义的对立面而出现的，然而，两者争论的最后的结果，谁也不能说谁是赢家或谁是输家，许多评论者不约而同地认为，双方都在大辩论中获得了益处，真正的赢家是整个西方的政治哲学。之所以这样，在我们看来根本原因在于，社群主义与新自由主义在实质上是互补的，或者说是相辅相成的，只是双方的侧重点和着眼点有所不同。社群主义强调社群对于自我与个人的优先性，无疑具有很大的真理性。因为任何自我确实是社会历史地形成的。正如马克思所说，人是社会关系的产物，脱离社会关系的人是抽象的人，先于社会生活的个人是超验的人，这样的人在现实社会中事实上是不存在的。从这个意义上说，应当是社群决定个人，而不是相反的个人决定社群。然而，如若一味地强调社群对个人的优先性，就极可能抹杀个性，忽视个人的主观能动作用。因为在个人与社会的关系的链条上，经常的情况是两者相互影响、相互作用。一方面，个人的自我是在这种交互作用中形成的；另一方面，社会生活也是在这种交互作用中发生的。

社群主义倡导从“权利政治”转向“公益政治”，这有其合理的意义。包括国家在内的任何政治社群有责任通过自己的积极作为，提供公共利益，从而最终增进每一个人的个人利益。比如，规定最低生活标准、提供福利保障、实行义务教育等等，这也就是我们所说的个人的积极权利。但是，国家或其他政治社群还有另一方面的责任，即通过自己的无所作为来增进个人的利益，如不干涉私人的生产经营、学术研究、思想自由、宗教自由、言论自由、结社自由、婚姻自由等等，这也就是所谓的消极权利。因此必须看到，一味强调公益政治，过分强化国家的政治职能，也包含极大的危险。

社群主义强调公益政治所潜藏的危险主要来自它关于善优先于权利的命题。这命题的逻辑意义就是，国家和其他政治社群具有两种功能：一是它有强迫个人从善的权力，二是它有强迫个人不从恶的权力，其中第一种强迫个人从善的权力优先于第二种强迫个人不从恶的权力。通俗而简单地说，就是国家等政治社群为了普遍的善可以牺牲个人利益。这里的危险性就在于，对善的理解是因人而异的，一些人认为善的东西，另一些人可能不认为是善，甚至认为是恶，反之亦然。当大权在握的政治领袖所理解的善与绝大多数公民所理解的善不一致时，这种善就是一种伪善。在这种情况下奉行“强迫从善优先于强迫不从恶”的原则，必然导致极权政治和专制独裁，这样的教训在人类历史上不胜枚举。在这点上，记住自由主义者对社群主义者的反驳和警告，对人们来说将大有益处。这种警告就是，强调普遍的善对个人权利的绝对优先性，始终存在着极权主义的危险。

一般认为，社群主义在伦理学上直接源于黑格尔关于 Moralitat(道德)与 Sittlichkeit(伦理生活)之间的区分。前一个术语指抽象或普遍的道德原则，后一个术语指对某个社群而言的特定的伦理原则。在自由主义思想中，前者是一种更高层次的德行，它与抽象的、普遍的个人概念相联系。但在黑格尔和当代的社群主义者看来,后者是更高层次的德行,因为这是达到真正的自主和自由的唯一途径。换言之,自由主义认为道德是绝对的和普遍的,而社群主义认为道德是相对的和特殊的。应当说,在这一点上社群主义的观点具有更大的真理性,正如恩格斯所说,任何道德品质总是具体的、相对的,一成不变的永恒道德是没有的。当然,说道德具有相对性,绝不是说任何道德没有普遍的意义,那样便成了道德相对主义。如果绝对强调道德的相对性,那么,任何社群就无权指责其他社群的暴行和野蛮,一个国家的宗教迫害、种族歧视和践踏人权就将是天经地义的。那样的话,联合国宪章所规定的宗旨便将是一纸空文,人类社会就难以进步。

由此观之,社群主义与新自由主义是一对由当代西方发达国家的土壤所培育出来的同胞兄弟,它们是互补的。正如桑德尔自己所说,自由主义的自由人士为私有经济辩护,而平等主义的自由人士为福利国家辩护;社群主义者则为与私有经济和福利国家相适应的公共生活辩护。社群主义是个人主义极端发达的产物,是对个人主义不足的弥补。它的价值也只有在自由主义和个人主义极端发达的前提下才得以凸显,它自己的不足也只有通过自由主义才能得以补偿。离开发达的自由主义就无法真正理解社群主义,离开自由主义谈论社群主义就会发生时代的错位,这种错位的后果很可能是危险的。这里,尾关周二教授所言之"共生的共同"与"共同的共生"应是对上述相辅相成性最简略的注解了。

第二节　实践的演进轨迹与发展态势

世界公民教育的演进与发展大致可以从观念与制度、内容与方法以及具体实施多个层面加以归纳把握。

一、观念与制度的变化

公民教育源于近代西方国家，是市场经济与大工业发展的产物，也是西方近代国家主义的产物。一般说来，公民教育与民主共和的宪政制度相伴相生。经过二百余年的发展，公民教育观念已经为世界上许多国家所接受，被视为未成年人教育的重要内容。各国在推行公民教育的过程中，有一些带有本国社会制度或历史文化传统的鲜明特性，有一些则是体现了人类文明社会所共有的价值诉求，如民主、自由、平等和爱国等。

世界公民教育的演进大体都经历了一个从观念传播到制度落实、从知识学习到行为培养的发展过程。我们以下列几个国家为个案来展开分析。

（一）法国

法国是世界上最早开展公民教育的国家。1791 年，法国颁布了第一部宪法，提出了公民教育的思想，成为现代公民教育的首创国家。作为资产阶级革命的产物，其公民教育以自由、平等、博爱等思想观念为主要内容，以培育维护国家政治制度所需要的公民。1882 年，从小学三年级开始，开设"公民训导课"，内容包括国家政治制度、法律常识、社会公德及一般的公民权利与义务等方面的初步概念。

1945 年，法国国家教育训令具体规定了两个目标：个人品质，旨在促进个人陶冶与内在规范；合格公民，旨在培养个人的社会适应性、良好职业道德和未来劳动者。20 世纪 60 年代，由于民主运动的再度高涨，尤其是"五月风暴"，法国实行新的教育改革，强调公民民主权利，形成了以民主权利与公民义务责任教育为特征的公民教育新时期，从单纯强调义务向权利与义务相结合过渡。20世纪80年代，法国重新检讨以往的公民教育，突出公民权利，从育儿学校就开设有关民主与权利的启蒙教育，培养学生的法国人精神。

1996年法国教育部出台了新的初级中学公民教育指导方针、公民教育大纲。此后，政府分阶段地采纳了这些文件。1996年9月，新的教育大纲在初中一年级开始实施，到1999年9月，初中三个年级全部依据新教学大纲进行教学，政府还决定将公民教育延伸至高中或高等教育机构。总之，法国的公民教育反映了西方现代社会最为本质的东西，体现了西方发达国家的理念特点，成为西方世界公民教育的典范。法国学校德育始终以培养公民责任感的公民教育为重点，其核心是培养现代社会公民、劳动者及具有自律性的自由人。

（二）英国

英国的公民教育在相当长一个时期里，是由民间社团作为一种知识来传播，并没有国家制度的落实，而这些知识也没有准备加以适当地运用。1867年，选举权的扩大使更多的人认识到教育的作用。公民教育也在地方教育委员会的介入下有了发展。19世纪70年代起，借助历史渗透公民教育的方式受到欢迎并推广开来。19世纪后期，有人曾编辑了“公民的生活和职责”课程，描述警察和税务员等公务员的作用，以帮助学生了解国家运转的基本知识，反映出当时公民教育的目的主要仍在于政治知识的传递。

进入20世纪，公民教育培养“好公民”的目的逐步明确起来。不过需要注意的是，在不同的历史时期，对于“好公民”的理解和要求是不同的。20世纪上半叶，官方所需的品质主要是温顺听话，强调公民对国家的忠诚与义务。1910年，教育委员会对“好公民”的定义是:具有正确的工作态度、恪守各种制度、行为无私、谦逊等。

1918 年,世界国家联盟(League of Nations Union)在英国成立,其下属的一个教育协会不久就提出将培养"世界公民"作为公民教育的一部分。1927 年,教师联合会发布了题为《英国学校和世界和平》的宣言。

1933 年,纳粹的猖獗促使教育家们在 1934 年创建了公民教育协会(AEC),它的根本宗旨是将学校教育作为加强自由民主、抵御法西斯等极权威胁的手段,该协会希望得到官方的支持。但是,政府始终没有着手管理公民教育的有关事宜。

不过,中央政府对待公民教育的态度还是随着形势的发展而逐渐发生了变化。1949 年,教育部发行了第一本针对公民教育的官方出版物《公民在成长》,但除了主张重新解释谦逊、贡献、自制、尊重个性等价值观外,它并未给教师提供多少帮助。1958—1968 年间,在教育部和学校顾问团发行的与中等教育有关的出版物中,也涉及了公民教育。但在实践上,没有教育部和皇家督学团更多强有力地支持,教师们难以将这些指南运用于课堂。

与官方形成鲜明对比的是,一些非官方组织为公民教育提供了专业支持,如社会科学教学协会(1963)、政治协会(1969)、公民基金会(1989)、莱斯特(Leicester)大学国家公民研究中心(1991)等。但是,仅有这些组织的支持不足以改变公民教育不受重视、缺乏统一指导的局面。

在国内外形势和全国教育管理逐渐集权化的推动下,公民教育的状况终于在 20 世纪的最后 10 年得到了改变。1990 年全国课程委员会颁布了《课程指导 8:公民教育》,这是继 1949 年的《公民在成长》之后第二本直接针对公民教育的官方出版物,它将公民教育作为五个交叉课程主题之一正式纳入国家课程。同年,国会下议院发布题为《鼓励公民教育》的报告，强调公民教育的重要性。公民教育终于在官方文件中找到了自己在英国学校教育中的地位。接着，新工党政府在其首份教育白皮书《优质学校》(1997)中作出加强学校中的公民教育和政治教育的决定。同年11月，国家教育与就业部部长戴维·布鲁克特宣布成立以伯纳德·科瑞克为首的公民教育与学校民主教育顾问团，目的是为学校中的公民教育提供有效的建议。1998年《科瑞克报告》出台，就公民教育的必要性、目的、内容、方法、重点等作了阐述。2000年，政府将专门的公民教育作为国家课程正式引入中小学，公民课成为国家课程体系中的一门基础学科，2002年8月起公民课在中学正式实施。至此，可以说中央政府已完全担负起对公民教育的管理，公民教育在国家正式课程中占有了重要的一席。

国家介入的同时，公民教育也开始由知识型的学习传播进入到相应行为能力的培养，好公民的内涵扩大且更为丰富。

20世纪下半叶，移民潮的涌入迅速地将英国转变为一个多元文化的社会，许多学校不得不面对来自不同文化背景的学生。1970年选举权的再次扩大，使来自不同背景的学生在年满18岁时就能成为有选举权和决定权的公民，他们的观点将影响到公共政策并进而影响到整个社会。公民教育的任务变得艰巨起来，其中包括教育学生成为英国公民，教导本土学生和移民学生尊重彼此的文化，将种族仇恨消除在萌芽状态等。“好公民”的品质扩大到在一个多人种的多元社会中正确认识自身的责任。

20世纪90年代以后，全球化使培养“世界公民”再次成为公民教育的目标之一。它要求学生了解世界，尊重多元化，愿意采取负责的行动促进世界的和平与可持续发展。而在培养学生对自己国家的责任方面，针对英国人对政治的理解水平和参与程度的下降

（突出表现为选举中投票人数的减少），特别是年轻一代对政治生活的冷漠甚至反感，公民教育的重要目标是培养学生的社会和道德责任感，发展他们参与共同活动和政治判断的能力。1998 年，公民教育与学校民主教育顾问团提交的《科瑞克报告》（The Crick report）明确地将这些品质确定为"积极的公民"所必备的品质。2000 年 9 月，英国确立新的中小学国家课程，要求公民教育课程"发展学生的德性和自主性，帮助他们成为一个公平社会中的有责任心和关爱心的公民"，"公民学科要教给学生成为合格社会成员的知识、技能、理解力，让他们在社会上——本地、本国、国际，担当起有效的角色，帮助他们成为清楚自己的权利和义务的有知识、有思想、有责任的公民；促进其精神、道德、社会和文化的发展，使之无论在校内还是校外都更加自信和富有责任感；激励学生在学校、邻里、社区和更广泛的世界发挥有益的作用；了解经济和民主体制及其价值，尊重不同的民族、宗教；培养思考问题和参与讨论问题的能力。"①可见，随着历史的进步和民主政治的发展，"好公民"的标准在变，公民教育的目的也在对"好公民"的理解中不断深入。

（三）美国

1779 年，《美国宪法》颁布实施，奠定了美国社会民主政治的基础，也成为公民教育的基础。随着美国社会的发展变革，第一本关于美国历史、政府和公民教育的教科书在 1790 年左右出版发行。早期的教科书以道德和宗教为主题，并在此基础上推崇爱国主义信仰和具有强烈献身意识的"美国精神"。在建国后的半个世纪里，学校公民教育的主要目的则强调对公民道德观念的教诲，培养儿童忠于祖国的爱国主义情感，爱国主义被尊崇为最崇高的社会

---

① 汪霞：《英国基础教育学科解析》，载《全球教育展望》，2001(1)，36 页。

美德。公民教育的内容主要强调阅读、书写能力的培养、爱国主义和美德的教学，辅之以历史和共和国政府一般原理的学习。从南北战争开始，由于移民激增、产业革命和产业的工业化，引起了社会经济的各种问题。在这种情况下，作为一个年轻的多民族的国家，为了使多个民族能够在民主原则下共同生活，因此特别注意对学生，尤其是新移民中的学龄儿童进行公民教育，旨在使他们了解美国的生活方式，贯彻民主原则。1880—1890 年间，一些教育家提出了加强"美国历史的学习"的主张，得到了美国十大教育团体的赞同。19 世纪末，许多教育家感到完全以政治为内容的公民教育失之偏颇，不符合社会发展对公民的要求。1899 年，美国历史学协会七人委员会建议在高中开设"美国史"和"公民科"。1914 年，部分高级中学把"公民科"作为独立学科开设。1916 年，全美教育协会就公民教育的内容、方式、课程设置等向全国学校提出了建立"社会科"的建议报告，该报告成为美国现代公民教育形成的标志。1918 年，美国正式建立了"社会科"，不但包括历史、公民学和政府等课程，而且还包括社会学和经济学等方面的知识，社会科的设立丰富了公民教育的内容。1922 年，美国设立"社会科全国委员会"（National Council for the Social Studies），对"社会科"展开专门研究。不久，中小学普遍开设了"社会科"和"公民科"。二战前，公民教育的主要内容包括：品格教育、爱国教育、民主原则、美国英雄和历史人物教育，还举行象征性仪式和爱国游行活动。二战期间，"社会科全国委员会"发布了三份文件来指导教师在学校进行战时公民责任教育，并帮助学生实践社区服务活动。这时，中小学生主要学习美国民主的重要历史事件、促进民主发展的人物的传记、美国史上的重要文件、民主与专制之区别、公民自由与责任等内容。

20 世纪后期，伴随着世界政治格局变化、经济转型与文化交融的日益普遍化，公民教育作用日益突出，各国对公民教育施加的影响也趋于直接、深刻。20 世纪 70 年代，美国逐渐普及公民学课程，试图以此培养合格公民。20 世纪 80 年代，美国国会通过《联邦初、中等教育法》，明确了公民教育的意义与地位，并规定各州政府资助中学开设公民教育的课程，资助公民教育教师的定期进修。与此同时，在纪念美国宪法 200 周年活动中，美国学校掀起了一股学习行政管理和民主社会准则的热潮，中小学纷纷选修法制课或公民学教育课程。20 世纪 90 年代，美国联邦政府颁布了一些旨在加强公民教育的指导性文件，如 1991 年颁布了“公民教育大纲”，1994 年颁布了《公民学与政府的国家标准》(National Standards for Civics and Government)。该标准分别对幼儿园至 4 年级、5 ~ 8 年级、9 ~ 12 年级三个阶段的“公民学与政府”的内容标准作了具体规定，据此，美国公民教育的主要内容有：政府及其职能、政治体制的基础、民主在政府中的体现、美国与世界的关系、公民在政治体制中的地位等。

然而，由于美国教育体制的分权性，国家并没有统一的公民教育目标、课程、考试或评价方法。所以，该标准并非课程大纲，而是为帮助学校培养有能力、有责任心的公民而设置的 4、8、12 年级学生“离开”学校或毕业时应掌握的知识和能力。各州根据这一标准可以自编教材，每个学区都有权制定自己的公民教育政策与规则。一般而言，小学和中学主要负责对青少年进行公民身份(citizenship)教育，有关公民身份教育的课程大都强调美国政府的结构、主要历史事件或与民主和美国文化有关的问题。通常在中学里有为期一年的正式的公民学必修课程，非正式的公民学教育则通过服务学习(service - learning)与课外活动等进行。

(四)俄罗斯

公民教育在俄罗斯的兴起与演变具有明显的时代变革印记，

而且其演进的轨迹呈现出另一种状态，即从理想化地照搬西方模式到逐步结合本国现实摸索自己的发展路径。

苏联时期，对公民的教育是通过共产主义思想政治教育、道德教育、劳动教育等多方面教育的结合来进行的，当时的教育学中一直没有专门的“公民教育”概念。对公民教育思想体系的研究和制定源自20世纪80年代末的苏联后期。当时，在戈尔巴乔夫的“人道社会主义”理论影响下的苏联教育在意识形态方面逐渐发生了变化。1990年出版的《家庭教育词典》中出现了“公民意识”词条，意为个性发展的高级阶段。苏联解体以后，随着激进民主化进程的不断深入，1993年出版的俄罗斯《教育百科全书》中首次出现了“公民教育”的词条。其主要指形成公民素质的教育，基本要素包括道德修养和法律修养，并综合体现为人的自尊感、纪律性、对他人及国家政权的尊敬和信任、完成责任的能力、爱国主义、民族主义、国际主义的情感。教育内容是伦理、政治、经济、生态及其他知识的整合。

2000年之前的时间可以说是俄罗斯公民教育建设的初期阶段。在这一阶段，俄罗斯教育部通过一系列决议和文件使公民教育在教育体系中的地位得到初步的确立，如《关于普通教育机构历史及社会学教育发展战略》《对俄罗斯联邦宪法及公民教育的研究》《关于俄罗斯联邦普通教育机构中的公民教育》等。其中《关于俄罗斯联邦普通教育机构中的公民教育》认为，公民教育成功与否在很大程度上关系到俄罗斯法治国家的建设及公民社会的形成，它将帮助克服国家危机、建立民主国家、在传统基础上发展国家精神、道德，并将公民教育列为人文教育的基本目标之一。此外，1996年的《俄罗斯联邦教育法》中规定：“培养公民意识、对劳动的需求、对他人权利和自由的尊重以及对自然、国家和家庭的热爱是任何国家教育措施所必须遵循的首要原则。"[①]这"给公民教育的发展带来了重要契机。"[②]一些公民教育官方机构和非政府组织开始创建，如许多地区设有公民教育中心，《教师报》报社等民间组织创办了"公民教育地区联合会"。这些机构、组织举办各种研讨、会议、教师培训班，同时也研究出版各种教科书、参考书，制订各种公民教育计划与活动方案。它们影响力强，与国际合作广泛，从而大大地提高了公民教育的社会地位，推动了它的发展。1999 年，根据教育部令，专门成立了国家公民教育中心，对全国的公民教育进行指导与协调。正是这种在国家推动和社会响应中，现代意义上的公民教育概念不仅在俄罗斯教育界确立起来，而且从形式到内容正逐步实现与世界性公民教育的同步。与许多国家不同的是，俄罗斯对公民教育的认同过程不只是受公民教育思潮全球化的影响，在更大程度上是俄罗斯社会转型在教育领域中的真实反映，因而有其深刻的历史和社会背景。也正因为如此，其公民教育的初期建设虽然如火如荼，但这一阶段公民教育的指导思想带有明显的激进特点。20 世纪 90 年代以来，俄罗斯民主化经历潮起潮落——初期激进的民主革命使人们将民主概念意识形态化、理想化、概念化、片面化，认为反共、瓦解苏联即意味民主，西方的政治经济体制即意味着民主，政治上的绝对放松和自由就是民主。这就造成了公民教育在兴起的初期，无论从形式到内容都一味照搬西方的教育模式，甚至在某种程度上受到西方一些政治和人权组织的左右。因此，这一阶段的公民教育，由于"迷恋于与俄罗斯政治传统相背离的西方经验和自由主义模式，而与俄罗斯人对公民

---

①② 付轶男:《俄罗斯公民教育》,载《外国教育研究》,2003(11)。

意识的理解不能达成完全一致。”①

进入21世纪的俄罗斯公民教育经过多年的摸索与实践表现得更趋于理性化。公民教育成为公认的建设民主社会与法治国家的途径,因而它更致力于通过培养合格公民解决俄罗斯所面临的两大难题“贫穷与犯罪”,所以法制教育、道德教育与政治教育在公民教育体制中并列核心位置。正因为在民主与价值观问题上人们已认识到“俄罗斯不会成为美国或英国的翻版”,所以公民教育工作者也开始反省完全模仿西方的做法,认为“只是简单地、不加批判地照搬外国公民教育的经验只能引起相反的效果,必须在兼顾国际经验与国家现实的基础上实行公民教育。”②为了使公民教育进一步走入正轨,统一标准,提高质量,公民教育标准的制定已提上了日程,其标准化方案正在讨论中。

二、内容与方法的异同

就公民教育的内容而言,从框架到类型,在总体的发展上,各国主要体现为过程与层次的不同,在方法上也呈现出因教育发展的程度不同而引发的差异。这里要指出的是:这些不同与差异主要是过程性的而非目的性的,这种过程性的不同与差异是必需的。

(一)框架与过程

为便于对公民教育概念的理解、分析和交流,在国际公民教育界有学者提出了“公民教育的连续性”框架。“公民教育的连续性”框架将公民教育的各种属性按其表现的强弱和充分与否的状态,组成一个相互关联的连续体,连续体的一端表示的是正规的或传

---

① 李庶泉、种媛:《俄罗斯社会民族与公民教育的现状》,载《外国教育研究》,2003(12)。

② 付轶男:《俄罗斯公民教育》,载《外国教育研究》,2003(11),42页;李庶泉、种媛:《俄罗斯社会民族与公民教育的现状》,载《外国教育研究》,2003(12),1页。

统的公民教育的各种典型特征，可将之称为对公民教育的“最小限度的解释”(minimal interpretation)；另一端则更注重公民教育的广泛性和包容性，是对公民教育的“最大限度的解释”(maximal interpretation)，更多地体现了现代公民教育的特征(见表7—1)。从这一架构出发，我们可以对各国公民教育的各类属性加以分解和描述，并将之置于从“最小限度的解释”到“最大限度的解释”的连续状态中加以考察，这不失为一种研究各国公民教育的较好的方法，因为它为称呼不同、课程各异的各国公民教育的相互比较提供了共同的参照。

表7—1　　公民教育的连续性框架表

最小限度解释	———	最大限度解释
表浅的	———	深厚的
排他的	———	包容的
狭义的公民教育	———	广义的公民教育
正规的	———	参与的
内容导向的	———	过程导向的
知识为本的	———	价值为本的
教诲式传递的	———	互动式解释的
实践中易于达成和测量的	———	实践中较难达成和测量的

对公民教育的“最小限度的解释”通常倡导的是狭义的公民教育(civics education)，较为注重公民教育的正规途径，要求通过正规的教育计划向学生传授有关国家的历史、地理、政体和宪制等方面的知识，注重知识为本和以教师为中心，通常以班级授课为主要形式，强调教学的教诲性，较少关注师生间的互动和发展学生的主动精神。从历史上看，“最小限度解释”的公民教育通常还与等级观念联系在一起，追求的是一种排他的或高人一等的公民教育旨

趣,将公民权赋予社会中的某些团体或某些人,而不是普通大众。由于"最小限度解释"的公民教育侧重于知识的获得和理解,这种公民教育的成功与否相应地常被认为是较易测量,通常以书面考试的方式进行。对公民教育的"最大限度的解释"被认为是追求对团体、个人的包纳和共同参与的旨趣,它突出公民教育正规和非正规途径的广泛整合,因而也被称为广义的公民教育(Citizenship education)。广义的公民教育不仅包含了狭义公民教育所注重的内容和知识要素,而且还积极鼓励对决定和运用这些要素(包括公民的权利和义务)的各种不同方式的考察和解释:其基本目标不是形成知识,而是运用知识来帮助学生理解,提高学生的参与能力;它不仅重视教学和学习的内容,而且还重视过程;既有谆谆教诲,也有平等交流;公民教育的发生既在课堂内,也在课堂外;广义的公民教育注重为学生创造讨论和交流的机会,鼓励学生以创造的态度对待生活和学习。由于广义的公民教育涵盖的内容十分广泛,既包括知识和理解,也包括价值取向、技能和态度等等,因此,对其成功与否的考评往往较为复杂与困难。

(二)类型与层次

除上述有关"公民教育的连续性"框架之外,国际社会还根据公民教育所涉及的深度和广度,分离出了公民教育的三级不同层次和类型。

"关于公民身份的教育(education ABOUT citizenship—EAC)":侧重向学生传授历史和政治方面的知识。

"通过公民身份的教育(education THROUGH citizenship—ETC)":使学生通过积极参与学校和社区活动来学习公民知识,这种学习能增强对知识的理解。

"为了公民身份的教育(education FOR citizenship—EFC)":除

包括以上两个层面外,更侧重使学生掌握将来能履行一个公民的权利和义务的内容,如知识、技能、态度、价值观和性情等,这种教育与学生的整个教育经历联系在了一起。

EAC 比较容易实施,但是每周一两个小时的课堂学习对于 EFC 的要求显然是不够的。这就要求以 EFC 的目标为努力方向,三种教育同时进行,相互补充。

从上述两个视角考察各国公民教育,就会发现,各国现有的主导性的公民教育模式并不相同,表现出发展的不平衡性。以 16 国研究①为例,东亚国家(如韩国和日本)倾向于公民教育的"最小限度解释"和"有关公民身份的教育"模式;中、南、东欧国家倾向于不同类型的混合形式;北欧、美国和新西兰则倾向于"最大限度解释"和"为了公民身份的教育"的模式。当然,这种划分是十分粗略的,且也有例外。例如,澳大利亚虽属前英国殖民地,却正向混合型乃至"最小限度解释"模式而不是"最大限度解释"模式发展。另一方面,每一个国家的公民教育模式也未必就是绝对单一的。尤其是近些年来,随着全球化进程的不断深化,各国之间开始出现了相互借鉴和相互靠拢的趋势,都试图在各种公民教育模式的相互补充中寻求最佳的途径。如东亚和中、东欧地区的公民教育正从注重正规教育转向注重鼓励学生参与,即从"有关公民身份的教育"转向"通过公民身份的教育",而上面提及的澳大利亚,其公民教育与以往相比,正向"有关公民身份的教育"转向,尤其突出对本国的历史和宪法的学习。

(三)方法与途径

传统上实行以"知识为本位"的教学方法的国家要接受以"讨

---

① 这是英国"全国教育研究基金会"(NFER)和"资格与课程局"(QCA)联合组织的对 16 个国家的跨国公民教育比较研究。这 16 个国家是英国、澳大利亚、加拿大、法国、德国、匈牙利、意大利、日本、韩国、荷兰、新西兰、新加坡、西班牙、瑞典、瑞士、美国。

论为本位”的教学方法是非常困难的。在匈牙利、日本和韩国,许多教师认为,公民教育中提出有争议的问题并进行讨论的教学方法,不适合他们的国情,因而是不能接受的。可见,公民教育不能低估教师文化的固有力量。

公民教育的教学方法可以分为两类:一是以说教和知识灌输为主,学生被动;一是以讨论、互动、参与、争论为主,学生积极主动。澳大利亚多采取后者;美国和英国学生也常常通过课外活动、服务性学习计划、团队竞争等方式进行学习。实际上,许多国家都鼓励多种方法并举,爱尔兰的“公民、社会和政治教育”课程,英国的“初中公民计划”,德国的“开放学校”计划以及澳大利亚的“探索民主”等课程都是多种方法并用。其实,不同学校和不同课堂所使用的方法也各异。绝大多数国家还是以课本作为公民教育最主要的教学资源。先进行课本的讲授,然后再让学生讨论并提出问题,这是公民教育的最常见的教学方法。

许多国家规定,公民教育的教学必须鼓励学生积极主动地参与。荷兰高中要求放弃传统的教学方法,采用新的方法进行教学。也有的国家试图把正式课程与潜在课程结合起来。瑞典要求学校必须运用民主的教学方法,师生共同决定学科的学习目标;加拿大安大略省最近重新界定课程的含义,认为“课程”包含学生在学校的所有的学习经历。许多国家积极创造机会,使学生通过主动参与学校生活来学习民主。在西班牙,学校委员会是由教师代表、父母和学生组成的,对于课程计划、财务和学生行为等问题,将由他们来决定。当前法国公立中等学校的改革旨在给学生对其所受教育有更多的发言权。在英国,人们越来越支持在每所学校设立学校和(或)班级委员会。而在澳大利亚和匈牙利,这样的委员会是很少见的。然而,应该看到,这种参与的机会只有少数学生才能获得。

三、具体实施中的差异

各国对“公民身份”的不同理解直接影响学校公民教育的实施。表7—2、表7—3对16个国家公民教育的名称、课程性质、课程形式和时间分配进行比较。这是正式课程中公民教育的情况。

表7—2　　16国小学(5～11岁)的公民教育

国家	名称	课程性质	课程形式	时间分配
英国	为了公民身份的教育	非指令性	跨学科	学校自定
澳大利亚(新南威尔士)	人类社会和环境	非指令性	综合	没具体说明
加拿大	社会研究	非指令性	综合	没具体说明
法国	探索世界的公民	指令性基础课程	分科和综合	占每周26课时中的4课时
德国	Sachunterricht(同类教育阶段中特定的提高类课程)	非指令性	综合	没具体说明
匈牙利	人类与社会	指令性基础课程	综合	占课时的4%～7%
意大利	社会科学	指令性基础课程	综合	没具体说明
日本	社会研究、生活经验和德育	指令性基础课程	分科和综合	每年175×45分钟
韩国	纪律生活和德育	指令性基础课程	分科和综合	每学年不同
荷兰	社会结构和生活技能	指令性基础课程	综合	每年80～100小时
新西兰	社会研究	指令性基础课程	综合	没具体说明

续表 7—2

国家	名称	课程性质	课程形式	时间分配
新加坡	公民和德育、自然、社会和文化	指令性基础课程	分科和综合	每周 3×30 分钟
西班牙	自然、社会和文化环境的知识	非指令性	综合	每年 170 小时
瑞典	综合生活科学	非基础课程	综合	9 年义务教育期间共 885 小时
瑞士	社会研究	非指令性课程	综合	没具体说明
美国（肯塔基州）	社会研究	指令性基础课程	综合	各州不同

表 7—3　　16 国中学（11～16 岁或 18 岁）的公民教育

国家	名称	课程性质	课程形式	时间分配
英国	公民教育（从 2000 年 9 月称“公民”）	指令性	跨学科	学校自定
澳大利亚（新南威尔士）	人类社会和环境	非指令性	综合	没具体说明
加拿大	社会研究或历史、法律、政治学和经济学	非指令性	综合	没具体说明
法国	公民（与历史和地理有关）	指令性基础课程	分科和综合	占每周 26 课时中的 3～4 小时
德国	社会研究（与历史、地理和经济学有关）	非指令性	综合	没具体说明
匈牙利	人类与社会、社会研究、公民和经济学	指令性基础课程	综合和具体课程	占课时的 10%～14%
意大利	公民（与历史、地理有关）	指令性基础课程	分科与综合	每周 4 小时

续表 7—3

国家	名称	课程性质	课程形式	时间分配
日本	社会研究、历史、地理及公民与德育	指令性基础课程	综合和具体课程	每年 175×50 分钟(7~8 年级);每年 140×50 分钟(9 年级);每年 140×50 分钟(高中)
韩国	社会研究与德育	指令性基础课程	综合和具体课程	每学年不同
荷兰	公民和社会研究	指令性基础课程	综合	3 年 180 小时(12~15 岁);每周 2~4 小时(16~18 岁)
新西兰	社会研究	指令性基础课程	综合	没具体说明
新加坡	公民和德育	指令性基础课程	综合和具体课程	每周 2×30 分钟
西班牙	公民(与历史、地理和社会学有关)	非指令性	分科与综合	每周 3 小时
瑞典	社会科学(含历史、地理和社会研究)	非基础课程	综合	9 年义务教育期间共 885 小时
瑞士	社会研究	非指令性	综合	没具体说明
美国(肯塔基州)	社会研究(含公民和政府)	指令性基础课程	分科与综合	各州不同

通过这两表,可以看出,第一,每个国家的正式课程中都有公民教育的内容。第二,各国与公民教育相关的术语很多,称呼繁多。第三,公民教育的课程形式主要有三种,即分科、综合和跨学科。“综合”包含的学科较多,常常与社会科学和社会研究及其他学科联系在一起。“跨学科”既不是某门学科中的一部分或一个专题,也不是综合课(integrated course)中的一部分,它渗透在整个课

程和所有学科中。有些国家的公民教育的课程形式多样,小学采取综合的方法,中学更多的是设置独立的公民教育课。第四,公民教育在国家的教育计划中,有的是指令性的,有的是非指令性的,在非指令性的国家中,地区、学校和教师都有很大的自主权。然而,在这样的国家中,并不是所有的学生都能接受公民教育。第五,不同国家公民教育所使用的词汇不同,主要有:公民身份、公民、社会科学、社会研究、世界研究、社会、生活技能和道德教育等。公民教育与许多学科有关,如历史、地理、经济、法律、政治、环境研究、价值观教育、宗教研究、语言和科学。如此多的相关词汇和学科,说明了公民教育是非常宽泛和复杂的。许多国家小学阶段的公民教育的主要形式是"综合",强调儿童对与公民相关问题的整体学习。例如,法国在"探索世界"的题目下把科学、技术、历史和地理与公民教育联系在一起;匈牙利的课程分八组,其中一组称为"人类(People)与社会";西班牙则为"自然、社会、文化环境的知识"。在东南亚国家中,德育是公民教育很重要的组成部分。韩国在"纪律生活"的名义下进行公民教育,把社会研究和德育都整合进去,从时间分配上看,德育在早期教育中占有相当的分量。新加坡和日本都把德育纳入母语的学习中。在许多国家,随着年级的增长,公民教育的时间分配越来越多,重视程度也越来越高。比如,在新加坡,一年级设有"公民和德育"课,而到四年级就增加了"社会研究"。

在绝大多数国家中学课程中,公民教育也是通过"整合"的方法进行,但常常是与其他学科或内容不相干。最常用的方法是通过社会研究或社会课程进行,其中"公民"与历史和地理关系密切。例如,在匈牙利,虽然公民教育的课程称为"人类与社会",但与社会研究、公民和经济学科也有具体的联系。在日本的初中(12 ~ 15岁),社会研究分为三部分:地理、历史和公民以及一门新的综合课;在高中(16 ~ 18 岁)社会研究分为两部分:公民、地理与历史,其中“公民”又被细分为现代社会、伦理和政治、经济。在荷兰,初中的公民教育包含在“历史和公民”课程中,而到了高中则包含在“社会研究”里。在加拿大的某些省份,社会研究与历史、法律、政治学和经济学联系在一起。

许多国家高中的公民教育涉及的学科比初中要广,经济学、法律、商业和政治科学都包含在内。道德教育在东南亚国家一直是公民教育的重要组成部分。中学阶段公民教育的另一个特点是课时随年级的上升而增加,高中阶段课时最多,因为学生越来越成熟,有能力处理一些复杂、重要的问题。从各国的教育目标来看,在义务教育结束时,学生就要以一名合格的公民——守法并明确自己的政治、经济和社会的权利和义务进入成人世界。在绝大多数国家里,公民教育的范围比正式课程要广泛,它包括潜在课程、课外活动以及学生的日常生活经验。某些国家正试图把公民教育的“活动”纳入正式课程中去。日本、新加坡开发出了社区参与计划,美国学校和社区之间积极开展“服务性学习”的教育活动,英国越来越多的社区服务志愿者参与到学校公民教育中来,也有的国家强调学生对学校某些组织或班委会的参与。

四、实施中的影响因素

公民教育中的实施,在很大程度上要受到多种因素的影响,其中社会文化的影响是根本性的,政府及其教育制度的影响也是十分明显的,这种影响世界各国概莫能外。

(一)历史文化与政治经济的影响

历史文化与政治经济作为公民教育的形成与发展的宏观背景,其影响是根本性的,这主要有以下几方面的体现。

1. 历史传统的持久深刻影响

一个国家或地区的历史,特别是有关公民权利及如何在权利与义务之间达成平衡的历史,对该国家或地区对公民教育含义的理解及所采用的途径具有重要的影响,它决定了一个国家或地区对公民教育基本价值的界定,影响着公民教育的价值取向。历史传统因素给各国的公民教育所带来的差异在16国的调查中是十分明显的,如以日本、韩国和新加坡为代表的儒家文化传统背景下的公民教育和以英国、美国等为代表的西方"自由、民主"文化背景下的公民教育就存在很大的区别,前者倾向于公民教育的"最小限度解释"模式,后者则倾向于"最大限度解释"模式,几乎所有的国家,公民教育总是与历史课联系在一起也充分体现了这一点。

历史传统并不是静态的东西,它总是要随时代的发展而不断更新。历史传统,特别是其中的政治文化传统的更新,同样也会带来公民教育的变化。以西方国家为例,西方社会有关公民的权利和义务的观念是在西方社会的历史中形成和发展的,20世纪40年代后期英国社会学家马歇尔(T. H. Marshall)提出的有关公民权责的法律、政治和社会权利三个范畴曾是西方国家讨论公民教育的思想基础,而到了20世纪90年代后期,杰诺斯基(Thomas Janoski)又对马歇尔的概念进行了重新评估,提出了第四权利范畴,即参与权。目前,西方社会公民教育中,参与权也开始成为支撑公民教育的思想理念之一,这无疑是对西方传统的公民教育的进一步发展。

在东方，我们以韩国为例，韩国是一个具有深厚儒家文化传统和不断抗击异族侵略的历史的国家，儒家文化和民族精神构成了韩国公民教育的重要基石。20 世纪 60 年代以来颇具韩国特色的“国民精神教育”一直是其公民教育的核心内容，但自 20 世纪 80 年代中期以来，韩国对历史传统的弘扬与超越，已使其公民教育获得了更多的开放性和更为广阔的视野，在注重国民精神教育的同时，韩国也把培养“民主社会的公民”和“世界公民”纳入了现阶段公民教育的目标。

2. 地理位置所形成的空间张力

从历史上看，一个国家或地区所处的地理位置，与这个国家或地区的文化传统的形成具有极为密切的联系，在这个意义上，它也对公民教育产生影响，但这里主要不是从历史的而是从空间意义上去理解它的作用。一个国家或地区所处的地理位置决定了直接辐射这个国家或地区的那些区域性环境，构成了维系或改变一个国家或地区政治、经济、文化结构的外在张力，从而影响着公民教育的价值取向和实施途径。这方面的例证很多，如与美国毗邻的加拿大，尽管从历史和文化上看，它与欧洲的联系更为密切，但它却一直在淡化其被殖民的历史及与英法的联系，在包括公民教育在内的很多社会事务上，日益体现出其邻国美国对它的影响；苏联解体后，东欧国家也曾面临适应新的国际格局的问题。

3. 社会政治体制的决定性作用

社会政治是影响社会和经济活动的主要力量，对公民教育的影响十分巨大，在影响公民教育的社会政治的各种变量中，最显著的因素就是政体的类型。一般而言，集权性质的政体倾向于发挥国家在公民教育中的领导作用，较为倾向“最小限度解释”的公民教育，民主性质的政体则更多地注重社会力量的作用，强调“最大限度解释”的公民教育。当然，实际的情况远非简单地把各国政体划分为集权或民主政体就能把握其公民教育性质那么简单。在现代社会中，即使在联邦体制下，官僚制度的发展也出现了权力集中的倾向，政府对教育的控制不断强化，特别是各国在回应当代公民教育以及在诸如国家认同和社会团结的挑战方面更是如此。

4. 经济发展和全球化趋势的影响

随着世界经济的发展和全球经济时代的到来，经济一体化的格局对各国的公民教育提出了新的挑战，如何从各国具体、特殊的公民教育的传统和现实出发迎接经济一体化的挑战，成为摆在各国公民教育面前的重要课题。这一挑战在国际公民教育的实践中产生了积极的回应，在联合国教科文组织近年召开的世界公民教育大会之后，各国纷纷着手把“世界公民”的培养作为公民教育的重要方向之一。全球化的趋势已成为影响各国公民教育的重要因素。

（二）社会结构性因素的影响

社会结构性因素主要是指现实的国家政府制度和教育制度及运转方式，尽管不是根本性的影响因素，但无疑是公民教育的价值取向和实施路径的直接成因。这些影响因素大致包括：

1. 教育机构的组织和运作方式

教育如何组织？政府在教育制度中承担怎样的角色？这都是很重要的结构性因素。根据这一因素，可将前述研究中的16国大致分为A、B两组，A组是指有中央集权政府的国家，包括英国、法国、匈牙利、意大利、日本、韩国、荷兰、新西兰、新加坡、西班牙和瑞典；B组指的是联邦制的国家，包括澳大利亚、加拿大、德国、瑞士和美国。

这两组国家在公民教育的含义和途径上具有明显的不同,属于A组的国家都具有全国性的教育制度,国家通过多样化的调整途径(即反映国家、地区、地方之间的一种平衡)来施加影响和控制。由于所达成的平衡点不同,A组中各国对公民教育的影响和控制的力度也不同,在新加坡、韩国和日本,公民教育的课程是高度专门化和由中央控制的,而意大利、匈牙利和西班牙的课程在管理上则更加灵活,主要是由地方自行决定的。

属于B组的联邦制国家,国家在公民教育上具有强制力,公民教育的主要责任在地方。如加拿大、瑞士和美国还都没有形成国家对公民教育的集权化领导迹象,但澳大利亚是个例外,自1989年以来,澳大利亚教育委员会已经制定了10个全国统一的教育目标,其中的第6和第7目标都与公民教育直接有关。这是联邦制度国家中对公民教育实行国家指导(非法令性的)的唯一范例。B组中国家的公民教育是通过学校、州、地区和联邦共同体间的相互合作进行的。如美国的不少州(如肯塔基、马里兰和威斯康星等)也试图自行为美国公民教育确立国家标准和期望,这些标准和期望通常是反映在诸如社会学科、公民科、历史、地理等具体的学科中的。

2. 教育价值和目标的政府表述方式和程度

一个国家的价值和目标取向对公民教育的含义和途径具有深远的影响。根据国家所倡导的价值观在教育立法中被表述或规定的详略程度,可将上述国家大致分为三类:一是"最低程度的"一类,包括加拿大、英国、匈牙利、荷兰和美国;二是"中等程度的"一类,包括澳大利亚、新西兰、意大利和西班牙;三是"详细程度的"一类,包括日本、韩国、新加坡和瑞典等。

此外，根据公民教育是更多地强调公民权责的公共(public)方面还是私人方面(private)，可以将公民教育分为“价值明示的(values - explicit)”和“价值中立的(values - neutral)”两类，前者突出教育(学校的正规课程)和教师在公民教育中的作用，但常被指责为有强迫灌输和形成偏见的危险；后者则更加强调家庭和社会的作用，但常被指责为不能有效地帮助学生应对生活中的那些充满争议的问题。

从上述两个角度对16国作一观察就会发现，“最低程度”类的那些国家倾向于采用“价值中立”的公民教育途径，“中等程度”类的国家介于“价值中立”和“价值明示”之间，“详细程度”类的国家倾向于采用“价值明示”的途径。研究表明：“价值明示”的国家比“价值中立”的国家对什么是公民教育以及学校、教师、课程在达到公民教育目标中的作用都具有更为清晰的意识，因而能使公民教育的参与者——学校、教师、学生、家长、社会代表和公众人物都能清晰地意识到这种目标，能够为有目的地实施公民教育提供有力的规范架构，避免因无重心的四面出击而形成收效甚微的尴尬局面，对提升公民教育在学校活动中的地位也有积极的作用。“价值明示”的公民教育途径正日益显示出它自身的魅力，吸引着各国朝这一方面发展。包括在公民教育的历史传统上向来强调价值中立的英国，也在20世纪90年代末开始了这一转向。

3. 经费的筹拨和管理的方式

不同的经费筹拨方式直接关系到谁来组织以及如何组织公民教育的问题，由于各级政府相互间的关系及对教育的控制程度不同，各国教育经费的筹拨方式也不尽一致。如在日本，国家、县、市三级政府都对教育拨款，三者对教育的控制力度大致是平衡的。

在瑞典,国家政府的经费不是直拨给学校而是拨给市政府,再由市政府统筹安排。在澳大利亚,联邦政府直接拨出经费用于公民教育,并要求各州和学校积极介入。

国家对课程和评估的管理方式的不同也形成了各国对公民教育的不同要求。有些国家和地区的公民教育采用了统一的指南,有些则采用法律或条例的形式让地方或学校自行组织,还有少数国家(如法国、日本和英国)采用视察制以确保学校能够按照课程和评估的要求来做。具体来说,新加坡制定了统一的教学大纲;匈牙利制定了基本标准;西班牙制定了所要达到的目标;新西兰和澳大利亚的部分地区侧重于达到实际的效果;韩国要求教科书必须经过审定;荷兰要求学校的课程要围绕着国家的目标来组织等等。

第八章　公共伦理教育的国内视域与发展趋向

较之于国际社会，国内的公民教育或公共伦理教育简单明了得多，主要是发端于五四运动前后，初步预演于20世纪30年代，在沉寂了七十余年后，又于新世纪在民间悄然兴起。随着『加强公民意识教育』理念的提出，我国公民教育在各方面条件臻于成熟后，将会进入一个制度化的新时期。

第八章　公共伦理教育的国内视域与发展趋向

第一节　形成与演进的轨迹

一、公民教育意识的发端

任何国家从前现代社会向现代社会转型，核心都是推动国人从俯伏在专制统治者脚下的臣民蜕变为现代公民，并建立相应的公民权利保障制度。因此，清末民初的新文化运动很自然地围绕这个根本问题展开。

陈独秀在《青年杂志》（后名《新青年》）发刊词《敬告青年》中开宗明义："国人欲脱蒙昧时代，羞为浅化之民，则急起直追，当以科学与人权并重。"首要问题是要认识"等一人也，各有自主之权，绝无奴隶他人之权利，亦绝无以奴自处之义务……"①

人权与科学就是新文化运动的根本宗旨，后来改为民主与科学，而基本内容未变。有"自主自由之人格"的人就是现代公民。

"人有自主之权"是 19 世纪 30 年代由西方传教士传进中国

① 转引自袁伟时：《永远站在人类文明的制高点上》，载《外滩画报》，2005－09－15。

的，是自由和人权的同义词，到戊戌维新运动兴起，它已成为国人耳熟能详的常用语，它也是20世纪初启蒙高潮中梁启超反复宣扬的核心观念。辛亥革命后，陈独秀重申这个现代文明的核心观念，既是历史发展迟滞的记录，又是新的启蒙高潮贯彻始终的指导思想。

二、公民教育在20世纪30年代的预习

（一）公民课教育

据李慎之先生在他的那篇对新世纪公民教育极具启迪意义的文章《修改宪法与公民教育》中回忆："30年代我还在读初中的时候，整整三年都学过一门公民课，用的是民营的商务印书馆编的课本。虽然分量不大，但是相当扼要而明确地教给了我们什么是国家（或政府）的权力与责任，什么是个人的权利与义务，什么叫公民，他与中国人历来说的老百姓有什么区别。我们当年的教师又是个口才极好、极善于启发学生对公民权利的觉悟的人，使我印象深刻，至今难忘。说来惭愧，10年前，我曾在人大常委会法律委员会当过5年委员，也算是参加国家立法工作了，可是我所依凭的法律知识居然不过是60年前从初中学到的那一点儿东西。

我推想与我同时学过公民课的应当有几百万人，最少也应当有几十万人，但是几十年来我到处向与自己年龄相仿、教育程度差不多的人打听他受过的公民教育，回答我的却大多是一脸茫然。偶尔也还有记得的，但是对所教的内容也已大抵不复能回忆，这使我极其惊讶。大概是因为抗战开始以后，在沦陷区的学校，因为日本人实行奴化教育，已不能开公民课。在国统区的学校，因为国民党实行党化教育，公民课也多数改为党义课，教材是官定的，学生没有兴趣，因此对于公民课的印象只能更加淡薄，近于没有了。

在1957年的"鸣放"期间，只有个别人提出过要在学校设立公民课，也有人提出学苏联的榜样设立宪法课的，但是不但响应者寥寥，而且这些人很快就被打成右派分子，从那以后再也听不到这样的提议，更谈不上这样的实践了。"①

（二）公民社会建设实践

20世纪30年代前后，晏阳初、梁漱溟等一批知识分子，为提高农民素质、转变农村落后面貌，先后进行了乡村建设实验，这些实验中就包含着公民教育的内容，他们希望通过这些教育提高乡村自治自立的能力，并在此基础上建设起具有中国本土特色的公民社会。经过多年努力，这些建设都取得了一定的收效和经验。可惜的是，随着日本军国主义入侵的步步紧逼，实验不得不停止，种种成果也毁于一旦。以后尽管晏阳初在抗战的大后方也试图展开相似的实验，可是在民族存亡之际抗战压倒了一切，这些实验再也不可能有什么建树。中国社会的公民教育及其实验就此终止。

三、新世纪的公民教育与公民参与实践

（一）公民教育

自新世纪以来，公民教育受到了民间的学者和热心人士的日益关注，相关人士通过网站的交流到举办正式的论坛再到根据政府教改的政策，将公民教育课程安排进了近200家学校，作为校本课程展开实验，前后酝酿近五年，并于2005年的一个民间热心教育改革人士召开的名为"新教育实践'成都会议'"前后达到了高潮。也是在2005年前后，《南风窗》等著名传媒对中国民间的公民教育状况进行了大量报道。迄今，至少已有两本（套）有关公民教

① 李慎之：《修改宪法与公民教育》，载《改革》，1999（3），1页。

育的教材在编写和出版中,其中北京大学出版社编撰的教材最为系统并已陆续刊行。这套教材被命名为《新公民读本》,从小学到高中共计 8 本,小学版已于 2005 年 9 月进入实验学校的校本课程。以教育家朱永新、杨东平为代表的该套教材的编撰者以 24 个字概括了这套《新公民读本》的主旨:传播公民知识,培育公民意识,张扬公民权利,呼唤公民责任。

与此同时,政府对公民教育也日趋关注。2001 年,郑州大学成立了中国第一个官方性质的公民研究中心,2005 年 5 月,袁贵仁以教育部副部长的官方身份亲临郑州大学,出席郑州大学公民教育研究中心揭牌仪式。袁贵仁在公开讲演中说:"教育部研究中心一百多个,我出席揭牌仪式到今天为止没超过两个,讲话的到现在为止这是唯一一个。"为什么? 袁贵仁说:"'十六'大报告提出要建设小康社会,要求我们建立现代公民教育体系,要提高公民素质来促进社会的全面发展。如果说我们在新时期要和世界竞争的话,首先的问题是提高公民素质,我们的技术、资源,包括经费都可以从国外引进,唯一不能引进、需要靠我们自己的就是公民素质,因此加强公民素质的研究和教育是我们国家的一个重大的理论课题,也是重大的现实课题。"

2007 年 10 月,国家主席、中共中央总书记胡锦涛在中国共产党第十七次代表大会的报告中明确提出:"加强公民意识教育,树立社会主义民主法治、自由平等、公平正义理念。"[①]这一讲话,意味着公民意识教育或公共伦理教育已进入党和政府的视野,作为国民教育的重要组成部分,其制度化的进程可能会大大加速。

---

① 胡锦涛:《高举中国特色社会主义伟大旗帜 为夺取全面建设小康社会新胜利而奋斗——在中国共产党第十七次全国代表大会上的报告》,载《人民日报》,2007-10-15。

（二）公民参与实践

一些民主党派的研究机构除了开展公民教育外，也潜心进行了一些公民参与的实验活动。其中较有代表性的是致公教育研究院。从2000年到2003年，该研究院与湖北沙洋县政府暨民政局合作在沙洋群力村等十个村进行了公民教育和民主自治实验；2002年，又与北京东城区北新桥街道办事处合作，在九道弯社区开展了公民教育和社区民主实验；2004年初在北京海淀区的人大换届选举中开展推动自荐候选人参选的实验项目。这些民主实践项目通过公民教育提高公民意识，通过公民行动扩大公民参与，扩张公民社会实现社会转型，探寻着一条社会安全转型的基本路径。

如果说致公教育研究院的实验活动多少带有一点官方性质的话，那么，2003年7月，北京的知识分子们以更民间的方式，在河北定县建了一所晏阳初乡村建设学校，希望在此“培养具有独立精神和奉献精神的乡村建设工作者，让他们作为桥梁，将现代意识和科学精神引入农村。在教育中谋求农村社区判断力的提升和民生民权的改善，使人的真正价值的实现在这片土地上成为可能。”随着公民意识教育步伐的加快，类似实验的社会意义将日益彰显。

四、当代公民教育的不足

作为一项刚刚兴起或恢复的民间教育活动，公民教育与公民参与的实践，存在着种种不足与缺憾。对此，致公教育研究院院长、社会学家周鸿陵先生的相关分析颇为深刻，他说：“目前我国对公民教育的重视仍然不足。这表现在公民教育没有制度保证，许多国家一般都有官方或半官方机构定期发布公民教育纲要指导整个社会的公民教育。其次，公民教育还没有纳入基础教育和终身教育系列之中。其三，公民教育社会投入十分不足，几乎所有的公民教育资助项目都来自国外。再者,公民教育研究不足,现在公民教育研究还处于初始阶段,没有形成创新能力。"周鸿陵先生指出的问题是客观的,也是开展切实有效的公民意识教育以及推进社会主义民主政治建设所必须要解决的。

这里,我们还要补充说明的是,正如现在正进行的公民教育的实验多为国外资助一样,这些实验的思路与理念也多照搬国外现成的、一般化的东西。根据本国、本民族的不足与缺陷,进行本土化的、具有一定针对性的且与国际接轨的公民教育,同时又超越将公民教育混同于国民教育的误区——这应是当代中国公民教育的发展方向。在这方面有很多的工作要做,希望本书探讨解决的问题能成为这些工作之一。

第二节　路径依赖与先天不足

钱理群先生在一篇文章中指出:先秦的儒家思想"能够在中国未来的制度重建、文化重建、价值重建、生活重建中,作为一种可贵的重要精神资源进入中国民众的生活中,发生新的关系,那当是历史的进步,当是孔夫子之幸,中国文化之幸、中国之幸。"①

笔者亦以为先秦儒家的民主思想对于当代中国公共生活伦理与民主政治文明的建设,正是"一种可贵的重要思想资源"②,要使我们的建设"扎根在民族生活、精神的深处"③。同时,"又是和人类文明的普世传统相连接"④。为此,对于先秦儒家思想中的民主理念应当"进行深层次的承继与承担"⑤,也应明确其历史的局限与不足,从而在梳理解析中认清缺陷并弥补不足,在继承扬弃中发

---

①②③④⑤　钱理群:《孔夫子在当下中国的命运——2007 年的观察与思考之一》,载《雨花》,2008(12),38 页。

展完善。由此笔者重读2004年国内翻译出版的由郝大维与安乐哲著述的《先贤的民主——杜威、孔子与中国民主之希望》一书，并引入何爱国等学者的一些研究成果，对上述立场与观点作以下阐发。

本节所指的“路径依赖”，是指对传统的思想资源的继承与可能的转型性利用、开发，这是公共生活伦理建设本土化的重要路径。但是尽管笔者以为传统思想中有不少思想资源有可能实现现代化转型，然而对于个体公共意识——主体间性认同立场的生成，我们本土化的思想资源中存在着明显的先天不足，尚需根据社会经济的现代需求，努力养育一种当代社会公共生活伦理建设的个体内在驱动力，有效推动人们的公共意识——主体间性认同的生成。这种驱动力的本源无疑只能来自人的交往理性，来自人们对社会经济转型与民主政治建设现实需求的认识深度，来自人们对自身有序生存和持续发展的认知水平。

一、路径依赖：儒家的民主思想

（一）中国民主思想转型：对儒家文化精华的吸收与再造

对于中国的以儒家为主的传统文化，笔者以为作为中华民族的文化源头其核心的精神应当继承并发扬光大，也就是说，“文化的枝节可以抛弃，形式可以改变，但核心精神不能丢掉。”[①]至于儒家的传统民主思想中有哪些有可能实现现代民主思想的转型，并进而成为现代公共生活伦理的核心精神，国内外有许多学者进行过直接或间接的探讨，笔者以为最有代表性的是美国的中国问题专家和文化哲学家郝大维与安乐哲，有关的思想和研究成果主要

---

① 康晓光：《软力量建设与儒家文化复兴》，载《天涯》，2007(1)，33页。

汇集在其专著《先贤的民主——杜威、孔子与中国民主之希望》中。

该书挑战了以往有关中国与西方之关系的思考。根据两位作者的看法,不能假设未来现代化了的中国从本质上也将是西方的。同样,不能假设唯有向美国式的自由民主转型,作为个体的中国人才有增进人权和自由的希望。

该书认为,有可能逐渐主导21世纪全球文化的中国,将不会是个属于日渐粗俗之个体的社会,也不会是西方企业家已经开始在梦想的网景或麦当劳的主题公园。相对于目前大多数西方人的怀疑而言,中国人有可能维持远为丰富的传统特征,并将在很大程度上依据自己的条件进入现代世界。两位学者主张到儒家思想的源头去探寻儒家的民主思想和可能的民主模式。

首先,他们指出“共同体的思想”是儒家民主的核心精神,对待共同体的态度主要应通过教育去确立。在该书中,两位学者说:“我们考虑民主的儒学模式时,不是把中心放在政治或政府本身,而是着眼于民主共同体的思想。”①两位学者进一步指出,他们认为杜威主张的社群主义的一个重要的观点“即民主是表现在态度上的,而不是表现在组织上机构上的,而且民主的态度是通过教育逐渐形成并得到加强的”,思想与态度“能在一个不带强制性的、自主的共同体中形成,然后扩展到生活更为复杂的领域里去。”②这一系列的观点其实就是儒家早期的德治思想或者都是受到各种历史条件的限制而未能真正实现过的德治理想。

其次,他们指出了当代中国实现民主的可能性与应当选择的路径。在中国改革开放三十年和全球化信息时代到来的背景下,中国特色的社会主义民主的进程已经不可逆转。为此,两位学者

①② 郝大维、安乐哲:《先贤的民主——杜威、孔子与中国民主之希望》,何刚强译,96页,南京,江苏人民出版社,2004。

认为："我们也许应当提供某种理由来让人相信，'儒家民主'的讨论并非是一场乌托邦式的思维活动。我们认为这不是乌托邦式的思维活动，是因为我们相信当前的国际环境变化很大，允许中国朝向民主的方向移动。这至少使得中国的民主化成为可能。"①儒家的民主思想对于解决西方民主化中出现的问题也是极具价值的，为此两位学者高屋建瓴地指出："在儒学范围之内存在发展民主的独特亚洲模式的资源。在构思这个想法时，我们将不仅泛泛谈一下具有'亚洲特色'的民主。我们认为，发展民主的儒学模式不仅会有益于民主化的亚洲倡导者，而且也有益于西方社群主义民主的倡导者。正是这种对双边都有益的可能性，提升了对中国民主的希望，期望从可能（possible）上升到了很有希望（plausible）实现。"②

由于文化传统的路径依赖和思想血脉的绵延性，儒家民主思想对于中国民主化进程意义重大，两位学者极为深刻地指出："不管中国今后几十年在试图迎接现代化的种种挑战中会遇到多少困难，对我们而言很清楚的是，最后总是别无选择，只能以其自身传统的强大资源来迎接这些挑战。"③他们的灼见，颇值得一些偏激的民族虚无主义者和极端的国粹主义者反思。

再次，他们由上述立场出发纠正了一个普遍性的对儒学的误读，并提出儒学与西学通过对话而结合互补的可能性。

两位学者认为："如果儒家将作为对民主思索的一个资源的话，那么我们必须要避免对这个传统的最普遍而又最顽固的一种

---

① 郝大维、安乐哲：《先贤的民主——杜威、孔子与中国民主之希望》，何刚强译，96页，南京，江苏人民出版社，2004。

② 郝大维、安乐哲：《先贤的民主——杜威、孔子与中国民主之希望》，何刚强译，107页，南京，江苏人民出版社，2004。

③ 郝大维、安乐哲：《先贤的民主——杜威、孔子与中国民主之希望》，何刚强译，109页，南京，江苏人民出版社，2004。

误读。对这一误读我们是太熟悉了,它认为,儒教社会的个人利益必须为共同体的利益而作出牺牲。"①

为此,他们通过自己的大量研究后指出了自由主义、集体主义与儒学——社群主义三者在手段与目的上的区分,即自由主义民主的特征是:社会作为个人目的之手段;集体主义:个人作为社会的一种手段;儒学——社群主义:共同体的广泛目的源自个人与共同体的目标的结合。②

由此,两位学者进一步指出了在传统儒家的态度中有许多是向着共同体生活的,它们推动一种强健的、可承受的甚至是宗教上强化的民主概念。韩国高丽大学的李承焕教授也提出了这样的主张:我们没有必要在自由主义和'儒学式'意识之间做选择,我们应当寻求将它们两者结合起来。李承焕的这番意见当然是很中肯的。如果中国人与西方人的接触交往对双方都将富有成果,那么相互共同的影响应当值得期待。但是,我们论证了以权利为基础的民主视野的个人与社会特征,并提出这些与社群主义的视野(包括中国人与西方人的社群主义视野)是不相容的。因此我们希望,从将来的对话中产生出来的中国人与西方人的价值观与信仰的结合将会由中国人的儒学成分和西方实用主义成分构成。③

(二)儒家民主思想的主要精髓

郝大维、安乐哲两位学者在对儒学思想进行了充分论述后,他

---

① 郝大维、安乐哲:《先贤的民主——杜威、孔子与中国民主之希望》,何刚强译,107页,南京,江苏人民出版社,2004。

② 郝大维、安乐哲:《先贤的民主——杜威、孔子与中国民主之希望》,何刚强译,109页,南京,江苏人民出版社,2004。

③ 郝大维、安乐哲:《先贤的民主——杜威、孔子与中国民主之希望》,何刚强译,110页,南京,江苏人民出版社,2004。

们以现代社会的民主概念对儒家民主思想的精髓进行了提炼与概括[①]，这主要有八个方面。

1. 大众政府与“民为邦本”

郝大维、安乐哲认为中国儒学里有“大众政府”的思想，如《尚书》中有“民可近，不可下，民为邦本，本固邦宁”，“天视自我民视，天听自我民听”的理念，另外科举制度也具有促进大众政府的目的。这种制度是儒教传统的一根支柱，促成了一支受过教育的政治管理者队伍。此外，孔子的“有教无类”表述了每个人都有权受教育的平等思想。

2. 知识贤人与“学而优则仕”

知识贤人制度（meritocracy）渗透着儒学对教育报酬的理解，知识贤人的原则与一个有效的民主应当是相一致的，即便是在最为个人主义的自由主义民主中，对于广泛支持个人的就业，以能力和实绩为原则安排人们的岗位，也是不会有什么争议的。

3. 抗议精神与“规谏”“革命”

家族的和政治的规谏一直都是儒学传统的部分，它要求对政府的越轨行为进行批评。孟子对此做了很坚定的表态，统治者得到人民的拥护便是合法，人民不仅有义务反对不法的统治者，而且有义务废除不法的统治者。这些几近于现代社会中所谓的“不合作”抗议精神。

4. 道德先于刑罚与“德治”

儒学强调道德先于刑罚，这也是社群主义民主的一个基石性的价值观。儒教社会中传统主张道德摆在法律之前，并将其作为确保社会和谐的一个主要手段。这个观点与法制丝毫不相抵触，

---

① 何爱国：《“现代性”的社群主义视野：“儒家民主”如何可能？——美国学者郝大维、安乐哲的中国政治现代化解读》，载《世纪中国》网站，2005－03－04。

虽然儒家的确希望减少打官司,其方式是:在法律解决问题之前,多依赖非正规的和解机制得到的规劝。即便是在最盛行诉讼的社会,也很难想象和谐就不应当主要以道德习惯为基础,而一定要把依靠法律和制裁来解决问题放在第一位。要全部依靠法律来保护一个社会全体成员的福祉,这个社会的和谐肯定是颇有问题的。

5. 有限政府与"无为而治"

孔子支持政府尽可能管得少,而共同体又能自我维持秩序。他希望君主一方面治理社会政治秩序有成绩,另一方面又保持"无为"姿态。如孔子认为:"为政以德,譬如北辰,居其所而众星拱之。"当然,孔子这里的"无为"与黄老学派"无为而治"思想的渊源关系还要进一步考证、研究。

6. 宗教和谐与"价值观的综合"

在传统中国,如同亚洲其他一些国家一样,存在一种活力,它促使儒教、道教和佛教和谐相融,形成一种丰富的传统,而这种传统最后都不破坏其任何的构建部分。这种"价值观的综合"不要求政治与精神文化作彻底的分离。此外,它还允许赞同吸纳道家与佛家的一些因素,而不损坏占主导地位的儒家意识。即使在今天,中国人还常把自己说成是"三家兼而有之"。另外,道教、佛教和其他的一些哲学流派对主流文化多多少少持一种批评的态度,对儒家以家庭中心作为模式的等级关系作某种程度的限定,从而使社会和文化充满活力,并且它们也提供支持民主思想的资源。如道教对自然和自由极力地赞颂;佛教肯定两者的混合所提供的均衡活力;法家提倡法律面前(人人)平等的概念;墨家的平均主义的教义等。

7. 共同体自治与"自我秩序"

孔子如同任何优秀的实用主义者一样,把通过调停家庭与居住社区这样的组织关系而得以建立一个繁荣、自治的共同体看成是一种最优化的社会秩序保证，即保证个人自由、保证参与共享理念的共同体。儒家模式依靠强大的然而非正规的“耻”的压力，依靠服从的角色和关系(“礼”)的人格化，这两者均是这个模式的推动力量。强制作为维系共同体秩序的一种有效手段是明确被拒绝的。自我秩序(Self - ordering)是一个共同体约定的目标。

8.“公民”或“公共个人”的另一种解释：“自我修身”

儒教哲学是个人教化与表现之道。郝大维、安乐哲认为中国“民主公民”的理想模型体现在儒家经典《大学》关于“格物、致知、诚意、正心、修身、齐家、治国、明德”以及“自天子以至于庶人，一是皆以修身为本”的界定中。从传统来说，家庭是社会组织的模型。个人身份首先是通过在家庭内的角色与关系教化得到实现的，然后再体现到更大的共同体范围中去。国家被想象成是一个扩展了的家庭，产生于修身的过程中，而修身中的自我因素牢固地植根于共同体的角色与关系之中。也许对个人、家族、共同体、政治以及宇宙领悟的假设总的走向是殊途同归，相互包含。这一家族模型的核心对儒家民主的形成产生重大结果，因为它确定了对“公民”或“公共个人”的一种解释。这一解释明显与自由主义民主传统形成鲜明对照。西方社会中“民主公民”的家庭生活与公共生活的对立是带有根本性的(西方公民成人以后离开家庭)，以这种方式，西方社会的私人领域与公共领域的界线就固定下来了。在儒教社会，一个人从不离开家庭，若离家，就等于放弃了他的公民身份。因此，公共个人(public person)的概念，或者说公众领域与私人领域的区分在儒教社会的环境下需要有一种不同的构想。笔者以为：历史与现实都说明，这种构想似乎还停留在“应然”状态，如何走向实际的操作则还有待于进一步的探寻和实践。从这一角度讲，这也正是儒家民主思想的不足与缺陷，这是我们在以下要进一步探讨的。

二、先天不足：儒家民主思想之理想性与实践性的矛盾

民主是公共伦理生活的重要内涵，居于其专门领域——公共政治生活的核心地位，具有明显的实践性、操作性特点。由于儒家的民主思想停留在理想层面，都是一些较为宏大的抽象观念，并无实践的社会背景与可能性，所以儒家伦理生活思想的可实践操作的部分，基本上是适合于传统农耕社会的宗族、血缘伦理，且无法将其推及公共伦理生活，处理“陌生人”之间的关系。也就是说，要把适用于熟人圈子的宗族亲缘伦理推及陌生人圈子的公共伦理，要将适用于具体的人并以感情作为驱动力的人际关系处理原则，扩展为能运用于抽象的人并以理性为驱动力的公共政治生活中的人际关系处理原则，儒家伦理就显得捉襟见肘，其先天不足是不言而喻的。为此，继承儒家伦理的某些核心精神，确立建设现代社会日常公共生活伦理的意识与立场就十分必要。

（一）关于“公共意识——主体间性认同”的立场

本节在开头部分已提出这一观点，笔者以为在中国现代化的进程中，在现代公共生活伦理的建设中，突出“公共意识——主体间性认同”的问题，极具针对性。

首先，笔者以为作为现代社会的国民、公民，必须具备相应的公共意识，而在当代中国，公共意识最核心的要素就是“主体间性认同”的立场。所谓主体间性认同，就是指主体与主体之间的平等对话、协商合作、共生共荣、互动双赢，对于曾经被称为“一盘散沙”的中国社会与国民心态而言，关注主体之间的现代契约理性与交往理性的培育与提升，肯定更具针对性与现实性。

其次，由此立场出发，我们无疑应当高度关注社会主体之间一系列现代公共伦理关系准则的确立、认同、遵奉与维护，更注重日常生活中的在公共伦理准则指导下的交往与合作，注重对遵奉维护者的保护宣传、对违规者的批评与惩戒。当这一切逐渐成为社会共识、成为社会大气候时，也就成为了每一个公民行为的内在驱动力。

（二）个人与社会、国家的关系

在人际关系上，儒家提出五伦，并且认为君臣和朋友关系在实质上也就是父子和兄弟关系的延伸。在儒家看来，只要能先理解家庭成员关系，就可以将其引申到所有人际关系中去，其中父子代表一切纵向关系，兄弟表示所有横向关系，夫妻意味着两性间的、男女之间的关系。若能处理好这样的关系，就可以学得社会上的君臣和朋友关系，然后又能从整体上明白自己在社会网络中的位置并遵从它的秩序，这样天下就得到了治理。这样的一厢情愿其实从来没有实现过。在传统社会，封建王朝的君臣关系、臣民关系乃至其他一切非亲情的关系，往往是威权、皇权操控下的权术关系，是儒家伦理包装下的法家的操纵权谋之术，或是一种游民文化影响下的江湖关系，这仍是一种生存理性操控下的赤裸裸的权谋之术。这种状况的存在，往往使人们在实际生活中，一出“家”门就陷入了“丛林”，特别是那种使人人自危的“丛林感”总是挥之不去。这种现实状况与主观感受显然使儒家理想化的民主思想基本上只能成为一时的清谈、空谈，以致最终淹没在统治者根据自己需要而构建的“儒家思想”中。

（三）个人与他人的关系

人们是否真的能够把基于亲情的孝敬之类的血缘亲情的交往原则推广到同一般人的交往上，推广到社会的公共生活中？自孟子设想了“老吾老，以及人之老，幼吾幼，以及人之幼”的理想以来，这确实是一代又一代儒者的愿望，然而在实际生活中，亲情总是难以超出日常人伦的范围，这不能不说是极大的矛盾，要解决中国今天公共生活中的问题，是该努力地把亲情推展到整个公共生活，还是该在公共生活中发展适宜它的伦理？

笔者以为，以感性维系、针对具体的人的伦理意识与行为和以理性维系的针对抽象的人的伦理意识与行为，分属不同的层次，两者不存在推展关系，只存在提升关系，只有将传统性、情感性的意识与行为提升至工具理性、价值理性的意识与行为层面，公共伦理生活正常运行及其相应规范的遵奉维护才有可能。更具体地说，也就是当我们将个体的低水平的生存理性提高到较高水平的契约交往理性，变片面的工具理性——技术经济理性为全面的工具理性——技术经济理性加契约交往理性，使传统性、情感性的自在行为上升为现代的、自觉的、契约交往行为，并以此为支点实现熟人伦理向陌生人伦理的提升与跨越之时，儒家民主思想才有可能成功完成现代转型。

随着改革开放的深入，共生共存体现着社会公正原则，适用于每个公共生活的参与者。在此基础上，公民才能形成最基本的价值共识。今天，为适应于推动公共伦理生活的健康运行，培育公共生活需要的诚信理念、合作意识、他人意识，在合作中学习、提高认识，体验并深化对合作共生之益处的认识，形成对合作和竞争的理性认知，已是当务之急。良好的行为只有在公共生活的摇篮中才能成长起来。培养公民意识，改变思维和行为方式，获得新的理念和认知，对共同利益和价值形成共识，应该始终是社会共同体建设的坚定方向。在这个意义上，上述儒家的民主思想，特别是民为邦本、德治、共同体等思想，实在不失为一种可贵的思想资源。

第三节　走出困境:公民——共同体意识教育

现代公共伦理生活的扩展、公民社会的建设,在中国现代化的进程中,是一个必然的过程。同时,思想文化资源的某些不足,市民面对公共空间和生活的困惑,也是不争的事实。如何弥补不足、摆脱困惑,实现和谐共同体的建设,这是当代青少年——未来中国公民之社会教育的重大课题。完成这一课题的路径就是公民——共同体意识的教育与公民有序参与的实践。而公民——共同体意识教育无疑是一切工作的起点,更是人们价值与行为取向的基石。这一基石的核心部分,就是现代共生共存理念的接受和内化。

一、教育的出发点:正确理解的自利原则

(一)古典共和制与现代共和制对"公民——共同体"美德的不同理解

在共和主义者的话语系统中,公民美德作为一个经久不衰的论题,"它是指共和国的生存和繁荣所要求于公民的一种公共精神"。但是这种精神在不同历史背景中有着不同的含义。"它的古典含义是:当公共福利与个人利益发生冲突时,公民自愿将前者置于后者之上;它的现代含义则是:以正确理解的个人利益为前提,使公共利益成为个人利益的延伸,努力取得公共利益与个人利益的协调一致。"①

总的说来,古代共和制度以平均主义、注重道德和好战为特色。在这种制度中,公共美德是私人美德的根源,私人美德应以公共利益为重,公民美德的实质就是孟德斯鸠在其名著《论法的精

---

① 何爱国:《"现代性"的社群主义视野:"儒家民主"如何可能?——美国学者郝大维、安乐哲的中国政治现代化解读》,载《世纪中国》网站,2005 - 03 - 04。

神》中所说的"舍弃自己"。现代共和制度则相反,从根本上说,它是一个以市场经济为运作动力的工商业社会。因此,在这个社会中,私利不得不成为个人行为的主导思想,个人绝对从属于国家的古典美德已成为明日黄花,古典美德不再成为现代共和政体的驱动原则。用我们的话来表述,前者就是"集体国家的利益高于一切",后者则是"我为人人,人人为我"或"人人为我,我为人人"。

在工商业社会里,或在平等化时代,占优势地位的社会情感为个人主义。个人主义使每个人以自我情感为中心,与其同胞大众隔离。个人主义的最大恶果是首先会使公共道德的源泉干涸。由于个人主义大大削弱了公共精神,极可能建立起一种新物欲主义的专制。由此,个人主义基础上的平等是通向奴役,还是通往自由并抵制暴政,依赖于现代公民美德的盛行——这是任何自由政体的条件。如果缺少现代的公民美德,就不可能建立现代民主原则与普遍自由主义价值观之间的必不可少的和谐。

鉴于在现代工商业社会里,崇高的自我牺牲精神已失去其感召力,人们就去研究"公民的个人利益是否在于为全体造福"的问题。一旦他们发现个人利益与全体利益存在符合和相通之处,便树立了一种信念。"人为他人服务也是为自己服务,个人的利益在于为善"①,公民美德便成为个人利益的一种耦合。

现代公民美德观的集大成者托克维尔认为,既然公民美德源自个人美德,它需要公民对自我利益的正确认识和对自我权利的正当行使。美德以个体选择为基础,通过启蒙和引导得以形塑。公民美德需要教育和灌输。但这种社会教育主要是通过以个人利益为主导的社会实践、社会参与来完成的。国家没有资格控制公民的道德生活,并进行道德说教与灌输。教育主要是一种自治的

① 胡勇:《公民美德的历史形态及其中国语境》,载《许昌学院学报》,2007(3),6页。

共同体内部自我体验、自我思考及相互讨论、相互模仿的过程。

托克维尔对现代社会中的公民美德的界定，符合自马基雅维利以来的理性主义传统——即通过降低人的标准来解决人的政治问题，根据在绝大部分时间的绝大部分人身上起作用的因素确立一种切实可行的道德标准，适应了经济、社会与政治制度的变迁对美德的新定位，虽然这样做的后果可能会使本来（古典）意义上的公民美德的含义被替换。

托克维尔的公民美德的背景是公共美德所依赖的个人美德或伦理风尚。在公民美德的来源上，他认为，公共领域来源于私人领域，普遍利益来自于个人利益。因此，公民美德只不过是有节制的私人美德效果的延伸。[①] 托克维尔对公民美德内涵的界定完全摆脱了古典公民美德观的影响，建立了现代意义上的系统的自由主义公民美德观，同古代共和主义美德观实现了彻底的决裂。

现代公民美德同古典公民美德相比，缺乏其崇高、辉煌、壮丽的外貌。但现代公民美德强调知识启蒙，因为正确推理对于个人行为的指导，符合启蒙运动以来的理性原则，而古典公民美德则以具有普遍性、渗透性、压制性的社会舆论、公共情感来取代个人的独立思考与独立决断，本质上是一种蒙昧主义的公共道德。现代公民美德以市场经济的人性假设为前提，以政治、社会生活的真实境况为背景，通过降低道德标准来提高普通人的道德水平，是一种具有现实可行性的大众的而非精英的公民道德。现代公民美德的主要缺陷是它放弃了对至善道德以及完美人性的追求，也限制了自身的作用范围。现代公民美德公开承认，它的目标是有限的。其实这种公民美德只是一种公共伦理规范意识，一种公民理性与精神，属于本书已经论及的人的工具理性及其相应的人己两利、共

① 托克维尔：《论美国的民主》，董果良译，651 页，北京，商务印书馆，1961。

生共存的价值取向，其局限性如前所述。

（二）中国学者对现代公民——共同体美德的理解和阐释

在托克维尔以及费尔巴哈、车尔尼雪夫斯基等的影响下，20 世纪初，国内也有不少学者提出了相应的看法与建议。冯友兰在其《新原人》书中提出了四种人生境界说：自然境界、功利境界、道德境界、天地境界。在对功利境界的描述中，冯友兰指出，功利境界中的人同是求功利，但求功利的方法是不同的。一种是损人利己，只注重眼前小利，此种人是"以不道德的行为，达到其利己的目的，成其利己成就者，谓之奸雄"。另一种方法是利己不损人或损己利人，注重长远利益。这种人的行为是符合道德的，但又是不道德的，因为他们是把损己利人作为求私利的方法，归根到底是求自己的私利，此种人谓之"英雄"。可以说，冯友兰对世俗社会之英雄的描述比较符合"合理的利己主义"的思想脉络，以利己为前提和目的，以利他和利群为手段，中国近代的合理利己主义也大致遵循这样的思路。

笔者以为，在近现代的学者中，胡适提出的"健全的个人主义"，较成功地实现了个人自利原则从传统到现代的转换。按照柴文华等学者的研究，胡适的"最健全的个人主义"主要包含着两层意思：

第一，"救出自己"。在胡适看来，世界是黑暗的，个人不应该随波逐流，而应该特立独行。因为社会是个人组成的，多救出一个人便是多备下一个再造新社会的分子。

第二，"把自己铸造成器"。胡适指出救出自己的唯一法子便是把你自己这块材料铸造成器。因为社会是由无数个体组成的，人人都把自己铸造成器,社会自然成器。[1] 因此,这种个人主义实质是为他人、为国家、为社会的。如胡适所说:欧洲有了18、19世纪的个人主义,造就了无数爱自由过于面包、爱真理过于生命的特立独行之士,方才有今日的文明世界,争你们个人的自由,便是为国家争自由!争你们自由的人格,便是为国家争人格!梁漱溟在《东西文化及其哲学》中曾经说过一段意味深长的话:“我们不待有我就去讲无我、不待个性伸展就去讲屈己让人,所以至今也未得从种种威权底下解放出来。”提倡无我、屈己让人是中国传统伦理价值系统的主流导向,尽管在非儒和反儒伦理文化中曾萌动过以道家、早期启蒙思潮等为代表的个体意识的觉醒,但仅仅是几颗流星而已,并很快消失在漫漫长夜里。近现代中国,随着中西文化的碰撞,人们在自我反省中看到了自己的缺憾,开展了一场持久而复杂的思想启蒙运动,其主要内容之一,就是高扬个性。胡适以“健全的个人主义”为中心的伦理观,既是这次思想启蒙运动的产物,也是这次思想启蒙运动的重要理论旗帜。这种伦理观看到了个性发展对群体发展的意义,看到了自由意志在道德建设中的地位,又不忽视责任的重要,给人一种蓬勃向上的生机和力的扩张,不论是在当时,还是对于今天,都具有反对依附性人格和臣民意识,推进思想解放的重要价值。由于种种原因,以个性自觉为主要内容的人道主义在旧中国既没有物态化,也没有充分的理性化,建构和实践科学的人道主义的任务历史地落到了当代中国人的肩上,随着社会主义市场经济理论的提出和逐步实施,一个个体与群体相协调的价值理念正在中国的大地上扎下深深的根。这个理念就是我们在下面要讨论的“共生共存”问题。

---

① 柴文华、孙超、蔡惠芳:《中国人伦学说》,上海,上海古籍出版社,2004。

二、教育的核心理念:共生共存

(一)何谓"共生共存"

研究共生共存问题的日本著名社会学家尾关周二指出:共生共存"是关于现代人类社会相互补充的理念"①。对此,笔者在前面的几章中已有所论及,这里吸纳近年的一些最新研究成果,略加展开。

共生原本是生物学概念。据《生物学辞典》介绍,共生一般是指不同种的生物生活在一起的现象(living - together)。根据共生者(symbiont, symbiote)的生活上的意义、必然性、相互关系的持续性,以及共生者在空间位置上的关系等,可把共生分为多种类型。最普通的分法就是以生活上相互间的利害关系为准则,区分为互利共生、单利共生和寄生三类。我们是借用生物学的共生名词来说明人类社会的生存状态,强调的是互利共生。共生,可理解为共同生活、共同生产物质财富、共同生产精神财富、共享人类文明成果、共同享受生活资源;共存可以理解为互相帮助、共同存在、共同发展、共同追求人类幸福。

共生共存理念要强调的就是:

其一,要限制一部分人利用已经占有的权利(政治权利、经济权利、文化权利、在场权利)任意挥霍和侵占他人的尚未占有而应当占有的权利。时时要想到自己生存别人也要生存,共生首先是人类同时享有共同生存权。还有一个共同发展问题,抽肥补瘦是共同发展的需要,没有瘦,也无所谓肥;没有雇员,也就不存在老板;没有学生,也就不存在老师。相辅相成、相依相靠的关系,就是

---

① 尾关周二:《共生的理想》,卞崇道、刘荣、周秀静译,131 页,北京,中央编译出版社,1996。

共生关系,人与人之间如此,地区与地区之间如此,国与国之间如此,人与动物之间也是如此。

其二,要教育世俗社会的人们,知道尊重自己,知道尊重别人。尊重不仅仅表现为对人有礼貌、讲礼仪、尊重人格尊严,尊重中更包含着对自己及对别人生存权、发展权的关爱和争取。共生共存理念是当代人生存交往的原则,更是普遍的原则,不仅适用于过去、现在,还适用于未来人的生存发展问题,适用于生态平衡和可持续发展问题。共生共存原则,否定一切形式的压迫、剥削、暴力、侵犯、杀戮、奢侈和浪费,提倡节约,自己生活节俭,就是为他人预留资源;自己浪费,就是间接地侵吞他人应享有的资源。

其三,共生共存要求每一个人、每一个组织,都要从"类生存"的高度看待问题。所谓"类生存"是指"人类生存于由'过去'展开的'现在',总是以未来规范现在。已经进入'人的自觉'时代的当代人类,……正在走向自觉的类存在。"①

"'类'体现的是对物种规定的超越本性。'类'在种的基础上生成,包含了种却高于种,内含了种的区别('种'通常就意味着'界限'),却又超越了一切区别性的界限。从这个意义上说,'类'就代表着一种最高的统一性,体现着不同物之间本质性的一体关系,但它又并不排除内在的差异性,只是把它们组织成了有机的整体。人同物的关系、人同人的关系、人同自我的关系,就属于这样的既有区别、在本质上又是一体性的'类'关系"。②

哲学家所言之"类",就是在人类历史长河中整体存在的人类之"类",也就是我们所谓共生共存之"类"。从"类生存"的高度看

---

① 胡勇:《公民美德的历史形态及其中国语境》,载《许昌学院学报》,2007(3),6 页。

② 高清海、胡海波、贺来:《人的"类生命"与"类哲学"》,244 ~ 245 页,长春,吉林人民出版社,1998。

问题，就是超越个体自我、超越单一种属的综合存在之"类"，"人即是世界，世界即是人，人天融汇一体，这就是'类生存'"①。所谓从"类生存"的高度看问题，就是从超越自我、超越一般共同体的界限，发挥共生共存原则的社会调节功能，同时，必须让共生共存原则成为人们的自觉意识，超越单一种属，从天人一体、宇宙长存的高度看问题。从"类生存"的高度看问题，就能自觉地把自己看重一己之私、一地之偏的偏颇行为纠正过来，从而达到共生共存之目的。②

（二）为何要强调"共生共存"

"共生共存"的理念是现代社会中人们自觉提升理性——从生存理性到交往理性的根本依据，更是人们主动遵奉公共伦理规范、自觉维护社会有序运行的内在动力。众所周知，传统社会是英雄社会、精英社会，有信仰、富于理想的志士仁人是社会的实际推动力量，现代社会是世俗社会、大众社会，有"共生共存"理念、有社会责任的普遍民众是社会的真正推动力量。在现代社会中，精英的责任在于主动积极地坚守、宣传和维护"共生共存"的理念。

世俗社会的人所要考虑的最远大、最深刻也是最现实的问题，是如何生存下去，如何幸福健康地生存下去。生存问题，是相对长远的发展问题，是人类社会的根本问题，也是有理性的社会人所忧虑的根本问题。大到希冀风调雨顺、国泰民安，以期生活稳定，安享衣食无忧、合家欢乐、平静和谐的生活；小到担心食物卫生、车辆安全、适应气候变化而不断更换衣服和不断调适生活习惯等问题，甚至由担心自己家煤气爆炸进而关心楼上楼下和左邻右舍的煤气安全问题。还有，人们要想生活得愉快幸福，还得有工作，还得有

①② 高清海、胡海波、贺来：《人的"类生命"与"类哲学"》，244～245页，长春，吉林人民出版社，1998。

爱情，还得组织家庭。久居城市的人还要到农村去寻找乐趣，还要到植被生态保存完好的草原森林等地去享受天然氧吧，有的还要在家里养些花草以改善环境。同理，久居农村的人，也要找机会到城里去购物、逛街、寻开心。如果一片森林被破坏、一处菜园子被取消、一条河流被污染，立刻会引起表面看来互不相干的人们的反对。由担心自己的安全，到担心邻居的安全，由为了人类的生存，而考虑到保护动物植物的生存，这不是出于伦理的狂热和对动植物的偏心挚爱，完全是为了自己的生存，是担心城门失火殃及池鱼。所以世俗社会的人，最关心的是自己的生存和发展问题。由关心自己的生存发展到关心他人的生存发展，由关心人类的生存发展到关心人类的朋友——动物和植物的生存发展，以至于关心粮食、土地、水源、空气的纯净与完好。社会发展的规律最终让人们明白，在世俗社会里个人利益是和他人的利益联系在一起的，单个人在光秃秃的孤岛上是不可能长期生存的。人类社会是一个人与人、人与动物、人与自然共生共存的社会。所以共生共存在当今世俗社会具有普遍价值。

在现实生活中，共生共存理念指导下的行为基本分为两种类型或层次，也就是积极的行为和消极的行为。对于责任心强、道德水平高的人来说，共生共存原则表现为关心他人、关心集体、关心社会、关心自然，自觉认同应属于自己的责任，在自己履行责任的过程中，证实自己的价值，获得自己所处关系各方的认同，从而获得自己正常生存发展所需要的物质资源、精神资源，使自己赖以生存发展的关系更加牢固。这是从为“他者”尽职尽责的激励中获得动力，从而为自己的生存发展获得更大的空间和更多的资源。对于责任心弱、道德水平低的人来说，他不可能主动去为他人、为社会尽责任，但是他自己不能不吃不喝不生活，于是为了满足自己生存发展的"需要","强逼"他去为谋求自己的生存发展、追求自己的幸福和实现自己的美好生活而尽心尽责,这为自己尽心尽责的行为客观上是为社会为他人提供了服务。这是由"自己"的生存发展所激励和威逼,从而为社会为他者尽心尽力尽职尽责的模式。

由以上分析可以看出,共生共存是世俗社会人们生存发展的动力。无论是从顾及他者生存发展开始,还是从顾及自己的生存发展开始,结果都是为共生共存提供了有效的服务(劳动)。这种服务一旦为社会(关系网的另一方和旁观者的第三方)认同,就必然会获得相应的、直接或间接的回报,从而形成一种良性的互动、互助,反之,则社会的稳定与发展就会受到影响——长期存在的话,则社会的动乱就不可避免。

(三)如何达到共生共存

人类的生存状态与素质养成存在着一种互动关系,共生共存的实现自然也与人类自身的意识与能力的形塑紧密联系在一起。

1.培养共生共存的意识和态度

这些意识和态度可以从三个方面去把握:

(1)强化责任意识。告别了英雄社会就意味着应当认识到要创造人类的幸福全靠我们自己,于是人们开始用世俗社会需要的共生共存原则来锻造自己的责任意识,从而在社会各项工作中尽职尽责,成为负责的人。

(2)正确对待日常生活。这就是说要通过世俗社会的政治生活、经济生活、文化生活和世俗社会中人们的家庭生活及休闲、娱乐等日常生活的训练,让我们切身感受到现实社会是一个按"劳"分配的互相服务的社会,有一分耕耘就有一分收获,巧取豪夺和意外占"便宜"行为的受益者,最终都是要付出沉痛代价的。身处世俗社会的人们,要善始善终,必须从提高能力(认知能力、实践能力和超越能力)和努力行动中求得自由,也就是只有尽职尽责,才能获得现实理想的实现。

(3)正确对待理想与信仰。这就是要通过对世俗社会的把握,确立正确的信念和理想,有所为有所不为,执著追求,方可在世俗社会中承担大责任,实现人生价值。世俗社会不是不要理想,但这种理想是植根在为他人、为社会服务的基础之上的。也就是说,世俗社会的"理想"必须是社会和他人所需要、所追求的东西,否则这理想就不可能在世俗社会实现。世俗社会也不是不要英雄,世俗社会的英雄就是在世俗社会中承担重要责任并能克服千难万险的责任者。神化般的英雄和虚无缥缈的理想,在世俗社会中是不受欢迎也是不可能长久存在的。

2. 培养共生共存的能力

这就是说要在传统的人的社会化的进程中融入共生共存的能力培养。具体说来,这大致有以下内容:(1)传授现代人生存生活所需要的科技知识和运用这些知识操作有关新器械、新设施的能力;(2)传授与人沟通、与生物共处、与自然和谐的能力;(3)培养与人合作、组织或融入团队的能力;(4)以全球化的眼光树立长远的目标,形成让社会可持续发展的理念,处理好代与代的关系,不仅仅是与当代人共享幸福,而且还要和下一代人共享资源。这其中最重要的是要能合群入流,与人类和谐相处。也就是说,现代人的社会化,要以能与他人、生物、动物、自然和谐相处,以共生共存为最高目标。

三、教育的路径:老思路的转变与新路径的探索

新的时代背景、新的政治经济的发展前景呼唤着我们相应的社会教育目标的更替、教育手段的转变和教育新路径的探索,鉴于

本书在前面章节中已经进行了大量的探讨，这里只作些归纳性阐释。

(一)教育目标与手段

"塑造社会主义一代新人"这个青少年教育的目标在昨天、今天和未来均不大会改变，问题在于这"新人"曾被定义为：大公无私，忘我奉献。然而，市场经济的建立伴随着个体意识的觉醒，"大公无私"不可能再成为现实的社会教育目标。只有引导个体正确认识其个人利益，辨明个人利益与集体、国家利益的关系，才有可能形成一种基于正确理解的"自利原则"的公民——共同体意识。市场经济的主体是理性经济人，市场经济中的社会教育应通过对人性的正确评估，建立一种基于合理期望的世俗时代的共生共存、人己两利的伦理新人标准，以取代雄心勃勃的英雄时代的"高、大、全"道德新人目标。

传统计划经济下社会教育的主要手段为灌输、说教。在这种僵化的教育模式中，思想感情丰富的个体成了被动的甚至是旁观的受众。个人不能成为道德实践的主体，不能独立地承担道德选择的责任，只是成为道德观念的传声筒。托克维尔认为，只有让人民参与到政治实践中去，他才能获得丰富的政治参与经验，牢固地树立权利义务观念，并认识到自己的利益与集体、国家的命运休戚相关。约翰·密尔也认为，"只有让普通人参与公共事务，才能使他感到自己是公众的一分子，凡是为公众的利益的事情也是为了他的利益。"①

此外，运动式的宣传曾经是我们规模巨大、影响深刻的社会教育模式，也是一度被认为极有效的教育措施。然而，这种模式也存

① 胡勇：《公民美德的历史形态及其中国语境》，载《许昌学院学报》，2007(3)，6页。

在着不可克服的致命缺陷。因为,“它是一种非制度化的政治教育途径,可能会提高普通人的政治狂热度,但无法培养其理性的参与意识和正当的权利观念。此外,由政治权威主导的群众运动的诉求目标往往是远离个人利益的政治理念,教育效果虽然显著但不能持久,因此,在理性与世俗文化占主流地位的市场经济时代,政治教育工作必须依靠一些能够体现个体利益的制度化的社会设置。”①

(二)教育新路径的确立

笔者以为,按照威廉·高尔斯顿(William A. Galston)的颇具影响力的解释,负责的公民需要具备四种类型的公民品德:第一,一般品德——勇气、守法、诚信;第二,社会品德——独立、思想开通;第三,经济品德——工作伦理、要有能力约束自我满足、要有能力适应经济和技术变迁;第四,政治品德——要有能力弄清和尊重他人的权利、要有提出适度要求的意愿、要有能力评价官员的表现、要有从事公共讨论的意愿。②

在当代中国的现实与语境下,这些现代公民品格的教育,应主要体现在两个方面:一是以共生共存、人己两利为核心理念的公民——共同体的大众价值观教育;一是以公共伦理、公共理性、公共精神为底蕴的世俗人生观教育。

这些教育除了必要的知识性的传授外,主要应该通过民众的自我教育,即在体现个人利益、个人兴趣的自治组织、社会团体中,通过大量的社会实践、社会参与来完成。比如,作为社团组织的少先队、共青团、工会、妇联的各种社会实践活动、自我教育活动;又

---

① 胡勇:《公民美德的历史形态及其中国语境》,载《许昌学院学报》,2007(3),6页。

② William A. Galston. Liberal Purposes: Goods, Virtues, and Diversity in the Liberal State. Cambridge University Press, 1991.

比如,农村的村民自治,企事业单位基层的各种自治活动。当然,这些自治都应该是在相应的制度下有序的、理性的、合法的活动,而上述的价值观、人生观教育将是这些活动有效、有序展开并取得成效的保障。而正是在这些活动中,人们的现代公民素质将不断得到提升,相应的活动与相应素质的逐步提升将形成一种良性的循环,进而推动中国特色的社会主义政治文明建设。

一百年前,法国的托克维尔曾经宣告:"盲目地献身和本能地为善的时代已经成为遥远的过去,而自由、公共安宁和社会秩序本身通过启蒙和教育可以实现的时代即将来临。"①马克思、恩格斯曾指出:"随着每一社会制度的巨大历史变革,人们的观点与观念也会发生变革。"②经历着巨大变革,处于现代进程中的中国,不也处于同样的时代中吗?

---

① 托克维尔:《论美国的民主》,董果良译,655页,北京,商务印书馆,1961。

② 《马克思恩格斯全集》,第7卷,24页,北京,人民出版社,1965。

参考文献

1. 阿格妮丝·赫勒. 日常生活[M]. 衣俊卿,译. 重庆:重庆出版社,1990.

2. 许茨. 社会实在问题[M]. 霍桂恒,索昕,译. 北京:华夏出版社,2001.

3. 康德. 道德形而上学基础[M]. 孙少伟,译. 北京:中国社会科学出版社,2009.

4. 尾关周二. 共生的理想[M]. 卞崇道,刘荣,周秀静,译. 北京:中央编译出版社,1996.

5. 孙抱弘. 现代社会与青年伦理[M]. 上海:学林出版社,2003.

6. 卢梭. 论政治经济学[M]. 王运成,译. 北京:商务印书馆,1962.

7. 刘军宁,王焱,贺卫方. 公共论丛·市场逻辑与国家观念[M]. 北京:三联书店,1995.

8. 贝尔. 后工业社会的来临[M]. 王建民,译. 北京:三联书店,1989.

9. 布热津斯基. 大失控与大混乱[M]. 潘嘉玢,刘瑞祥,译. 北京:中国社会科学出版社,1994.

10. 李光耀. 李光耀 40 年政论选[M]. 北京:现代出版社,1994.

11. 罗荣渠. 现代化新论——世界与中国的现代化进程[M]. 北京:商务印书馆,2004.

12. 加里·贝克尔. 人类行为的经济分析[M]. 王业宇,陈琪,译. 上海:上海人民出版社,1995.

13. 奥尔森. 集体行动的逻辑[M]. 陈郁,郭宇峰,李崇新,译. 上海:上海人民出版社,1995.

14. 陈弱水. 公民意识与中国文化[M]. 北京:新星出版社,2006.

15. 埃德加·莫兰. 复杂思想:自觉的科学[M]. 陈一壮,译. 北京:北京大学出版社,2001.

16. 雷蒙·威廉斯. 关键词:文化与社会的词汇[M]. 刘建基,译. 北京:三联书店,2005.

17. 迈尔. 生物学哲学[M]. 徐长晟,译. 沈阳:辽宁教育出版社,1992.

18. 理查德·利基. 人类的起源[M]. 吴汝康,吴新智,林圣龙,译. 上海:上海科学技术出版社,1995.

19. 田运. 思维辞典[M]. 杭州:浙江教育出版社,1996.

20. 埃德加·莫兰. 迷失的范式:人性研究[M]. 陈一壮,译. 北京:北京大学出版社,1999.

21. 康德. 实践理性批判[M]. 韩水法,译. 北京:商务印书馆,1960.

22. 康德. 历史理性批判文集[M]. 何兆武,译. 北京:商务印书馆,1990.

23. 滕尼斯. 共同体与社会[M]. 林荣选,译. 北京:商务印书馆,1999.

24. 迪尔凯姆. 社会分工论[M]. 渠东,译. 北京:三联书店,2000.

25. 迪尔凯姆. 自杀论:社会学研究[M]. 冯韵文,译. 北京:商务印书馆,1996.

26. 卡尔夫·林顿. 人格的文化背景[M]. 于闽梅,陈学晶,译. 桂林:广西师范大学出版社,2007.

27. 万俊人. 罗尔斯读本[M]. 北京:中央编译出版社,2006.

28. 多迈尔. 主体性的黄昏[M]. 万俊人,译. 上海:上海人民出版社,1992.

29. 薛华. 哈贝马斯的商谈伦理学[M]. 沈阳:辽宁教育出版社,1988.

30. 龚群. 道德乌托邦的重构[M]. 北京:商务印书馆,2003.

31. 苏国勋. 社会理论与当代现实[M]. 北京:北京大学出版社,2005.

32. 韦伯. 新教伦理与资本主义精神[M]. 于晓,陈维纲,译. 北京:三联书店,1987.

33. 雅克·布道. 建构世纪共同体[M]. 万俊人,姜玲,译. 南京:江苏教育出版社,2006.

34. 王海明. 人性论[M]. 北京:商务印书馆,2005.

35. 解思忠. 中国国民素质危机[M]. 北京:中国长安出版社,2004.

36. 储安平. 英人·法人·中国人[M]. 沈阳:辽宁教育出版社,2007.

37. 黄万盛. 建构世界共同体·编者手记[M]. 南京:江苏教育出版社,2006.

38. 费孝通. 费孝通论文化与文化自觉[M]. 北京:群言出版社,2007.

39. 曼纽尔·卡斯特. 网络社会的崛起[M]. 夏铸九,译. 北京:社会科学文献出版社,2006.

40. 詹世友. 公义与公器[M]. 北京:人民出版社,2006.

41. 川岛武宜. 现代化与法[M]. 王志安,申政武,梁涛,李旺,译. 北京:中国政法大学出版社,1994.

42. 俞可平. 社群主义[M]. 北京:中国社会科学出版社,2005.

43. 郝大维,安乐哲. 先贤的民主——杜威、孔子与中国民主之希望[M]. 何刚强,译. 南京:江苏人民出版社,2004.

44. 托克维尔. 论美国的民主[M]. 董果良,译. 北京:商务印书馆,1961.

45. 张锡勤. 中国近代的文化革命[M]. 哈尔滨:黑龙江教育出版社,1991.

46. 柴文华. 中国人伦学说[M]. 上海:上海古籍出版社,2004.

47. 高清海,胡海波,贺来. 人的"类生命"与"类哲学"[M]. 长春:吉林人民出版社,1998.

48. 马克思恩格斯全集,第7卷[M]. 北京:人民出版社,1965.

后　记

这本23万字的著作，算是自己在涉足伦理学与德育研究15年中完成的第二本书，从第一本书《现代社会与青年伦理》出版（2003年）到今天已整整10年了。

我从小喜欢历史与哲学，却前后在中文系转了7年，后来以社会学为专业，却又去给学生上文化学、价值学的课，甚至还不知深浅地开过一学期的经济社会学，再后来去研究青少年、执编学术刊物，却又去关注人性论、国民性与建构主义的研究。因为有看不完的书和广泛的研究兴趣，所以年过半百，却被家人戏称为“一直在念大学的人”。不过游走于多学科之间，学而不精，懒于学理探究，但却偏爱思考问题；好读书，不求甚解，但又好将各学科的理论、观点去解读一个问题，倒也颇有斩获。

在青少年和国民素质的研究中，有一个问题长期困扰乃至折磨着我。30年前，《中国青年》发起“潘晓讨论”，虽然讨论得不可谓不热闹，但是有一个问题其实并未有答案——可能一直处在待解决的状态中，这个问题是：“文革”狂热过后，乌托邦浪漫主义理想信仰已离我们远去。那么，在工商社会消费主义的挤压下，我们还有何操持与坚守？简单地说，就是在现阶段大部分人过去、现在和可以预知的未来还不可能成为“高尚的人”的情况下，我们还要不要做“好人”，如何做“好人”？本书就是试图在多学科的视角下，对此问题作些探讨。

我的专业是社会学，伦理学、哲学、文化学只是业余爱好，所以解答上述问题,必然要学习借鉴有关学界学术前辈的成果,由于我看书时好读懒记,所以引用转述,虽已十分努力注释说明,但挂万漏一的情况还是有可能的,也只能留给以后有机会再补正了。还要说明的是,由于本人好游走于各学科之间,对各学科的学理知之有限,有些引用转述有可能会贻笑大方。为了探讨问题、解决问题,笔者也顾不得此了。

当然,多学科的游走与思考,对于我所关心的问题的探讨还是十分有益的,往往使我对问题的认识分析更有纵深感、层次感和整体感。纵深感使人对问题有历史洞见;层次感让人把握问题的复杂性;整体感则给人以抓住问题实质的敏锐和分析问题的大视野。因而,我乐此不疲于自己的游走。

这里,关于本书的写作及出版,除了要感谢相关学界的前辈,同时更要感谢李德顺老师在百忙中对书稿的精心审读与对书名的审订,要感谢李文阁老师与李绍楠编辑对出版此书的关心和帮助。最后,我还要感谢十多年来对我的眼疾精心治疗的复旦大学附属五官科医院的季医生与刘医生,是他们的精湛医术使我能在这些年来坚持研究与著述,而他们的职业精神更给了我很多的感动与启示。

作者修改于千山万径书斋

图书在版编目(CIP)数据

从"人"到"好人":公共生活与青少年品德养成
/孙抱弘著.--哈尔滨:黑龙江教育出版社,2011.9
ISBN 978-7-5316-6099-6

Ⅰ.①从… Ⅱ.①孙… Ⅲ.①青少年教育:品德教育
Ⅳ.①D432.62

中国版本图书馆CIP数据核字(2011)第191059号

民族精神与文化主题书系
从"人"到"好人" ——公共生活与青少年品德养成
Cong Ren Dao Haoren ——Gonggong Shenghuo Yu Qingshaonian Pinde Yangcheng
孙抱弘 著

选题策划 丁一平
责任编辑 宋舒白 李绍楠
封面设计 语墨弘源
责任校对 王 刚
出版发行 黑龙江教育出版社(哈尔滨市南岗区花园街158号)
印　　刷 哈尔滨市石桥印务有限公司
开　　本 640毫米×960毫米 1/16
印　　张 19.5
字　　数 220千
版　　次 2013年3月第1版
印　　次 2013年3月第1次印刷
书　　号 ISBN 978-7-5316-6099-6
定　　价 38.00元

黑龙江教育出版社网址:www.hljep.com.cn
网络出版支持单位:东北网络台(www.dbw.cn)
图片出处:(c)IMAGEMORE Co.,Ltd.